AF401730

DES
SECOURS A DOMICILE
DANS PARIS

THÈSE POUR LE DOCTORAT

Présentée et soutenue le lundi 20 novembre 1899, à 2 h. 1/2

PAR

Robert GUYOT D'AMFREVILLE

Président : M. ALGLAVE.

Suffragants : } MM. CHAVEGRIN, ESTOUBLON, } *professeurs.*

PARIS

LIBRAIRIE NOUVELLE DE DROIT ET DE JURISPRUDENCE

ARTHUR ROUSSEAU, ÉDITEUR

14, RUE SOUFFLOT ET RUE TOULLIER, 13

—

1899

THÈSE

POUR LE DOCTORAT

UNIVERSITÉ DE PARIS. — FACULTÉ DE DROIT

DES
SECOURS A DOMICILE
DANS PARIS

THÈSE POUR LE DOCTORAT

L'ACTE PUBLIC SUR LES MATIÈRES CI-APRÈS
Sera soutenu le lundi 20 novembre 1899, à 2 heures 1/2

PAR

Robert GUYOT D'AMFREVILLE

Président : M. ALGLAVE.
Suffragants : { MM. CHAVEGRIN, ESTOUBLON, } *professeurs.*

PARIS

LIBRAIRIE NOUVELLE DE DROIT ET DE JURISPRUDENCE
ARTHUR ROUSSEAU, ÉDITEUR
14, RUE SOUFFLOT ET RUE TOULLIER, 13

1899

DES SECOURS A DOMICILE

DANS PARIS

INTRODUCTION

Nous nous proposons dans ce travail de faire une étude critique du régime des secours à domicile à Paris et de rechercher quelles sont, à notre avis, les meilleures solutions à adopter, celles qui sont au mieux des intérêts des assistés, au mieux aussi des intérêts sociaux. Or pareilles conclusions, pareille étude critique du régime actuel ne peuvent être vraiment sérieuses, vraiment utiles que si l'on se reporte aux origines du système, que si l'on recherche l'évolution qu'ont subie les idées en cette matière ; il nous faut donc avant tout, et ce sera l'objet de cette introduction, faire l'histoire des secours à domicile à Paris, en essayant de dégager les principes qui ont dominé aux différentes époques. Nous laisserons de côté pour l'instant les détails, ils viendront mieux à leur place quand, dans le cours de cette étude, nous verrons les personnes à secourir, la nature du secours, l'organisation pratique de l'assistance à domicile ; alors, et à propos de chacun de ces points, nous indiquerons les précédents historiques des solutions actuellement admises.

Nous nous bornerons donc pour l'instant à esquisser à grands traits l'histoire de l'assistance à domicile, spécialement en ce qui concerne Paris. Mais, en faisant l'histoire des secours à domicile à Paris, nous sommes fatalement conduit à l'histoire de l'assistance en général, puisque nous étudions une de ses branches, et puisque Paris n'a fait souvent qu'appliquer en les modifiant, suivant les nécessités spéciales inhérentes à une grande ville et d'après le nombre considérable des malheureux qui l'habitent, les dispositions légales. Il serait à peu près impossible et dans tous les cas inexact, de détacher de l'assistance en général le service des secours à domicile, mais nous avons cru qu'il était nécessaire dès le début de justifier la méthode suivie dans cette introduction, qui aurait pu à première vue résulter d'une faute de plan, nous avons voulu montrer que l'historique de l'assistance n'était pas d'une façon générale un hors-d'œuvre et était au contraire nécessaire à la clarté de nos développements.

Plus que toute autre institution, l'Assistance porte l'empreinte des époques successives : son caractère, sa nature reflètent exactement l'idée et les tendances des divers gouvernements. Née dans le sein de la société chrétienne, pratiquée exclusivement par l'Église, surveillée par elle, réglementée par les conciles, elle n'est tout d'abord que l'accomplissement du devoir de charité. Sans doute, on trouve bien dans un des anciens documents relatifs à la question, émané du Concile de Tours en 567, que chaque cité devait nourrir ses pauvres et que les prêtres et autres habitants étaient obligés de contribuer à leur entretien. Mais cette idée de solidarité sociale exercée par la commune n'est qu'une vision passagère des idées modernes et en réalité, au début, le secours aux pauvres n'est qu'une

aumône : il est alimenté par les dons volontaires des fidèles. Bientôt la charité libre, volontaire devint insuffisante
et on força la main aux fidèles. A certaines époques, la
mendicité augmenta d'une façon inquiétante ; la guerre
de Cent Ans eut pour résultat de dépeupler les campagnes
au profit des villes et spécialement de Paris, où les mendiants devinrent légion, pour le plus grand danger de la
société. C'est ce qui légitima l'intervention des Parle-
ments : chargés de punir les mendiants, ils arrivèrent fatalement en réprimant la mendicité à organiser la bienfaisance, et à assurer la répartition des secours entre les
membres de la communauté des pauvres. La charité devint
une charité forcée. Cette transition est très nettement
indiquée dans un arrêt du Parlement de Paris du 12 novembre 1543 (1) : « Pour ce que les aumosnes qui sont le
fondement de la nourriture et éducation des pauvres dépendent principalement de la charité des bons et notables
bourgeois, manans et habitants de la ville de Paris, laquelle
a esté merveilleusement refroidie depuis le commencement de l'institution de la communauté des pauvres en
manière que les aumosnes ont diminué des trois quarts
au plus... » Il est enjoint aux curés, vicaires et prêcheurs
de la ville de Paris « d'admonester le populaire, de faire
l'aumosne à la communauté des pauvres, en leur faisant
claire démonstrance par raisons vives et efficaces qu'ils y
sont tenus et obligez et que *pour l'exécution de l'obligation divine, il faudra que la justice séculière y mette la
main*, et conséquemment de ce qu'ils peuvent faire de leur
bonne volonté et par ce moyen mériter envers Dieu et la

---

(1) *Paris et l'assistance publique*, par André Lefèvre, *Rev. de Paris* du
1ᵉʳ juillet 1899.

république, ils pourront estre contraints de le faire par
justice et perdront la plus grande part de mérite ».

Ces admonestations ne devaient pas suffire et l'année
suivante, on faisait un pas de plus dans la voie de la contrainte.

François Ier, alors qu'il créait le *Grand bureau des pauvres*, levait une imposition de 1200 livres et cette taxe fut
généralisée par un édit de Henri II en 1552. C'était le régime mixte de la charité volontaire et de la charité forcée ;
ces taxes s'ajoutant aux aumônes, et les édits *cottisant*
suivant l'expression de François Ier « à l'aumosne ceux qui
étaient référans d'y contribuer ». Avec la création des octrois et des droits sur les spectacles, dont le produit est
affecté à l'Hôpital général créé sous Louis XIV ; — la taxe
des pauvres étant du reste maintenue et perçue par le
Grand bureau des pauvres, — on s'acheminait de plus en
plus vers l'idée que devait faire prévaloir la Révolution,
proclamant l'obligation d'assistance et assurant l'accomplissement de ce devoir par les ressources publiques.
Evolution du caractère de l'assistance, d'abord toute facultative, plus tard tendant à devenir une obligation sociale ;
entretenue d'abord par les aumônes volontaires, rendues,
si l'on peut dire obligatoires, acheminement vers l'assistance publique. subventionnée par les revenus de l'impôt,
tel est le premier point important qui ressort de l'examen
de notre ancienne législation.

En même temps s'accomplissait une autre évolution,
liée en quelque sorte à la précédente : les municipalités
et les pouvoirs publics se substituent, suivant les époques,
aux prêtres, aux congrégations religieuses.

Au début, en effet. l'assistance ne pouvait être exercée
que par ceux qui professionnellement peuvent recueillir

les aumônes, aussi l'Église est-elle maîtresse à l'hôpital, seule forme primitive du secours, de même que pour les secours à domicile recueillis par les prêtres et distribués par eux à leur gré.

Mais il ne pouvait plus en être ainsi au XVI⁰ siècle alors que le pouvoir royal était devenu plus puissant et que les municipalités avaient conquis de nombreuses libertés. Le pouvoir royal par l'intermédiaire du Parlement intervint au nom de la sécurité du royaume pour combattre la mendicité et en même temps surveilla et organisa l'assistance. Les secours à domicile s'exercent par l'intermédiaire des paroisses, mais on associe aux curés et marguilliers deux ou plusieurs *bons personnages* chargés de visiter les pauvres une fois la semaine et plus souvent s'il est besoin.

Aussi Louis XII, le 16 avril 1505, voulant mettre fin aux abus qui se commettaient à l'Hôtel-Dieu, chargea-t-il le Prévôt des Marchands et les Échevins d'en poursuivre *la refformation* et le Parlement, le 2 mai de la même année, décida que les administrateurs de cet établissement seraient à l'avenir nommés par la municipalité (1). François Iᵉʳ fut de la sorte amené à faire des secours à domicile un service communal. Ce fut là l'objet des lettres patentes du 7 novembre 1544 qui donnèrent à la municipalité parisienne, c'est-à-dire au Prévôt des Marchands et aux Échevins « la superintendance des choses requises pour l'entretenement et la communauté des pauvres que jusqu'icy a eue notre Cour du Parlement ou ses députés..... et que pour y vacquer, entendre et satisfaire avec le soing, cure et diligence nécessaires, ils commettent et députent, ainsi

(1) Mesure étendue à toutes les autres communes par l'Edit de Charles IX de février 1566.

qu'ils ont accoustumé de faire pour le gouvernement de l'Hôtel-Dieu, un certain nombre de bourgeois, conseillers de la dicte ville et autres gens de bien, notables et charitables ». Les hôpitaux et les secours à domicile étaient donc municipalisés. Cette organisation fut confirmée par un édit de Henri II en date du 9 juillet 1547. Toutes les institutions de secours à domicile dans la ville de Paris furent placés sous la direction d'un nouvel organe le *Grand bureau des pauvres* (1), service purement municipal, composé de 32 membres élus par le Prévôt des Marchands et les Échevins et se divisant en deux groupes de 16 membres chacun : le premier le *Grand Conseil* était chargé de la direction générale du service, le second des détails d'exécution. Le grand bureau des pauvres s'occupait des contestations relatives à la taxe des pauvres, à l'acceptation des libéralités faites aux pauvres de Paris, dont il était le représentant et enfin de toutes les questions concernant les indigents.

Indépendamment de ces fonctions exercées en assemblée générale les 16 commissaires du bureau actif avaient chacun la direction de l'assistance à domicile dans leurs quartiers respectifs.

Mais la lutte contre les mendiants fit abandonner pour Paris le caractère communal de l'assistance, et au XVIIe siècle le grand bureau des pauvres retomba sous l'autorité du Parlement. Le procureur général devint chef unique du grand bureau et les commissaires des pauvres furent à nouveau choisis par les curés, les marguilliers de chaque paroisse et par des habitants notables. De plus en 1656, sous l'influence de nouvelles idées, l'hospitalisation

---

(1) Le *Grand Bureau* fut véritablement créé par François Ier en 1544, mais son organisation date réellement de l'Edit de Henri II en 1547.

des pauvres et mendiants devint la règle ; et l'Hôpital général créé à cette époque fut le centre de l'action charitable à Paris ; le grand bureau des pauvres (1) restant seulement chargé de la distribution des secours à domicile,
d'ailleurs fort réduits. L'Hôpital général, n'ayant aucun
lien avec la municipalité parisienne, Louis XIV rattachait
aussi étroitement au pouvoir central les établissements
d'assistance parisiens, sous l'empire de préoccupations de
police pour assurer *le renfermement des pauvres mendiants*
qui infestaient les rues de la capitale. En dehors de là pour
toutes les autres villes le caractère communal subsiste (2).

L'exception faite pour Paris n'était que le résultat de la
confusion toujours commise par les Édits entre la bienfaisance et la police. On laissait de côté l'idée d'humanité
et comme à cette époque cette idée ne se concevait guère
que sous la forme religieuse, l'Église, écartée officiellement
de la direction de l'assistance, put conserver la haute
main sur *les bureaux de charité*, institutions à peu près
complètement indépendantes, entretenues par les aumônes

(1) En 1789 le grand bureau des pauvres n'assistait que 1172 vieillards,
492 enfants, au total 1664 personnes ; les vieillards touchant 12 sols par
semaine, les enfants 6 sols. La dépense totale s'élevait à 46.000 livres.

A partir de la création de l'*Hôpital général*, le grand bureau des pauvres continua à percevoir la taxe des pauvres ; l'Hôpital général eut les
octrois et les droits sur les spectacles.

A côté du grand bureau fonctionnaient deux établissements annexes, où
étaient hospitalisés des vieillards et enfants : l'*hôpital des petites maisons*
qui renfermait des vieillards, des teigneux etc. ; l'*hôpital de la Trinité* où
l'on mettait les enfants pauvres en apprentissage et où l'on tentait de leur
donner un enseignement professionnel.

(2) C'est ainsi par exemple que l'ordonnance de 1698 qui crée les hôpitaux généraux les fait administrer par un bureau de direction composé
de l'officier de justice du lieu, du procureur du roi, du curé, du maire,
d'un échevin, et d'un certain nombre de bourgeois notables nommés pour
trois ans par une assemblée générale à laquelle prenaient part tous les
habitants ayant le droit d'assister aux assemblées de la commune.

des fidèles. Ces bureaux qui existaient dans chaque paroisse, étaient placés sous la direction des curés, assistés
de quelques personnes charitables et fonctionnaient concurremment avec le bureau des pauvres. Citons comme
type de ces bureaux, celui de la paroisse Saint-Roch, dont
nous trouvons l'organisation dans un règlement paru en
1717 (1). Ce bureau était composé du curé de la paroisse,
président, des vicaires et de quelques personnes charitables dont plusieurs dames « entre lesquelles quelques-
unes viennent avec une charité très édifiante confondre les
premières dignités dont elles sont revêtues ».

Le but de l'œuvre était de soulager les pauvres, de soigner les malades, de s'occuper *des petits enfants à la ma-
melle* et enfin de créer des petites écoles pour les enfants
pauvres.

Les secours accordés étaient à peu près exclusivement
distribués en nature ; c'était du pain, du lait, du linge, des
lits même. Des sœurs de charité soignaient les malades,
auxquels on donnait gratuitement les médicaments et les
soins des médecins (2).

Au point de vue du travail charitable la paroisse était
divisée en 12 circonscriptions : à la tête de chacune d'elles
étaient placés un ecclésiastique et des visiteurs, chargés
d'assister les pauvres et de s'enquérir de leur situation et
de leurs besoins. Les secours n'étaient accordés que sur
le rapport des visiteurs de chaque circonscription et dans
l'assemblée générale du bureau, ayant lieu tous les mois.
Seuls pouvaient être secourus, les pauvres, qui remplis-

---

(1) Imprimé chez Jean-Baptiste Delespine en 1717. Ce bureau était plus
ancien, mais il fut reconstitué à cette époque.
(2) Des nourrices étaient chargées des enfants pauvres.

saient tous leurs devoirs religieux et qui habitaient la paroisse depuis au moins un an.

En résumé en 1789, les pauvres étaient secourus par l'*Hôpital général* d'une part ; de l'autre, par le *Grand bureau* des pauvres, qui à la fin du siècle n'avait plus qu'une action restreinte, et par les bureaux paroissiaux de charité. A l'Hôpital général, forme ordinaire de l'Assistance, étaient envoyés les pauvres sans asile, de beaucoup les plus nombreux ; du grand bureau des pauvres et des bureaux de charité (1), chargés de la distribution des secours à domicile, relevaient les malheureux ayant un domicile. Enfin des travaux publics étaient aux époques de misère organisés pour les indigents valides. Mais, et nous insistons sur ce point, *l'enfermement des pauvres* était la règle, le secours à domicile, l'exception.

La Révolution allait être en matière d'assistance le commencement d'une ère nouvelle : l'obligation de l'assistance, le droit au secours, sont proclamés. Sur ce point l'évolution de l'ancien droit continue, et les tendances manifestées plusieurs fois dans la période antérieure reçoivent une consécration légale. « Les secours publics, dit l'article 23 de la déclaration des droits de l'homme, sont une dette sacrée et c'est à la loi d'en déterminer l'étendue et l'application. »

Le décret de la Convention du 19 mars 1793, reconnaît solennellement le droit à l'assistance et le devoir pour la société d'assurer la subsistance du pauvre ; il fut confirmé par la loi du 24 vendémiaire an II. « Le domicile de secours, lit-on, dans son article 1er, est le lieu où l'homme nécessiteux *a droit* aux secours publics. » Mais désormais

(1) Les bureaux de charité devaient surtout s'occuper des pauvres honteux.

l'assistance devient une dette nationale ; le caractère communal qu'elle avait eu pendant longtemps sous l'ancien
régime disparaît ; Le *Comité de mendicité*, institué par
l'Assemblée constituante pour étudier les questions d'assistance et la suppression de la mendicité, réuni sous la
présidence de La Rochefoucauld-Liancourt posa en principe que l'assistance serait une charge nationale, que tous
les biens des hôpitaux seraient aliénés et que le prix en
serait réparti suivant les besoins entre toutes les parties
du pays. Ce projet ne fut pas discuté, mais il fut repris
par le *Comité des secours publics* de l'Assemblée législa-
tive. Le rapporteur Bernard d'Airy proposa de centraliser
les revenus des établissements charitables dont la masse
accrue des subsides de l'État devait être divisée en trois
parts destinées à l'entretien des hôpitaux, aux secours à
domicile, aux ateliers de charité. Ce projet ne fut pas
adopté de suite et à Paris au début de la période révolutionnaire la municipalité conserva la direction des secours
à domicile. Un décret du 20 mai 1791 établit dans les
33 paroisses des commissions provisoires de bienfaisance,
en chargeant la municipalité de nommer une ou plusieurs
personnes, pour recevoir la totalité des revenus appartenant aux pauvres et de les répartir entre les paroisses.
La commission ainsi nommée, malgré les réclamations
des commissions provisoires de bienfaisance, reçut le
nom de *Commission municipale de bienfaisance*. Telle fut
l'organisation parisienne jusqu'en 1793.

A cette époque la Convention, mettant à profit les travaux des deux précédentes assemblées, organisa un nouveau système d'assistance, système de centralisation absolue. Ce fut l'œuvre de trois lois :

Celle du 19 mars 1793, la même que nous avons signa-

lée plus haut comme reconnaissant le droit à l'assistance.
déclare que tous les biens des administrations charitables
font retour au domaine public (1). Les fonds de l'assistance étaient fournis par l'État et devaient faire face aux
objets suivants : travaux pour les valides, secours à domicile pour les infirmes et les vieillards, maisons de santé
pour les malades sans abri, hospices pour les enfants aban-
donnés, les gens âgés et infirmes sans domicile, secours
pour les accidents imprévus.

Deux lois complétèrent celle du 19 mars 1793 : la loi
du 24 vendémiaire an II, qui édicte des peines sévères
contre la mendicité et condamne les citoyens faisant l'aumône à une amende dont le produit devait être distribué
à la caisse des secours à domicile. Cette loi, mesure de
centralisation excessive, resta d'ailleurs lettre morte, tout
au moins dans son principe. Le droit au secours étant reconnu, elle avait réglementé le domicile de secours.

La troisième loi révolutionnaire est celle du 14 mars
1794. Elle établissait un *Grand livre de la bienfaisance
publique* et organisait le traitement à domicile. A Paris,
la direction en était confiée à une *Commission centrale de
bienfaisance* dont les membres étaient élus par chacune
des 48 sections à raison de un membre par section. Cette
commission était chargée de répartir les revenus des pauvres entre les sections ; un directoire de 16 membres était
placé à sa tête.

La municipalité parisienne était donc encore une fois
dépouillée de la direction des secours à domicile par ce
nouveau régime qui entra en vigueur le 24 août 1793.

---

(1) Un décret du 17 mars 1793 avait ordonné la mise en vente des
fondations qui étaient destinées aux pauvres, un autre du 1er mai 1793
celle des biens des anciennes congrégations.

Cependant on lui avait laissé le soin de régler l'organisation intérieure de chaque section : ce fut l'œuvre du règlement municipal du 7 septembre 1793. Dans chaque section était créé un comité de bienfaisance, correspondant directement avec la Commission centrale. Les commissaires sont nommés pour deux ans ; leur nombre varie suivant le chiffre de la population. Chaque section est divisée en un certain nombre d'arrondissements d'après le nombre des pauvres qu'elle renferme ; et chaque arrondissement est confié à deux commissaires, qui tous les trois mois dressaient la liste des indigents de leur arrondissement et surveillaient la distribution des sommes destinées à secourir les pauvres. Les secours étaient toujours distribués en nature, dans la proportion fixée par chaque Comité, après enquête faite soit par les commissaires, soit par les citoyens de bonne volonté, que pouvaient s'adjoindre les comités.

En résumé, la municipalité n'avait plus qu'un rôle secondaire dans l'organisation des secours à domicile : droit au secours, centralisation de l'assistance, tels étaient les deux principes que la Convention avait fait prévaloir en matière d'assistance.

Une pareille organisation exigeait des ressources financières très considérables, et aussi ne survécut-elle pas à l'assemblée qui l'avait créée. Faute de ressources, le droit à l'assistance resta lettre morte.

A Paris un arrêté du Directoire du 16 floréal an IV, établit provisoirement un Bureau général de bienfaisance, — ce fut la Commission centrale dont on changea le nom — et enleva à la municipalité le peu de pouvoir qui lui restait en la matière. Les membres du bureau de bienfaisance, en effet, étaient non plus élus mais nommés par le ministre de l'Intérieur. Le bureau de bienfaisance

avait sous sa direction 48 comités, comme par le passé.
En un mot les services de l'assistance à Paris étaient de
nouveau exclusivement placés sous la direction du pouvoir central ; les mesures législatives postérieures contri-
buèrent encore à augmenter cette dépendance.

Cette nouvelle période est inaugurée par la loi du 7 frimaire an V : on reconstitue le bureau de charité sous le
nom nouveau de bureau de bienfaisance. En réalité l'effort de la Révolution avait abouti à un seul résultat : la
substitution complète de l'élément laïque à l'élément religieux en matière d'assistance. C'est de cette façon du
reste que le ministre de l'Intérieur interprétait la loi de
l'an V dans une circulaire (1) : « Le véritable esprit de cette
loi, disait-il, a été de confier à la direction de ces bureaux,
la distribution des secours à domicile et les fonctions que
remplissaient autrefois envers les pauvres les associations
de charité et les anciennes administrations des pauvres,
des paroisses, des fabriques et des fondations. » Mais
tandis que les anciens bureaux de charité avaient une indépendance véritable, une personnalité réelle, les bureaux
de bienfaisance, étaient à peu près entièrement sous la
haute direction du pouvoir central.

Un règlement du 8 prairial an IX, pris en conformité
d'un arrêté des consuls du 29 germinal, créa à Paris un
régime exceptionnel en soumettant les bureaux de bienfaisance à la direction du Conseil général des hospices (2).
Celui-ci se composait de 11 membres présidés par le préfet de la Seine. L'administration des secours à domicile
était confiée à 12 comités centraux de bienfaisance, — un

____

(1) Circulaire du ministre de l'Intérieur du 19 vendémiaire an IX.
(2) Le fait saillant de la nouvelle mesure était de réunir sous la même
direction les services hospitaliers et le service des secours à domicile.

par arrondissement administratif, — composés du maire de l'arrondissement, des adjoints et de deux membres des bureaux de bienfaisance. Les bureaux (anciens comités) toujours au nombre de 48 n'étaient plus que des succursales des comités centraux (1). Les 12 bureaux conservant leur caisse, leur comptabilité, l'existence du comité central resta nominale, et il en résulta une variété des plus fâcheuses dans la distribution des secours.

Le Conseil général des hospices, frappé de ces inconvénients, proposa un projet de réorganisation approuvé par arrêtés ministériels des 12 et 18 octobre 1813. Mais les événements de 1814 n'en permirent pas l'application et le régime de l'an IX fut maintenu intégralement jusqu'en 1816. L'ordonnance du 16 juillet 1816 et l'arrêté ministériel du 19 reproduisirent le projet de 1813 et réorganisèrent le service des secours à domicile. « La nouvelle mesure, lisait-on dans le préambule de cette ordonnance, allait, en simplifiant les formes de cette administration et en multipliant le nombre des personnes chargées de rechercher les véritables pauvres, atteindre un double but : accélérer la distribution des secours et leur donner une plus juste application. » On conserva seulement 12 bureaux, 1 par arrondissement, qu'on appela de nouveau *Bureaux de charité*. Ils étaient composés des maires, des adjoints, des ministres des différents cultes, ainsi que de 11 administrateurs assistés (2) d'un nombre indéterminé de commissaires et de Dames de charité. Il en fut ainsi jusqu'en 1848, à la suite des événements de 1830, l'ordonnance du 29 avril 1831, ayant seulement écarté les ministres du culte et substitué le mot *bienfaisance* au mot *charité*.

(1) Règlement du 8 vendémiaire an X.
(2) Le nombre des membres fut porté de 11 à 15 en 1818.

Avec la Révolution de 1848, réapparaît le système de la municipalisation du service de l'assistance à Paris. Le 26 février, le gouvernement provisoire chargeait le citoyen Thierry, conseiller municipal, de constituer une commission chargée au nom du maire de Paris d'administrer les services qui dépendaient du Conseil général des hospices. Mais dès le mois de novembre 1848, le gouvernement, croyant qu'il était dangereux de faire de l'Assistance un service purement municipal, fit sous l'influence de M. Dufaure rendre la loi du 10 janvier 1849 encore en vigueur aujourd'hui.

Il n'y eut une légère interruption qu'en 1870 : le décret-loi du 29 septembre 1870, du gouvernement de la défense nationale, confia le service des secours à domicile au Conseil municipal. Mais le 25 juin 1871, un simple arrêté du chef du pouvoir exécutif, M. Thiers, remit en vigueur la loi de 1849. L'illégalité de cet arrêté, a d'ailleurs été couverte par l'article 11 de la loi du 21 mai 1873 relative aux commissions administratives des établissements de bienfaisance ainsi conçu : « Les décrets des 29 septembre 1870 et 18 février 1871, sont rapportés. L'administration de l'assistance publique à Paris sera provisoirement régie par les prescriptions de la loi du 10 janvier 1849 et du décret réglementaire du 24 avril suivant rendu en exécution de cette loi. »

La loi de 1849 consacre la réunion en une seule administration du service des secours à domicile et des services hospitaliers. A la tête des services est placé un directeur unique, responsable, agissant sous l'autorité du préfet de la Seine, et du ministre de l'intérieur et assisté d'un Conseil de surveillance. Les pouvoirs du directeur sont des plus étendus ; il exerce son autorité sur les services intérieurs et extérieurs, prépare les budgets, représente en justice tous les établissements de secours hospitaliers (1) et de secours à domicile (2).

Quant au Conseil de surveillance, composé de 35 membres, il donne des avis purement consultatifs en droit, mais en fait moralement obligatoires. Le service des secours à domicile relève du directeur de l'assistance et plus spécialement d'un bureau de l'administration centrale, le *Bureau des secours* ; ils sont assurés en principe par les bureaux de bienfaisance. Comme la loi de l'an IX, la loi de 1849 donne en fait la haute direction du service de l'assistance à Paris, au ministre de l'Intérieur, c'est-à-dire au Gouvernement.

Quoique la loi de 1849 n'ait laissé aucune place au Conseil municipal de Paris dans la direction de l'assistance, la municipalité exerce cependant un certain contrôle sur tous les services. L'article 4 de la loi décide que les comptes et budgets de l'assistance publique doivent être soumis au Conseil municipal, et l'arrêté du 14 avril 1849 qui fixe la composition du Conseil de surveillance fait entrer dans cette dernière assemblée deux conseillers municipaux choisis par le Président de la République. Depuis, un décret du 28 mars 1896 a porté à 10 le nombre des représentants de la Ville de Paris (3).

(1) A Paris les établissements hospitaliers sont dénués de toute autonomie ; à la tête de chacun d'eux est un directeur administratif, responsable devant le directeur général.

(2) Un troisième service, celui des *Enfants assistés*, a été réuni à l'administration de l'assistance publique. Ce service en droit commun est confié au département, mais la place très large occupée par la Ville de Paris dans le département de la Seine l'a fait remettre au directeur de l'assistance publique. Les crédits nécessaires au fonctionnement du service sont votés par le Conseil général, et versés dans les caisses de l'assistance publique. Il y a actuellement 38.000 enfants assistés.

(3) Voici la composition du Conseil de surveillance (article 1) : Le préfet

L'article 8 de la loi de 1849 chargeait le Gouvernement
de déterminer par un règlement d'administration publique
l'organisation des secours publics dans Paris.

Cette disposition resta plus de trente ans lettre morte,
l'organisation des secours à domicile étant seulement réglée par de simples arrêtés préfectoraux (1). Enfin à la suite
d'une proposition de M. Sigismond Lacroix, le Conseil
municipal, le 16 mars 1880, émit le vœu que le Ministre
de l'Intérieur nommât une commission spéciale pour éla-
borer un projet de règlement à Paris. Après 5 ans de travaux, le décret du 12 août 1886 fut promulgué. Ce texte
fut immédiatement l'objet de vives critiques ; on lui re-
procha « d'être un rapiéçage » dans lequel se trouvaient
toutes les imperfections, les inégalités de l'ancien règlement. Aussi proposa-t-on une réforme, qui a abouti au
décret du 15 novembre 1895 actuellement en vigueur.

C'est ce texte qui régit actuellement la matière que nous
nous sommes proposé d'étudier. Nous avons vu ainsi ce
qu'était devenue à Paris dans le cours des siècles l'assis-

de la Seine, président ; Le préfet de police ; Dix représentants du Conseil
municipal ; Deux maires ou adjoints ; Deux administrateurs des bureaux
de bienfaisance ; Un conseiller d'Etat ou un maître des requêtes ; Un
membre de la Cour de cassation ; Un médecin des hôpitaux et hospices
en exercice ; Un chirurgien des hôpitaux et hospices en exercice ; Un
médecin du service des secours à domicile en exercice ; Un médecin
accoucheur du service des hôpitaux en exercice ; Un professeur de la
Faculté de médecine ; Un membre de la Chambre de commerce ; Un
membre patron et un membre ouvrier des Conseils des prud'hommes ;
Neuf membres pris en dehors des catégories ci-dessus. Les membres du
Conseil sont nommés par le président de la République, sur la proposition du Ministre de l'Intérieur et choisis sur des listes dressées à cet
effet.

(1) Arrêté du directeur de l'Assistance publique, approuvé par le préfet
de la Seine, le 20 mars 1860 ; — Arrêté du préfet de la Seine du 15 février
1879.

tance en général et spécialement l'assistance à domicile, nous pouvons en conclure qu'actuellement le service de l'assistance est sous la direction du pouvoir central, mais que la municipalité parisienne exerce un contrôle sur toute cette administration : contrôle peu sérieux à l'origine, mais qui depuis 1871 a été sans cesse en s'accroissant, par suite de l'élection du Conseil municipal de Paris par le suffrage universel, donnant ainsi à cette assemblée, autrefois simple commission administrative, une autorité morale et une influence bien plus grandes ; — et cela surtout par suite de l'insuffisance des ressources propres de l'assistance, cette dernière ne pouvant fonctionner que grâce aux subventions du Conseil municipal. Ainsi à Paris l'assistance à domicile forme un service rattaché à une institution groupant tous les établissements d'assistance, sous la direction d'un directeur responsable, devant le Ministre de l'Intérieur, sous la surveillance morale d'un conseil sans pouvoirs propres, et dépendant au point de vue budgétaire du conseil municipal de Paris (1). C'est là une exception à ce qui se passe dans toute la France : partout ailleurs le service des secours à domicile est distinct des services hospitaliers ; et, de plus, le service des secours à domicile assuré par les bureaux de bienfaisance, administrés par des commissions spéciales, constituent par leur destination des services municipaux puisqu'ils sont créés au profit des habitants, bien qu'au point de vue juridique cause de la personnalité civile dont ils sont revêtus ils

---

(1) Nous reviendrons plus loin longuement sur ce point. Disons seulement que la subvention municipale qui était de 5 millions en 1849, de 11.370.000 en 1878, s'élevait en 1897 à 23.000.000. Les subventions municipales et départementales faites à l'Assistance publique fournissaient 58 0/0, les revenus propres 17 0/0 seulement.

constituent des établissements publics distincts de la commune (1).

Il nous reste à voir ce qu'est devenu, depuis les lois de la Convention, le droit à l'assistance créé par celles-ci. Jusqu'à ces derniers temps le système de charité légale dont les bases avaient été jetées en l'an II, après avoir été abandonné en l'an V, disparut de nos lois. On revint aux idées contenues dans la Déclaration du 24 juin 1791, dont l'article 8 (2) proclame simplement que la République doit par une assistance fraternelle assurer l'existence des citoyens nécessiteux, soit en leur procurant du travail, soit en donnant, à défaut de la famille, des secours à ceux qui sont hors d'état de travailler.

En France : « la législation charitable est dominée actuellement par ce principe que si la Société a le devoir moral de ne laisser aucune souffrance sans soulagement, l'assistance ne peut jamais être réclamée comme un droit par l'indigent » (3).

Tel est le principe, mais récemment une loi du 15 juillet 1893, accordant les soins médicaux gratuits aux malades indigents et en donnant aux intéressés un recours en cas de refus, des projets nombreux sur l'assistance aux vieillards semblent indiquer un retour aux principes admis en l'an II, organisant un véritable droit au secours pour les malheureux. Nous sommes donc, on peut le dire, dans une période de transition : entre l'assistance considérée comme devoir social et l'assistance donnant un droit au secours.

Nous avons essayé dans cette introduction de dégager

---

(1) V. les lois du 7 frimaire an V et du 21 mai 1873.
(2) Cette déclaration est dans le préambule de la Constitution de 1791.
(3) Circulaire du Ministre de l'Intérieur du 25 juin 1873.

le caractère de l'assistance à domicile à Paris, aux diverses époques de notre histoire, en indiquant les principes généraux qui régissent l'Assistance publique tant en France qu'à Paris, nous allons aborder maintenant l'étude du régime actuel des secours à domicile à Paris, en laissant de côté tout ce qui concerne les services hospitaliers.

Nous aurions pu suivre le plan du décret de 1895, mais nous avons cru qu'un semblable plan conviendrait à un exposé et non pas à une étude critique de la législation en vigueur. Il nous a donc paru que nous serions mieux à même d'apprécier les solutions admises en les examinant d'une façon rationnelle.

Dans l'étude de ce sujet se posent deux séries de questions : l'une d'ordre théorique, l'autre d'ordre pratique, ou plutôt, — car, à notre avis, il serait inexact de parler de théorie en pareille matière, — l'une de principe, l'autre d'application. La première comprend deux ordres d'idées : Quelles personnes doivent être secourues ? Quelle doit être la nature des secours ? Puis, ces deux questions élucidées, il reste à examiner comment est faite la distribution des secours et comment est organisée l'assistance à domicile ? Tel est l'ordre que nous comptons adopter et nous diviserons cette étude en deux parties : I. Personnes à secourir et nature des secours. — II. Organisation de l'assistance à domicile.

PREMIÈRE PARTIE

PERSONNES A SECOURIR

CHAPITRE PREMIER

PERSONNES QUI PEUVENT ÊTRE SECOURUES. — PERSONNES A SECOURIR.

Si l'on examine la masse de la population misérable, on distingue immédiatement deux catégories d'individus : les uns, qui ne sauraient pourvoir à leurs besoins sans l'allocation d'un secours, les autres qui n'ont besoin d'une aide que dans certains cas par suite de circonstances exceptionnelles. Aussi, quel que soit le nom par lequel on les désigne, ces deux catégories se retrouvent partout. La première comprend les pauvres par excellence, les véritables clients de l'assistance, la seconde, ceux dont la situation est normale en principe, mais qui, par exception, sont obligés de demander des secours. A Paris, ces deux catégories sont connues sous le nom d'*indigents* et de *nécessiteux* : l'indigent est celui à qui l'on accorde un secours permanent, le nécessiteux est celui à qui l'on donne un secours temporaire ou renouvelé à des époques indéterminées.

Les malades peuvent rentrer dans l'une ou l'autre de ces catégories, suivant qu'ils répondent aux conditions qu'elles exigent.

A. — Indigents.

Les individus désignés sous le nom d'indigents sont ceux qui reçoivent des secours périodiques.

Il importe donc de n'admettre dans cette catégorie de malheureux, que des personnes sans ressources, absolument incapables de tout travail, sous peine de faire du secours permanent, une rente destinée à encourager la paresse et l'imprévoyance. Et même dans le cas où cette pension viagère est nécessaire, il convient de ne lui reconnaître qu'un caractère strictement révocable, de telle sorte qu'elle puisse toujours être supprimée si la condition du bénéficiaire vient à s'améliorer.

Quelles sont les personnes qui pourront être considérées comme indigents ? A quelles conditions cette qualité sera-t-elle subordonnée ? Telles sont les deux questions que nous allons examiner successivement. Le décret de 1886 décidait que « seuls sont admis comme indigents les personnes atteintes d'infirmités, les vieillards âgés de 64 ans révolus (1) ». Cette classification avait l'avantage de stricte-

(1) Art. 32 du décret du 12 août 1886. — Le décret rangeait encore parmi les indigents, les orphelins âgés de moins de 13 ans. Aux termes du décret de 1811 les orphelins pauvres forment une catégorie d'enfants assistés, secourus par le département. C'était une anomalie de les faire secourir par le bureau de bienfaisance.

ment limiter la catégorie des indigents en n'y comprenant
que des personnes malades ou âgées. Devait-on la conserver ? Ce fut là un point vivement débattu pendant l'élaboration du décret de 1895. En premier lieu cette classification
avait le défaut d'enfermer la bonne volonté et le zèle des
administrateurs dans des formules trop étroites. Sans
doute, il est nécessaire de limiter autant que possible le
nombre des indigents, mais n'était-ce pas aller trop loin,
que d'imposer des règles si peu larges. Il existe des cas
nombreux où un vieillard de 67 ans se trouve dans une
situation infiniment plus intéressante qu'un vieillard plus
âgé ! Et puis cette fixation d'un âge déterminé n'arrivait-
elle pas à faire croire aux indigents que dès qu'ils avaient
atteint cet âge il y avait pour eux un droit imprescriptible
au secours (1). Il nous semble, en effet, qu'il vaut mieux
tenir moins compte de l'âge que de l'incapacité dûment justifiée de chaque individu de pourvoir à ses besoins en travaillant. C'est ce que vint décider l'article 21 du décret
de 1895 en classant comme indigents les personnes « incapables par leur âge ou leur invalidité de pourvoir à leur
subsistance par le travail ». Cette incapacité dépendant de
circonstances de fait doit être examinée pour chaque cas
particulier. Il ne saurait y avoir de règles fixes en pareille
matière : tel vieillard de 65 ans peut exercer facilement
une profession lucrative, tel infirme plus jeune, au contraire, ne peut recevoir qu'un salaire dérisoire, par suite
de son état de santé. L'état d'invalidité de ces malheureux
résulte de causes faciles à reconnaître, qui détruisent ou

(1) Gory, *Les Secours à domicile dans Paris. — Rapport sur les Secours
à domicile à Paris, présenté par M. Fleury-Ravarin,* adressé au Conseil
supérieur de l'Assistance publique, pages 70 et 71.

suppriment leur faculté de travail : c'est après l'examen de ces causes que leur admission doit être prononcée.

Faut-il en rester là ? Convient-il d'admettre à recevoir des secours permanents des personnes autres que les vieillards et les infortunés ? Pour ces derniers, tout le monde est d'accord, la constatation de leur invalidité ne présentant aucune difficulté. Mais en est-il de même de l'indigent valide ? Ici plus de critérium, plus de règles précises. Victime aujourd'hui du chômage, demain il pourra trouver du travail. Ne risquera-t-on pas en accordant une pension mensuelle aux valides de ne les voir faire aucun effort pour sortir de leur situation misérable ?

On se trouve donc en présence de deux solutions : la première, inspirée par des considérations philosophiques, repousse l'allocation d'un secours permanent aux valides ; la seconde, mue par des raisons d'ordre pratique, les admet aux secours dans une certaine mesure.

Et d'abord l'exclusion des indigents ne semble-t-elle pas de nos jours une mesure rationnelle ? Dans l'état actuel de la société, l'homme valide doit être à même de pourvoir non seulement à ses besoins mais encore à ceux de sa femme et de ses enfants. Sans doute, dans des circonstances exceptionnelles, telles qu'une maladie, un chômage, il peut être dans l'impossibilité de gagner sa vie, mais ce ne sont là que des événements temporaires, pendant lesquels il doit recevoir des secours, mais qui ne sauraient durer indéfiniment.

La Rochefoucauld, en 1790, signalait déjà les dangers de l'assistance aux valides lorsqu'il l'accusait d'accroître la fainéantise et l'oisiveté. « C'est, disait-il, encore la destruction des mœurs, de l'amour du travail, c'est désordre, c'est injustice puisque c'est l'emploi des fonds publics par delà l'exacte nécessité ».

Enfin le Congrès international d'Assistance publique de 1889 adopta sur ce point la formule suivante : « L'assistance publique, à défaut d'autre assistance, est due à l'indigent qui se trouve temporairement ou définitivement dans l'impossibilité physique de pourvoir aux nécessités de l'existence ».

Voici ce que disait au même Congrès M. Monod en commentant cette formule : « L'assistance aux valides ne nous semble pas pouvoir faire l'objet d'une obligation légale. De telles obligations doivent être strictement définies et celle-ci ne saurait l'être. L'enfance, la vieillesse, l'infirmité, la maladie, qui justifient à nos yeux l'obligation de l'assistance aux indigents, sont des faits que l'on peut prévoir ; mais pour les valides comment distinguerait-elle le cas où le dénûment a des causes fatales de ceux où il est le fruit de l'oisiveté ou du vice ? D'ailleurs toute indication en ce sens constituerait un péril. Plus on est pénétré du devoir d'organiser l'assistance publique, plus il importe d'être pénétré en même temps de la crainte d'affaiblir, si peu que ce soit, ce stimulant au travail, qui est la nécessité de vivre...Notre formule exige, pour que l'assistance soit obligatoire, qu'elle ait une cause physique. »

Il semble en effet que l'on doit distinguer d'abord parmi les indigents ceux qui sont valides de ceux qui sont incapables de tout travail. Les secours que l'on donne aux derniers sont surtout accordés dans un but de pitié ; ceux que l'on donne aux valides doivent l'être dans le sens du travail. L'indigent invalide d'ailleurs est le vrai tributaire de l'assistance publique, car il lui faut des secours réguliers, fixes, arrivant pour ainsi dire automatiquement ; le valide au contraire relève plutôt de la bienfaisance privée : pour lui, on doit tenir compte des causes qui ont produit l'indigence et de celles qui peuvent la faire cesser. Les œuvres privées de bienfaisance, nous reviendrons plus loin sur ce point, paraissent mieux s'adapter aux situations très complexes nécessitées par l'assistance aux valides, que l'assistance officielle, avec ses règles rigoureuses et étroites. L'assistance aux valides doit être avant tout une œuvre de relèvement que la bienfaisance privée peut seule opérer avec fruit.

L'expérience est du reste là pour prouver que la distribution des secours permanents aux valides produit les plus mauvais résultats (1). L'énergie morale des assistés ne tarde pas à s'affaiblir, ils se regardent bien vite comme dispensés de tout travail et cessent de s'aider eux-mêmes. De plus, l'Assistance publique, en délaissant les valides, se trouvera déchargée d'un fardeau qui pèse lourdement sur elle et pourra reporter les sommes qu'elle leur consacre sur les vieillards et les infirmes, ses véritables clients.

Avant 1886, on secourait comme indigents les pères de famille en raison du nombre de leurs enfants. Or on fut obligé d'abandonner cette mesure : on avait remarqué en effet, qu'en secourant des ménages pourvus du nombre réglementaire d'enfants, souvent moins misérables que d'autres familles moins nombreuses, on éparpillait sans profit appréciable en distributions mensuelles des ressources qu'il aurait mieux valu affecter à des secours extraordinaires.

Ces objections ont sans doute une valeur incontestable, mais s'il est certain que l'assistance aux valides

(1) De Wateville, *Enquêtes sur le paupérisme.*

est mieux assurée par la bienfaisance privée, faudrait-il encore que cette dernière fût à même de les secourir efficacement. Or, il est bien loin d'en être ainsi à Paris, malgré de nombreux et louables efforts, il s'en faut de beaucoup que la bienfaisance privée ait une organisation méthodique comme en Angleterre, aux États-Unis. En attendant qu'il en soit ainsi, n'est-il pas nécessaire de donner des secours aux valides, à des conditions limitativement déterminées (1).

C'est ce que faisait le projet de décret de 1895. Il avait cru pouvoir admettre aux secours permanents les chefs de famille, chargés d'enfants, en indiquant que son intention était seulement de ranger sous cette rubrique les indigents ayant un nombre d'enfants au-dessus de la moyenne. Cette disposition ne fut pas conservée par le texte définitif du décret, à juste titre à notre avis. Il nous semble déplorable de voir des hommes dans la force de l'âge considérer les secours du bureau comme une rente venant s'ajouter régulièrement à leur salaire. De plus, répétons-le, on risque de la sorte d'augmenter encore la dispersion des secours, en éparpillant en mensualités infinies des distributions qu'il vaudrait mieux affecter à des secours extraordinaires. Aussi l'article 21 n'admet-il aux secours permanents que les personnes incapables par leur âge ou leur invalidité de pourvoir à leur subsistance par le travail.

A ce principe le décret n'admet qu'une exception, en faveur « des femmes, veuves, séparées, divorcées, ou abandonnées ayant des charges exceptionnelles de famille ». Cette disposition se justifie aisément. Comment une femme, dont le salaire est moins élevé que celui de

(1) Rapp. Fleury-Ravarin, *op. cit.*

l'homme, pourrait-elle suffire à entretenir sa famille surtout lorsqu'elle est nombreuse ? Ici l'aide de l'assistance s'impose (1).

(1) En 1899 : le nombre des personnes recevant des secours permanents était de 51.463, en y comprenant 3.579 titulaires de pensions représentatives, ce qui fait, en définitive, 47.884 indigents inscrits.

Sur ce chiffre : 28.425 étaient inscrits par suite de leur âge et 18.625 par suite d'infirmités. 834 femmes étaient secourues pour charges exceptionnelles de famille : 331 sur ce nombre avaient plus de 3 enfants et 1 plus de 9. Elles avaient en tout 2.981 enfants.

Parmi les indigents inscrits : il y avait 18.333 hommes (35,62 0/0) et 33.130 femmes, soit 64.38 0/0 de la population totale.

16.924 étaient mariés, 25.180, veufs ou veuves (50,75 0/0), 7.895 célibataires (15,35 0/0), 834 femmes abandonnées (1,62 0/0), 14.761 (7 0/0) avaient plus de 60 ans, et 122 (0,24 0/0), plus de 90 ans.

La population totale étant de 2.481.223 habitants, il y a en moyenne 2,07 indigents pour 100 habitants.

Voici le nombre d'indigents par arrondissement :

Arr.	Population totale	Population indigente	Proportion p. 100 à la population générale.
1er.	64.537	714	1,10
2e.	66.953	649	0,96
3e.	88.846	1364	1,53
4e.	97.264	1860	1,91
5e.	111.976	2796	2,49
6e.	96.807	1430	1,47
7e.	89.884	1549	1,72
8e.	101.569	750	0,73
9e.	119.622	1180	0,98
10e.	148.854	2120	1,42
11e.	224.325	5508	2,45
12e.	113.527	2723	2,39
13e.	110.302	4234	3,83
14e.	117.490	2996	2,55
15e.	132.586	2691	2,02
16e.	98.841	1196	1,21
17e.	183.821	2374	1,29
18e.	227.762	5073	2,22
19e.	134.738	4329	3,21
20e.	151.819	5927	3,91
Totaux	2.481 223	51463	2,07

Il y a une augmentation de 2148 indigents sur 1896, soit 4,69 0/0. (Renseignements statistiques recueillis au cours de l'année 1897 sur la population indigente de Paris à secourir en 1898.)

Telles sont les personnes qui peuvent être secourues
comme indigents ; mais à quelles conditions est subordonnée cette qualité ?

Il est nécessaire d'imposer certaines conditions à l'admission aux secours permanents. L'Assistance publique,
qui vit de l'impôt, doit donner en principe ses secours
aux personnes de nationalité française et parmi celles-ci
aux individus résidant à Paris depuis un certain temps.

Ces conditions sont réglées aujourd'hui par l'article 21
du décret qui déclare indigentes « les personnes de nationalité française domiciliées à Paris depuis trois ans au
moins ».

La nécessité d'être français se justifie aisément. En effet
la question a une importance capitale si l'on songe à l'accroissement prodigieux des villes dans le courant de ce
siècle. Au dernier recensement la population urbaine
en France était à la population générale dans la proportion de près de 45 0/0, alors qu'en 1840 elle n'était guère
que de 25 0/0, c'est-à-dire qu'en moins de 40 ans elle a doublé. La désertion des campagnes pour les villes et l'abandon
des villes pour Paris est un fait bien souvent signalé.

C'est surtout l'agglomération parisienne qui a profité de
cet accroissement, elle était au commencement du siècle
le 43ᵉ de la France, aujourd'hui elle en est le 12ᵉ. A chaque recensement quinquennal on signale en moyenne une
augmentation de 60 à 80.000 habitants. Cette immigration amène non seulement des gens, originaires de
nos départements, mais un nombre considérable d'éléments étrangers. Or parmi ces derniers quelques-uns sont
dans un état de pauvreté notoire, il importe d'autant plus
de ne pas les attirer à Paris qu'ils viennent faire aux ouvriers français une concurrence des plus sérieuses en ac-

ceptant souvent des salaires plus minimes. D'ailleurs le principe de réciprocité à l'égard des étrangers, même s'il était admis, nous porterait préjudice, car le nombre d'é-trangers établis à Paris dépasse sans comparaison possible celui des Français établis dans les capitales de l'Europe.

C'est donc à bon droit que le décret de 1895 a repris la disposition du décret de 1886 excluant les étrangers de l'admission aux secours permanents. Actuellement seuls figurent comme étrangers sur les listes des indigents les personnes déjà secourues avant le décret de 1886.

La deuxième condition à remplir pour être secouru comme indigent c'est d'avoir *son domicile de secours à Paris*. Si l'assistance publique doit se montrer accueillante envers ceux qui se sont établis à Paris, au moins faut-il que cet établissement remplisse certaines conditions de durée (1).

On sait quelle attraction exerce la ville de Paris sur tout notre pays : aussi voit-on arriver chaque année de nombreuses personnes sans travail dans l'espoir de s'y procurer de l'ouvrage et au besoin de recourir à l'Assis-tance publique. Quelquefois même les autorités locales encouragent cette émigration : certains maires envoient à leurs frais les vieillards indigents de leur commune pour n'avoir pas à les secourir. Il n'est pas rare non plus de voir arriver à Paris des parents besoigneux envoyés par leurs enfants (2).

(1) En 1897 il y avait : 919 personnes étrangères secourues comme indigents qui se décomposaient ainsi :

Belges : 351.
Allemands : 271.
Italiens : 66.
Suisses : 54.
Divers : 177.

(2) *Bulletin de la Société internationale pour l'étude des questions d'assistance* (1892).

De tous côtés on estime qu'il est plus avantageux de ne pas conserver des malheureux, insuffisamment secourus, et dont cependant l'entretien est onéreux ; ne vaut-il pas mieux, en effet, les adresser à l'assistance parisienne assez riche, on le croit du moins, pour subvenir à tous les besoins. Tels sont les faits.

Et qu'on ne nous taxe pas d'exagération ! En 1897 sur 100 indigents, 74,55 0/0 soit les deux tiers n'étaient pas nés à Paris (1).

C'est le cas de répéter avec Maxime du Camp : « Paris serait bien peu misérable, si les misérables de la province ne l'encombraient. » Ajoutons que cette émigration est encore accrue par la faiblesse des secours donnés en province par les bureaux de bienfaisance : la moyenne des secours accordés par ces derniers est souvent inférieure à 20 francs par an. Aussi, de tous les points de la France, c'est un véritable exode de malheureux accourant vers Paris, attirés par la profusion des largesses de l'assistance publique et privée. Comment s'étonner après cela de voir chaque année s'accroître le chiffre de la population indigente, et les secours s'éparpiller de plus en plus, malgré tous les sacrifices faits par la Ville ? Certes, il n'est nullement question de repousser tous ces malheureux mais il faudrait que l'aggravation des charges imposée à Paris ne le fût que dans des limites justes et raisonnables. L'assistance publique est alimentée par l'impôt : ne l'oublions pas (2). Il serait donc injuste d'obliger les contribuables parisiens à entretenir une masse de malheureux étran-

(1) Renseignements recueillis sur la population indigente en 1897.
(2) Les œuvres privées constatent les mêmes résultats. En 1895 *L'œuvre de l'hospitalité de nuit* reçut 86.847 personnes, dont 9.247 étrangers 60.540 provinciaux, 16.860 parisiens.

gers à Paris, alors qu'ils participent aux dépenses d'assistance pour une part à peu près aussi forte que celle de tous les contribuables français réunis.

Les chiffres le prouvent : en 1890, le total des dépenses d'assistance pour la France, moins Paris, s'élevait à 28 millions et c'était plus de 20 millions que Paris seul donnait aux pauvres (1).

S'il est raisonnable que la Ville vienne au secours de vieillards et d'infirmes qui y ont travaillé et contribué ainsi à accroître sa prospérité, il est nécessaire d'empêcher cette émigration intéressée de pauvres accourant à l'assaut du budget de l'assistance avec la complicité des autorités communales, cherchant à ménager leurs propres deniers. Pour opposer une digue à cette invasion, il ne faut donc admettre aux secours permanents que des personnes habitant Paris depuis une assez longue période.

Actuellement en ce qui concerne les indigents : le domicile de secours est réglé par la loi du 24 vendémiaire an II. Le domicile de secours est fixé au lieu de la naissance jusqu'à 21 ans, mais passé cet âge, l'indigent a le droit de réclamer le bénéfice de ce domicile dans toute commune à condition de justifier d'une année de résidence. Relativement aux secours à domicile, nous le savons, les communes ne sont tenues à aucune obligation légale, et c'est pour elles une faculté de secourir oui ou non les indigents.

Cette question du domicile de secours, sans intérêt la plupart du temps dans les villes de province, où les ressources infimes des bureaux ne sauraient attirer les indigents, a une grande importance à Paris, en raison de

(1) *La France charitable et prévoyante.*

l'invasion de malheureux, que nous avons signalée plus haut.

Tout d'abord le délai d'un an exigé par la loi de vendémiaire semble absolument insuffisant à Paris ; il serait donc nécessaire d'en augmenter la durée. Mais en agissant de la sorte, ne violerait on pas la loi de vendémiaire ? Ce reproche serait exact si l'on statuait ainsi pour tous les malheureux, mais il n'est question ici que des secours spéciaux aux indigents, et c'est au décret qui établit ces secours à fixer les conditions auxquelles ils peuvent être attribués. Aussi le décret de 1805 a-t-il adopté une durée de trois ans pour l'admission aux secours permanents.

Cette durée est-elle suffisante ? Nous ne le croyons pas. En présence de l'invasion des pauvres venant de la province, il nous semblerait désirable de n'admettre aux secours permanents que les personnes domiciliées à Paris depuis au moins 5 ans. De plus on devrait décider que tout individu venu à Paris, après l'âge de 60 ans, ne pourrait jamais être secouru comme indigent. Ce sont là sans doute des mesures rigoureuses, mais c'est seulement en agissant ainsi, qu'on arrêtera l'émigration des malheureux, surtout des vieillards, qui viennent à Paris, uniquement pour y recevoir des secours plus abondants et tombent dès leur arrivée à la charge de l'assistance.

B. — Nécessiteux.

Ce sont, nous l'avons dit, toutes les personnes qui reçoivent des secours à époques indéterminées.

Cette classe d'assistés n'est pas susceptible d'une définition précise au même degré que la précédente. En vertu de l'article 23 du décret de 1895 : « Sont secourus temporairement les individus *valides* ou *malades* : 1° qui ne peuvent momentanément pourvoir à leur subsistance ». Ce sera tantôt un chômage, tantôt les couches d'une femme ou bien l'impossibilité de payer son loyer.

2° Les individus « qui étant inscrits comme indigents ont besoin de secours exceptionnels » (1).

Il arrive fréquemment, nous aurons l'occasion de revenir sur ce point, que les secours permanents soient insuffisants, dans ce cas les indigents peuvent réclamer de

(1) Il n'y a pas, en ce qui concerne les nécessiteux, des renseignements statistiques aussi détaillés que pour les indigents.

Nous donnerons seulement le nombre moyen des nécessiteux secourus, en 1897, tel qu'il est indiqué par le budget de chaque bureau.

Voici par arrondissement le nombre des nécessiteux :

Arrondissements.	Nombre moyen des nécessiteux.
1	1.410
2	1.398
3	1.484
4	2.712
5	4.895
6	1.300
7	1.558
8	475
9	1.345
10	1.445
11	9.827
12	5.873
13	5.901
14	4.815
15	5.158
16	1.047
17	3.740
18	8.066
19	4.122
20	7.163
	73.776

En fait, il y a à peu près 76.000 personnes secourues comme nécessiteuses.

nouveaux secours : déjà secourus comme indigents, ils peuvent l'être encore comme nécessiteux.

Il n'existe aucune règle pour être admis aux secours temporaires ; l'état de nécessiteux dépend de circonstances de fait, impossibles à formuler dans un règlement. Aucune condition ni de domicile, ni de nationalité n'est exigée : le provincial qui n'a pas son domicile de secours à Paris, l'étranger qui ne peut être assisté comme indigent, peuvent en tout temps être secourus comme nécessiteux. En effet, quand on se trouve en présence d'une véritable misère, on serait mal venu à discuter des questions de domicile ou de nationalité.

Cependant, s'il est conforme aux lois de l'humanité de secourir tous les malheureux sans distinction, quand leur misère est évidente, peut-être pourrait-on prendre à Paris quelques mesures pour décharger les finances de l'Assistance publique. En présence de l'augmentation du nombre des nécessiteux, l'un des procédés les plus efficaces serait à notre avis : le rapatriement. Fréquemment des malheureux restent à Paris sans ressources, les travaux auxquels ils ont pris part étant terminés, et tombent à la charge de l'Assistance ; pourquoi ne pas les renvoyer chez eux. Un crédit spécial a été mis à cet effet à la disposition du préfet de police, l'Assistance publique pourrait entrer largement dans cette voie : tout individu refusant d'être rapatrié ne pourrait recevoir aucun secours. En Belgique, ce procédé est couramment employé à Anvers et à Gand notamment. Dans cette dernière ville, le bureau de bienfaisance a imaginé ce moyen pour arrêter le flot des ouvriers qui, venus des environs pour y chercher du travail et n'en ayant pas trouvé, tombent alors à la charge de la bienfaisance publique. On leur délivre des bons leur permettant de prendre le chemin de fer, pour retourner chez eux. Cette mesure qui a donné d'excellents résultats devrait être d'un usage courant à Paris ; elle aurait en outre l'avantage de répondre aux procédés des municipalités envoyant leurs pauvres à Paris pour ne pas avoir à les secourir.

C. — Malades.

Parmi les personnes qui peuvent être secourues, on doit compter les malades indigents, parmi lesquels nous comprenons les femmes enceintes. En supprimant la possibilité de travailler, la maladie crée l'indigence. Tant que le mal n'a pas cessé, la Société a le devoir d'intervenir si le malade ne peut se faire soigner avec ses propres ressources. De tout temps, les malades pauvres ont été traités gratuitement à Paris ; une loi récente de 1893, sur laquelle nous reviendrons plus loin, a organisé dans toute la France un service d'assistance médicale gratuite pour les indigents.

Telles sont les personnes à secourir, mais quels secours faut-il leur attribuer ? C'est la seconde question que nous devons examiner et étudier, son étude fournira notre chapitre II.

CHAPITRE II

Les secours doivent être appropriés au genre de misères des personnes à secourir, vérité évidente qu'il est à peine utile d'énoncer ; les indigents, les nécessiteux, les malades que, dans des proportions différentes et pour des causes diverses que nous avons indiquées, il est du devoir de la Société au nom de la solidarité humaine de secourir, — les infirmes qui ne peuvent plus travailler et qui, si on les abandonne, sont condamnés à mourir ou à grossir le nombre des mendiants et à devenir en quelque sorte les professionnels de la mendicité, — les valides sans travail, auxquels il faut venir en aide, si l'on ne veut pas en faire des ennemis, trouvant tout simple de rendre responsable du chômage l'organisation sociale tout entière, et tous prêts à suivre dans la lutte les théoriciens de l'anarchie, qui rêvent d'une société idéale où tous seraient heureux, ces malheureux que nous devons secourir ont tous besoin de secours différents distribués de façon diverse et par des organes distincts.

Nous laisserons de côté en ce moment la distribution des secours et l'examen des organes administratifs chargés de cette distribution, qui forment, nous l'avons indiqué, la seconde partie de cette étude, nous rechercherons seulement en présence de ces divers éléments de la population misérable quelles catégories de secours lui sont attribuées aujourd'hui et quelles sont celles auxquelles, selon nous, il faut donner la préférence.

On conçoit immédiatement deux classes distinctes de secours suivant qu'il s'agit de ceux qui ne peuvent plus travailler ou de ceux qui sont capables de gagner leur vie, s'ils ont un travail assuré : secours en argent ou en nature pour les premiers : secours en travail, c'est-à-dire assistance par le travail pour les seconds.

Ce sont ces deux catégories que nous allons étudier.

L'article 24 du décret du 15 novembre 1895 prévoit le premier cas : « Les bureaux de bienfaisance accordent des secours en argent et exceptionnellement des secours en nature ; ils peuvent voter des allocations de tout genre destinées à soulager des misères spéciales, telles que prêts, objets usuels, secours de route, de rapatriement, avances pour loyers. »

La seconde catégorie est visée par l'article 28 : « Les bureaux de bienfaisance sont autorisés à s'entendre avec les Sociétés d'assistance par le travail, à l'effet de substituer autant que possible les secours en travail aux secours en argent. »

Nous ferons d'abord dans une première section l'exposé des secours tels qu'ils sont actuellement distribués, puis nous essaierons de donner une appréciation critique de la législation aujourd'hui en vigueur.

Notre chapitre II comprendra donc deux sections :

Section I. — Secours actuellement distribués.

1° Secours en argent ;

2° Secours en nature ;

3° Secours en travail.

Section II. — Appréciation critique.

SECTION I. — Secours actuellement distribués.

§ 1. — Secours en argent.

Ces secours sont, suivant les classes d'individus à secourir : des secours permanents ou des secours temporaires. Les premiers sont attribués aux indigents, aux vieillards et infirmes ; les seconds aux nécessiteux et aux
indigents, à qui les secours permanents ne suffisent pas,
et enfin aux malades.

A. — *Secours permanents.*

1° *Secours mensuels.* — Ils comprennent d'abord les
secours mensuels aux indigents (art. 25 du décret), qui
ont occasionné pour les 20 arrondissements une dépense
de 3.671.920 francs en 1896 et de 3.669.092 francs en
1897.

Ils se répartissaient ainsi en 1897 (1) :

Mensualités de 5 francs en hiver et 3 francs en été :		1.439.618 fr.
— 8 —	. . . .	245.168 »
— 10 —	. . . .	945.020 »
— 20 —	. . . .	941.960 »
Bons de 2 francs à l'occasion du 14 juillet	. . . . .	97.326 »
	Total.	3.669.092 »

Il y avait, en 1897, 47.884 indigents inscrits, en défalquant les titulaires de pension représentative de séjour à
l'hospice que nous étudierons plus loin, nous trouvons
que 44.353 indigents ont touché un secours annuel moyen

(1) Compte financier de 1897 : dépense des bureaux de bienfaisance
Budget de l'assistance publique :
Sous chapitres XXIV et XLIII.

de 80 fr. 54, mais il s'en faut de beaucoup que chaque indigent ait reçu cette moyenne de secours.

3.925 (1) indigents ont touché	240 fr. par an,	soit par mois	20 fr.
7.875	—	—	120 fr.	—	—	10 fr.
2.553	—	—	96 fr.	—	—	8 fr.
30.000	—	—	48 fr.	—	—	4 fr.
44.353 moyenne générale,			80 fr. 54.

Soit pour 100 indigents (2) :

(3.925 indigents),	8,90 0/0 ont touché	0,65 par jour
(7.875 indigents),	7,50 0/0	—	0,32	—
(2.553 indigents),	5,80 0/0	—	0,26	—
(30.000 indigents),	67,50 0/0	—	0,13	—

De plus chaque indigent inscrit a touché une allocation de 2 francs le jour de la fête nationale.

Ces secours mensuels sont uniquement accordés aux indigents inscrits sur la liste annuelle dont nous verrons plus tard l'établissement.

2° *Secours représentatif de séjour à l'hospice.* — Nous n'insistons pas davantage sur cette première catégorie de secours permanents, et nous passons à la seconde plus intéressante à étudier : le secours représentatif de séjour à l'hospice pour les vieillards et les infirmes. Ce secours est prévu par l'article 29 du décret de 1895. C'est la question même des secours à domicile pour toute cette partie malheureusement trop nombreuse de la population indigente.

On conçoit deux moyens de venir en aide aux vieillards et aux infirmes : l'un *l'hospitalisation*, l'autre *l'assistance à domicile*, c'est-à-dire l'allocation d'une pension qui permette au vieillard de rester chez lui, c'est le secours représentatif de séjour à l'hospice.

(1) Compte financier de l'administration de l'Assistance publique pour l'exercice 1897.

(2) Rapport sur les budgets et comptes de 1897, adressé au conseil de surveillance de l'Assistance publique.

Si nous suivions avec une rigoureuse exactitude le plan
que nous avons adopté, nous devrions laisser de côté l'hospitalisation des vieillards et des infirmes puisque nous ne
parlons que des secours à domicile. Mais nous pensons
que les deux modes d'assistance étant employés, il, nous
est nécessaire, pour apprécier sainement et en toute
connaissance de cause les secours représentatifs de séjour à l'hospice, d'indiquer en même temps les règles qui
président à l'hospitalisation, pour être fixés sur son importance ou sa valeur en face de l'assistance à domicile
proprement dite.

Avant de constater la situation présente, il est nécessaire de dire quelques mots du passé. Historiquement,
c'est l'hospitalisation qui se présente la première. Elle est
certainement fort ancienne, mais nous n'avons guère de
documents précis sur la question qu'à la fin du siècle dernier. En 1788 Tenon nous apprend que sur les 14.000 lits
hospitaliers qui existaient alors à Paris, 6.000 étaient réservés aux vieillards, ce qui faisait 1 lit pour 87 habitants.
la population de Paris étant à cette époque d'environ
520.000 habitants. En 1817, l'hospitalisation est encore
le seul mode de secours que l'on emploie, mais dès ce
moment le nombre de lits destinés aux vieillards devient
insuffisant, la population augmentant sans cesse et le
nombre des lits restant à peu près le même. Au lieu de
6.000 lits, il y en a 6.750, et la proportion n'est plus que
d'un lit pour 106 habitants (1). En 1850. la direction de
l'Assistance publique, frappée de l'insuffisance de l'hospitalisation, inaugure timidement un nouveau mode de secours, *dit secours d'hospice*, pour les vieillards qui ne

(1) A cette époque la population de Paris était de 713.166 habitants.

peuvent trouver place dans les hospices : 800 secours de
271 francs sont accordés, et peu à peu à côté de l'hospitalisation, ce mode de secours prend une place considérable. En 1878 ce secours d'hospice est définitivement trans-
formé en pension représentative de séjour à l'hospice et
porté à 1 franc par jour, enfin le décret de 1886 consacre
définitivement l'institution. Sous ce régime on créa deux
classes de pension, l'une de 360 francs, l'autre de 180 francs
par an. La répartition des secours représentatifs était
faite entre les arrondissements d'après différents éléments
fort compliqués. L'une des conséquences les plus graves
de ce système était qu'un vieillard d'un arrondissement
pouvait être admis au secours avant tel vieillard, appartenant à un autre arrondissement et infiniment plus malheureux, mais, où il n'y avait plus de crédits disponibles : il
suffisait qu'une vacance se fût produite parmi les titulaires des secours attribués à la circonscription. La nécessité d'une réforme s'imposait ; ce fut l'œuvre du décret de
1895. Son article 29 décide que les secours représentatifs
de séjour à l'hospice seront accordés sur les fonds généraux du budget de l'Assistance publique, sans distinction
d'arrondissement entre les vieillards et les infirmes. Désormais tous les vieillards et infirmes de Paris viennent
en concurrence pour l'ensemble des secours vacants et le
choix est fait en tenant compte des situations les plus
malheureuses. Ces secours sont accordés par le directeur
de l'Assistance publique, sur la proposition des bureaux
de bienfaisance, après avis de la commission de placement dans les hospices et suivant les règles d'admission
dans ces établissements (1). Le dixième des secours repré-

____

(1) Art. 29, § 2, D. de 1895.

sentatifs peut cependant être accordé par le directeur sans présentation des bureaux. Nous verrons plus tard les formalités et la procédure, bornons-nous en ce moment à constater qu'actuellement, les vieillards indigents de 70 ans révolus, et les individus d'au moins 20 ans atteints d'infirmités incurables, aux termes d'un arrêté directorial du 17 août 1860 encore en vigueur sur ce point, sont seuls hospitalisés ou reçoivent des secours de séjour représentatif à l'hospice. Ces secours peuvent du reste toujours être supprimés : si la situation du titulaire vient à s'améliorer, il est naturel que sa pension lui soit retirée pour être attribuée à un vieillard où à un infirme plus malheureux.

Examinons maintenant quelle est la quotité des secours représentatifs actuellement distribués.

Le chiffre des vieillards qui touchent la pension représentative est budgétairement de 4.088, il s'élève en réalité aujourd'hui à 4.277, par suite de la nouvelle mesure prise par le directeur, d'inscrire les octogénaires expectants depuis un temps plus ou moins long, parmi les pensionnés. Le tableau ci-après va indiquer la situation des pensions représentatives en 1898 (1) :

Sur la présentation des bureaux de bienfaisance (crédit de 874.800 fr.) . . 2588 pensions

Sur la disposition du directeur (crédit de 97.200 fr.) . . . . 270 —

Sur la subvention municipale spéciale (crédit de 500.000 fr.). . . . . . . 1419 —

Crédit total de 1.492.000 francs. —
Chiffre total des pensions . . . . . 4277 —

(1) Mémoire adressé au conseil de surveillance, sur l'assistance des vieillards de plus de 70 ans, par le Dr Napias, directeur de l'Assistance publique, p. 31.

Sur ces 4.277 titulaires de pensions : 3.082 pensionnaires sont âgés de plus de 70 ans, 1.195 sont au-dessous de cet âge.

Les pensions de secours représentatif de séjour à l'hospice sont toutes, depuis 1895, de 360 francs, soit 1 franc par jour.

Mais le chiffre des titulaires des pensions représentatives ne donne pas la liste complète des vieillards assistés à Paris. Un grand nombre de vieillards, âgés de plus de 65 ans, sont inscrits sur la liste des indigents et secourus comme tels. Parmi les inscrits (1) des bureaux de bienfaisance, il y a actuellement 27.185 vieillards des deux sexes, qui ont plus de 65 ans et qui reçoivent une allocation mensuelle variant de 3 à 20 francs.

Voici le nombre et l'âge des vieillards de plus de 65 ans et titulaires de cartes mensuelles (2) :

AGES	NOMBRE DES VIEILLARDS			
	Pensions de 20 francs.	de 10 francs.	de 8 francs.	de 4 francs.
De 65 à 70 ans.	187	901	468	9.917
De 70 à 75 »	516	3.361	282	5.334
De 75 à 80 »	2.126	1.979	51	843
De 80 à 85 »	734	167	10	146
De 85 ans et plus	111	25	1	26
	3.674	6.433	812	16.266

Soit en tout 27.185

Le nombre total des vieillards (1) secourus à domicile

(1) Rapport sur les budgets et comptes de l'Assistance publique (1898) : 3º État des chapitres additionnels au budget de l'exercice 1898.

(2) Ces vieillards, comme tous les indigents, peuvent être secourus

s'élève donc, en y comprenant les titulaires de pensions représentatives, à 31.462.

Le chiffre total des secours donnés aux vieillards à domicile, tant par l'Administration (pensions représentatives) que par les bureaux de bienfaisance, s'est élevé en 1898 à 3.342.000 francs.

Quel est maintenant le nombre des vieillards hospitalisés ?

Le tableau suivant indique le nombre des vieillards de divers âges hospitalisés gratuitement dans les divers établissements de l'Assistance publique (1).

ÉTABLISSEMENTS	NOMBRE DE VIEILLARDS				TOTAUX
	De moins de 70 ans.	De 70 à 75 ans.	De 75 à 80 ans.	De 80 ans et au-dessus.	
Bicêtre	910	417	307	134	1.768
Salpêtrière	1.042	589	393	377	2.401
Ivry	695	496	403	315	1.909
Brévannes	71	81	74	48	274
Saint-Michel	2	5	3	4	14
Brézin	126	106	60	37	329
Devillas	»	19	26	17	62
Lenoir-Jousseran	51	54	36	16	157
Galignani	26	12	3	4	45
Rossini	19	17	7	7	50
Dheur	10	20	13	3	46
Debrousse	65	60	43	26	194
Lombrechts	6	17	8	8	39
	3.023	1.893	1.376	996	7.288

En somme il y a actuellement à Paris 7.288 vieillards

extraordinairement, sur les fonds désignés sous le nom de *secours temporaires*.

(1) L'administration de l'Assistance publique dispose actuellement de 12.370 lits d'hospice environ ; mais il y en a seulement 8.932 gratuits, dont 7.288 pour les vieillards. Les autres lits d'hospice sont payants en vertu de fondations. Nous ne parlons ici que des lits gratuits.

des deux sexes hospitalisés gratuitement dans 13 établissements. Sur ce nombre 3.023 vieillards ont moins de 70 ans
et 996 ont plus de 80 ans.

Le prix d'un lit d'hospice étant de 700 fr. environ, l'hospitalisation des 7.288 vieillards revient à 5.104.600 fr. (1).

B. — *Secours temporaires.*

Ces secours sont accordés aux nécessiteux et aux indigents qui ont besoin d'être secourus exceptionnellement.
« Il convient de remarquer, lisons-nous dans un rapport
officiel (2), en opposant d'après une terminologie consa-
crée la catégorie des nécessiteux à celle des indigents, que
le règlement et la pratique ne distinguent les uns des autres qu'en ce qui regarde les secours permanents, les
indigents inscrits participant seuls à cette catégorie de
secours. Mais les secours temporaires peuvent être attribués, soit aux indigents en sus des mensualités régulières,
soit aux nécessiteux proprement dits, soit aux malades. »
En vertu des articles 26 et 27 du décret de 1895 les
secours temporaires sont distribués par les bureaux de
bienfaisance, sauf une petite part, mise à la disposition du
directeur de l'Assistance publique et du préfet de la Seine.

Les secours temporaires sont les suivants :

1° Secours de maladie ;

2° Secours aux accouchées.

3° Secours de grossesse ;

4° Secours d'allaitement ;

5° Secours individuels.

(1) Budget des recettes et dépenses de l'exercice 1898.
(2) Rapport général sur le fonctionnement des 20 bureaux de bienfaisance pendant les années 1896 et 1897.

Les crédits destinés aux secours de grossesse et d'allaitement sont constitués: le premier à l'aide d'une subvention municipale particulière et le second d'une subvention départementale ; ils ont une affectation exclusive. Quant aux crédits destinés aux autres secours, ils sont prélevés sur les fonds généraux des bureaux et ne sont pas spécialisés, les disponibilités qu'ils présentent pouvant être reportées d'un article à l'autre.

1° *Secours de maladie.* — Il est assez difficile de se rendre exactement compte de l'assistance des bureaux, en ce qui concerne les malades, car presque tous transportent aux secours individuels une partie du crédit affecté aux secours de maladie (1).

Pendant l'exercice 1897 il a été distribué en secours de maladie 333.765 fr. 84 (2).

Ces secours en 1895 (3) ont été distribués à 16.054 malades (4) sur 104.060 malades traités à domicile, ce qui donne une proportion de 15,42 0/0 de personnes secourues.

En 1897, voici dans certains bureaux quelle a été la répartition des secours de maladie (5) :

(1) Rapport général sur le fonctionnement des 20 bureaux de bienfaisance pendant les années 1896 et 1897, p. 6.

(2) Le rapport sur le fonctionnement de l'assistance médicale ne paraissant que tous les 3 ans, nous ne pouvons donner sur les secours de maladie des renseignements détaillés que pour la période triennale 1893-1895, le rapport pour les années 1896-1898 n'ayant pas encore paru actuellement. Nous allons donner quelques détails sur les secours de maladie en 1897, pris dans les budgets des bureaux.

(3) Tous ces chiffres sont empruntés au *Rapport général sur le traitement des malades à domicile pendant les années* 1893, 1894, 1895.

(4) En 1893 on avait distribué 237.380 fr. 73 à 16.901 malades ; en 1894, 297.290 fr. 21 à 16.013 malades.

(5) La moyenne des secours par personne secourue pendant la période 1890-1895, chaque personne secourue recevant plusieurs secours, s'est

ARRONDISSEMENTS	NOMBRE de malades SECOURUS	MONTANT des SECOURS	MOYENNE par PERSONNE
I................	209	4.629 »	22 fr. 14
II...............	425	7.458 88	18 » »
VII..............	844	16.122 »	19 » 10
VIII.............	181	6.078 »	33 » 58
X................	2.244	32.608 »	14 » 53
XIV..............	1.134	7.150 »	7 » »
XVI..............	492	9.162 »	18 » »
XVIII............	3.172	37.487 »	12 » 50

Pendant la période triennale 1893, 1894, 1895, la moyenne des secours par malade a été :

En 1893 : de 2 fr. 31.

En 1894 : de 2 fr. 47.

En 1895 : de 2 fr. 49.

Le minimum de ces secours par malade a été dans le XVIIe arrondissement de 1 fr. 24 en 1893 ; 1 fr. 08 en 1894 ; 1 fr. 05 en 1895.

Le maximum a été donné dans le VIIIe arrondissement.

En 1893 : 7 fr. 91 ; en 1894, 9 fr. 37 ; en 1895, 13 fr. 50.

Enfin disons pour terminer que dans le projet de budget de 1899, la somme prévue pour les secours de maladie en argent s'élève à 377.898 francs en augmentation de près de 35.000 francs sur la dépense de même nature en 1897 qui se montait seulement à 333.000 francs.

En plus de ces secours de maladie, les bureaux de bienfaisance ont à leur disposition d'autres crédits destinés à être distribués en secours en argent aux malades. Ces crédits provenant de sources diverses sont répartis entre les

élevée :

En 1893 : à 3 fr. 10.

En 1894 : à 3 fr. 21.

En 1895 : à 3 fr. 21.

bureaux par l'administration centrale et forment des sous-chapitres du budget de l'assistance publique (1). Ce sont (2) :

1° Un crédit de 100.000 francs, venant de la fondation Montyon (3), destinés à donner des secours en argent aux convalescents.

2° 19.000 francs mis à la disposition des bureaux de bienfaisance, par les directeurs d'hôpitaux pour secours d'urgence aux malades, sans ressources à leur sortie de l'hôpital.

3° 75.000 francs donnés par les asiles nationaux pour être distribués aux malades.

2° *Secours aux accouchées.* — Ils consistent soit en premiers secours pendant la période suivant immédiatement l'accouchement, soit en allocations aux mères-nourrices, pendant l'année qui suit la naissance du nouveau-né.

Ces secours sont extrêmement variables : en général, ils ne sont cependant jamais inférieurs à 10 francs par mois.

De plus quelques bureaux, comme celui du 1er arrondissement font visiter les mères-nourrices et distribuent des primes à celles qui leur sont signalées comme ayant donné les meilleurs soins à leurs enfants (4). Ces primes distribuées dans des réunions trimestrielles publiques créent

(1) Sous chapitres : 43, 44, 45.

(2) Rapport général sur le fonctionnement des 20 bureaux de bienfaisance.

(3) Grâce à la générosité de M. de Montyon, l'assistance publique jouit d'une rente de 283.200 francs que, suivant la volonté du testateur, elle affecte à des secours aux convalescents. Sur cette somme, elle met 175.000 francs pour secours divers à la disposition des bureaux de bienfaisance, et fait elle-même emploi du reste. Les revenus de cette fondation forment au budget de l'assistance publique le sous-chapitre 45.

(4) Rapport général sur le fonctionnement du bureau de bienfaisance du 1er arrondissement en 1897, p. 17.

une émulation utile entre les mères, au très grand profit des enfants allaités.

Ces allocations mensuelles aux accouchées viennent heureusement augmenter le nombre presque toujours insuffisant, de celles qui sont attribuées à l'aide de la subvention départementale sous le nom de secours d'allaitement.

En 1898, on a distribué 348.852 fr. 45 en secours aux accouchées.

3° *Secours de grossesse.* — Ces secours, institués par le Conseil municipal en 1894, s'appliquent à toutes les femmes nécessiteuses sans exception. Aucune distinction, suivant le vœu du Conseil municipal, ne doit être faite dans la distribution de ces secours ; toute femme nécessiteuse, mariée ou non, vivant seule ou en ménage, et quelle que soit la période de sa grossesse, est appelée à y participer.

Ces secours font partie de l'ensemble des dispositions prises par le Conseil municipal pour organiser l'assistance maternelle à domicile de l'époque de la gestation à celle de la lactation. Leur but est de donner aux femmes enceintes nécessiteuses, demeurées à domicile les mêmes avantages qu'offre aux femmes, mises par leur état de grossesse dans l'impossibilité de travailler, l'admission dans les asiles municipaux (1).

Beaucoup de bureaux, en fait, mettent, malgré le règlement, des conditions restrictives à l'attribution du secours: tantôt ils exigent la proximité du terme de la grossesse, tantôt l'existence d'un certain nombre d'enfants. Il en résulte fréquemment que les crédits alloués pour ce but, sont illégalement confondus avec les fonds destinés aux

____

(1) Ces asiles sont au nombre de 3 : Michelet, Pauline Roland, George Sand.

secours individuels. Il est donc peu à peu impossible de déterminer ce qui revient réellement aux intéressés (1). En 1897 les crédits ouverts se sont élevés pour les accouchées à 100.000 francs ; 92.814 francs ont été effectivement dépensés, dans les conditions que nous venons de signaler.

4° *Secours d'allaitement.* — Ils sont dus, nous l'avons dit plus haut, à une subvention du Conseil général de la Seine, qui primitivement avait été fixée à 170.000 francs. Ils ont le même but que les secours aux femmes accouchées dont nous venons de parler. En 1897 le Conseil général a porté ces secours à 191.000 francs, par l'allocation d'un crédit additionnel. Les secours d'allaitement, en exécution du vœu du Conseil général, sont distribués moitié en secours mensuels de 10 francs, moitié en secours mensuels de 15 francs, jusqu'à concurrence de 100.000 francs. Les 91.000 francs restants doivent être distribués en secours mensuels de 20 francs. En 1897, le montant de la dépense nécessitée par les secours d'allaitement s'est élevée à 210.000 francs.

5° *Secours individuels.* — « Le crédit pour secours indivi-
« duels comprend tous les fonds qui demeurent libres, sur
« tous les services dont il vient d'être question : service
« des allocations spécialisées en faveur des nécessiteux,
« service des mensualités allouées aux indigents (1). »

Il est destiné à secourir les nécessiteux sans distinctions et se grossit des sommes non employées pour les autres destinations, mais par contre il supporte la charge des secours mensuels d'attente, délivrés aux indigents qui ne peuvent faute de vacances être compris dans la liste réglementaire de leurs arrondissements. De plus, ils sont affec-

---

(1) Rapp. sur le fonc. des 20 bureaux de bienfaisance en 1897, p. 19.

tés à la délivrance des secours temporaires que reçoivent les indigents à titre de nécessiteux, pour des besoins accidentels. C'est, en un mot, sur ce crédit que sont imputés tous les secours alloués par la délégation permanente dont nous étudierons plus loin le fonctionnement.

Les secours individuels distribués en 1897 se sont élevés à 1.883.981 fr. 37.

Ils ont été répartis entre 76.000 nécessiteux, et entre un nombre d'indigents (considérés comme nécessiteux) qu'il est assez difficile d'évaluer d'une façon précise.

Le tableau suivant va indiquer le nombre de personnes secourues, dans chaque arrondissement, et la quotité moyenne du secours reçu (1) :

ARRONDISSEMENTS	NOMBRE de personnes SECOURUES	MONTANT du SECOURS	MOYENNE par PERSONNE
I (2)	722 Indigents ...	14.073.85	19 fr. 49
	421 Nécessiteux..	15.501 »	36 » 84
II	898 Indigents ...	12.733 37	13 » »
	1147 Nécessiteux..	21.662 39	18 » 87
VII	1424 Indigents ...	15.489 85	12 » 63
	1373 Nécessiteux..	23.254 79	18 » 64
VIII	487 Nécessiteux..	21.77 »	20 » 24
	701 Indigents ...	53.664 »	14 » 18
IX	1204 Nécessiteux..	14.946 »	» »
	1111 Indigents ...	20.420 »	» »
XI	5733 Indigents ...	106.510 22	19 » »
	9827 Nécessiteux..	81.648 50	8 » 42

(1) Ce tableau est incomplet : car le détail de la distribution des secours mensuels ne figure pas dans le budget des bureaux de tous les arrondissements.

(2) Rapport sur le fonc. des Bureaux de bienfaisance des Ier, IIe, VIIe, VIIIe, IXe, XIe arr.

Nous terminons l'énumération des secours temporaires en donnant le tableau suivant qui rapproche des crédits ouverts au budget les dépenses de cette nature faites par les 20 bureaux en 1896 et 1897 (1) :

CATÉGORIE des SECOURS TEMPORAIRES actuellement distribués	EXERCICE 1896		EXERCICE 1897	
	Crédits ouverts	Sommes dépensées	Crédits ouverts	Sommes dépensées
Secours aux malades.	377.898 58	307.752 86	377.898 »	333.765 81
— aux accouchées.	339.445 »	314.019 24	339.445 »	348.852 45
— de grossesse.	100.000 »	90.057 »	100.000 »	92.814 »
— d'allaitement.	191.000 »	182.040 »	217.600 »	210.400 »
— individuels ..	1.463.001 »	1.566.931 74	1.495.122 »	1.883.981 37
Totaux.........	2.471.344 58	2.460.800 84	2.530.065 »	2.869.813 63

Secours en argent donnés par la ville de Paris. — A côté des secours en argent distribués par l'Assistance publique, nous devons mentionner un certain nombre de secours en argent, destinés à l'assistance à domicile, provenant de crédits votés par le Conseil municipal de la ville de Paris. La distribution de ces secours se fait dans les conditions fixées par les différents votes du Conseil municipal, qui les ont créés. Les crédits sont en général répartis entre les divers arrondissements, et mis à la disposition des maires, qui en opèrent la distribution, quelquefois avec le concours de la délégation permanente du bureau de bienfaisance.

Ce sont :

____

(1) *Id.* page 20.

(2) C'est ce que nous verrons à la distribution des secours. Les maires, présidents du Bureau de bienfaisance, sont naturellement amenés pour la distribution de ces secours à demander le concours de la délégation permanente, qui, distribue les secours individuels en argent.

1° Une subvention spéciale de 648.140 francs (1), destinée à l'allocation de secours aux mères nécessiteuses, pour faire cesser les abandons ;

2° Un crédit d'environ 700.000 francs (2), destiné aux familles nécessiteuses des dispensés et assimilés, appelés à faire leur service actif et aux familles des réservistes et territoriaux appelés pour une période de manœuvre ou d'exercice ;

3° Un crédit de 10.000 francs (3), pour donner des secours à domicile d'urgence aux victimes des malheurs publics.

4° Un crédit de 300.000 francs, destiné à donner des secours de loyers (4) aux indigents et nécessiteux, dignes d'intérêt, qui sont sur le point d'être expulsés par leur propriétaire, faute de pouvoir payer leur terme.

5° Un crédit de 100.000 francs pour les malheureux, victimes du chômage (5).

6° Enfin un crédit de 5.000 francs dû à un vote récent (6) du Conseil municipal destiné à allouer des secours d'ex-

---

(1) Projet du budget de la ville de Paris pour l'exercice 1900 : chapitre 20, article 3.

(2) *Id.*, chapitre 10, article 2.

Ce crédit se répartit ainsi :

1° Dispensés et assimilés.	379.000
2° Réservistes et territoriaux.	298.000
Total.	677.000

(3) Chapitre 20, article 15.

(4) Chapitre 20, article 16.

Ce crédit se répartit ainsi :

1° Sommes à distribuer pour secours de loyers.	300.000 francs.
2° Dépenses occasionnées par la distribution des secours	6.000 francs.
Total	306.000 francs.

(5) Chapitre 20, article 18.

(6) Délibération du 28 décembre 1897.

trême urgence sur la proposition du bureau du Conseil (1).

Ajoutons encore :

7° Les secours de loyers de la Préfecture de police. Chaque année une somme de 20.000 francs est remise par le ministre de l'Intérieur au préfet de police, qui les distribue en secours variant de 15 à 30 francs (2), à des malheureux sur le point d'être expulsés de leurs logements, à la condition qu'ils soient recommandés par le commissaire de police de leur quartier et n'aient point été secourus depuis moins de 3 ans par la préfecture.

§ 2. — Secours en nature.

Arrivons aux secours en nature. Ils sont exceptionnels d'après l'article du décret de 1895 (3), et en fait, comme nous allons le voir, ils sont accordés dans une mesure très restreinte.

Il y a lieu de distinguer les secours en nature selon qu'ils sont accordés aux indigents et nécessiteux et selon qu'ils sont donnés aux malades.

Actuellement les secours accordés aux indigents et nécessiteux sont insignifiants. Ils proviennent de deux sources : les uns sont pris sur les crédits destinés aux secours individuels, avec lesquels ils sont confondus budgétairement ; les autres viennent de donations faites sous la réserve que leurs produits seront distribués en nature. Il est très difficile de savoir quelle part des secours individuels les bureaux de bienfaisance distribuent en nature,

(1) Chapitre 20, article 19.
(2) De préférence à ceux qui ont des charges de famille.
(3) « Les bureaux de bienfaisance accordent des secours en argent et exceptionnellement en nature ». Art. 24, § 1, D. de 1895.

car il existe fort rarement une distinction sur cette matière dans le budget des bureaux.

La plupart d'entre eux distribuent des bons de pain ; c'est par exemple le bureau du IIIe arrondissement qui a, en 1897, distribué pour 815 francs de bons de pain, celui du IVe arrondissement pour 923 francs, celui du XIe pour 2.042 francs, celui du XVIe pour 2.000 francs.

D'autres bureaux délivrent des layettes, gilets et camisoles de flanelle ou prêtent parfois des draps. Dans le VIe arrondissement on a donné en 1897 : 122 gilets de flanelle, 92 couvertures de laine, 460 paires de draps, dans le XVIe et le XVIIe : des maillots, des gilets de flanelle et des layettes. Dans ce dernier bureau, on a également distribué des draps entre les indigents.

Les bureaux des Ier et IIe arrondissements ont délivré à la même époque des bons de lait (1), soit de lait ordinaire, soit de lait stérilisé. Enfin neuf bureaux ont délivré des bons de fourneaux économiques, achetés la plupart du temps à la Société philanthropique.

Tels sont les secours en nature, distribués sur les crédits pour secours individuels ; ils sont, comme on le voit, fort peu considérables, et le montant n'en excède pas 50.000 francs.

Les bureaux délivrent encore des secours en nature, provenant de certaines donations, qui rendent obligatoire ce mode d'assistance. Aussi tous distribuent chaque hiver la part leur revenant au prorata de leur population indigente, dans le don de 10.000 hectolitres de coke fait annuellement par la Compagnie du gaz. Tous donnent également des bons de pain, venant de legs différents : des

(1) Rapp. sur le fonctionnement des 20 bureaux de bienfaisance pendant l'année 1897, p. 19.

bons d'un franc, en exécution du legs Bréon-Guérard ; des bons de 0 fr. 20 et de 0 fr. 40 mis à leur disposition par la famille de Rothschild et la Société des moulins de Corbeil, payés aux fournisseurs par les donateurs eux-mêmes. Ajoutons à tout cela les donations faites chaque année par diverses personnes charitables, dont le chiffre et l'affectation varient.

Les secours en nature distribués aux malades sont bien plus importants.

Ils comprennent d'abord la distribution de médicaments, distribution réglée par l'article 38 du décret de 1895 et sur laquelle nous reviendrons. En 1897 les dépenses occasionnées par la délivrance de médicaments aux malades se sont élevées à 450.000 francs. Depuis 1895 (1) les crédits ouverts à cet effet, ainsi que toutes les autres dépenses afférentes au service de l'Assistance médicale, sont rattachés au budget général de l'assistance publique, et y forment un paragraphe du sous-chapitre 22 sous la rubrique *Médicaments et bains*.

En outre les bureaux de bienfaisance ont à leur disposition d'autres secours en nature pour les malades :

C'est d'abord un crédit de 75.000 francs répartis entre les bureaux par l'Administration centrale (2) : il sert à l'achat des bandages et d'appareils pour les malades. En second lieu l'Administration centrale met encore à la disposition des bureaux de bienfaisance une somme de 80.000 francs prélevés sur les fonds généraux dont elle dispose pour « distribution de bandages aux pauvres honteux » (3).

(1) Décret de 1895, art. 40.
(2) Budget de l'administration de l'Assistance publique, sous chapitre 45. Fondation Montyon : *Bandages et appareils*.
(3) Nous ne comprenons pas parmi les secours en nature les dépenses

Nous pourrions comprendre dans les secours en nature l'hôpital d'une part pour les vieillards et les infirmes ; de l'autre pour les malades. Nous avons déjà signalé incidemment l'hospitalisation des vieillards et nous nous contentons aussi d'indiquer le traitement à l'hôpital pour les malades. Ce serait sortir du cadre de notre étude qui doit comprendre seulement les secours à domicile que de donner sur ces deux points les développements que leur importance dans l'assistance en général devrait leur attribuer. Nous n'insistons donc pas pour le moment sur ce sujet.

§ 3. — Secours en travail.

Il y a, avons-nous dit, une autre catégorie de secours, attribués aux valides, aux individus qui peuvent travailler, c'est le secours en travail, l'assistance par le travail qui est une autre forme du secours en nature.

L'assistance par le travail a une origine fort ancienne : déjà comme au moyen âge, on commençait à la réaliser sous le règne de François Ier, et depuis lors on n'a pas cessé de la pratiquer. Sous l'Ancien Régime, dans les temps de misère exceptionnelle on ouvrait des *Ateliers de charité* pour procurer des secours aux malheureux. A la fin du siècle dernier on créa dans le même but, une institution permanente qui subsista jusqu'en 1876 (1). Plus tard en 1829 l'administration avait essayé de fonder, rue de l'Ourcine, une seconde maison de travail, qui pouvait offrir un asile temporaire à 300 hommes et femmes sans ouvrage,

des dispensaires, qui ne s'y rattachent qu'indirectement et dont nous parlerons plus loin longuement.

(1) La Filature des indigents.

essai malheureux d'ailleurs, car la maison dut être bientôt
fermée, son entretien devenant trop onéreux. Enfin de
tout temps on chercha à secourir, en les occupant, les
malheureux, surtout les femmes, sans travail.

Ce ne fut guère qu'en 1871, que le système méthodique
d'assistance par le travail fut inauguré et baptisé définitivement par M. Mamoz. Emu par les souffrances de la
population ouvrière pendant le siège de Paris, M. Mamoz,
secondé par M. H. Carnot, maire du VIIIe arrondissement,
réussit à ouvrir un atelier où les nombreuses victimes du
siège purent trouver de l'ouvrage. Au début ce fut un
atelier de couture pour la confection et la réparation des
vêtements des gardes nationaux. Mais l'œuvre qui fonctionnait ainsi à l'origine avec les fonds des bureaux de
bienfaisance et avait par conséquent une attache officielle
se détacha peu à peu de celle-ci et se constitua en œuvre
privée avec le concours de plusieurs notabilités de l'arrondissement. Depuis, c'est l'initiative privée qui, dans un certain nombre de quartiers de Paris, a pris à sa charge les
œuvres d'assistance par le travail.

Il y a là, et nous reviendrons plus loin sur ce point,
une des formes d'assistance les plus importantes, une de
celles qui seront au point de vue social le plus efficacement utiles, puisqu'elle permet d'écarter facilement les
mendiants professionnels, ceux qui demandent des secours
sans chercher du travail. Et c'est pour ce motif que l'assistance publique et surtout l'assistance privée, cherchent
aujourd'hui avec tant de généreuse ardeur à renouveler
cette vieille institution et tentent de l'organiser méthodi-
quement. L'administration de l'Assistance publique s'est
montrée sympathique à ce mouvement, en prescrivant
aux bureaux de le seconder, partout où ils en auraient

l'occasion. En effet, l'article 28 du décret de 1895 porte
que : « Les bureaux de bienfaisance sont autorisés à s'en-
« tendre avec les sociétés d'assistance par le travail, à
« l'effet de substituer autant que possible les secours en
« travail aux secours en argent. »

Actuellement les bureaux procèdent de plusieurs
façons : par exemple, dans les VIe et XVIe arrondissements,
quand un nécessiteux valide se présente pour obtenir un
secours, on lui remet un bon, dans l'hypothèse, de 10 francs.
Mais il ne peut toucher le montant de ce bon que s'il a
exécuté pour 10 francs de travail dans l'une des sociétés
d'assistance par le travail de l'arrondissement.

Souvent encore les administrateurs s'entendent avec
des chefs d'industrie ou des associations ouvrières, qui
s'engagent à procurer du travail aux nécessiteux qui leur
sont envoyés par le bureau. Cette méthode entre autres
est usitée dans le XXe arrondissement.

Quelquefois les bureaux procèdent sans intermédiaire.
Ainsi dans le XIIIe arrondissement on offre directement
certains travaux aux valides. On les emploie au balayage
des rues, à l'enlèvement des neiges, d'une façon générale
à des travaux simples que tout le monde peut exécuter facilement.

D'autre part, il existe dans la plupart des arrondissements (1) des bureaux de placement gratuits, œuvres privées, mais dont le siège est à la mairie et dont les sub-

____

(1) En 1897, il existait 17 bureaux municipaux de placement gratuits, en
1896 ils avaient opéré près de 28.000 placements.

Déjà en 1848 un décret du gouvernement provisoire avait institué (8 mars
1848) dans chaque mairie un bureau gratuit de renseignements pour l'offre
et la demande du travail. Cette création, réclamée par Leclaire, n'eut alors
qu'une durée éphémère, mais fut reprise en 1887 par le conseil municipal de Paris.

ventions municipales constituent les principales ressources ; quand la *délégation permanente* (1) est appelée à statuer sur une demande de secours faite par un nécessiteux valide et se disant sans travail, elle exige avant de prendre une décision que celui-ci se fasse inscrire au bureau de placement. Elle accorde le plus souvent un léger secours préalable, mais elle ne le renouvelle que si réellement le solliciteur en question s'est présenté chaque jour au bureau de placement et n'a pu sans mauvaise volonté de sa part, y trouver un emploi. Cette méthode, par exemple, est assez développée dans le III⁰ arrondissement (2).

D'autre part, l'administration de l'Assistance publique donne directement du travail à un certain nombre d'indigents et de nécessiteux au *Magasin central des hôpitaux* (3). Cet établissement renferme un atelier, où l'on prépare diverses fournitures pour les pensionnaires des hôpitaux et hospices, ainsi que les trousseaux et layettes nécessaires au service des enfants assistés. On y occupe continuellement 250 à 300 administrées de la Salpêtrière et à peu près 1200 ouvriers et ouvrières indigents, auxquels on donne en partie du travail à domicile.

Enfin la ville de Paris a créé dans ces dernières années,

(1) Nous verrons, plus loin, que la *délégation permanente* est chargée de l'attribution de secours temporaires.

(2) Rapport annoté sur le fonctionnement du III⁰ arrondissement pendant l'année 1897.

(3) Le *Magasin central des hôpitaux* a remplacé partiellement la *Filature des indigents*, fermée en 1867. Fondée en 1791 par la charité privée, mais déclarée peu après établissement national, la filature des indigents était un des modes les plus curieux de l'assistance officielle par le travail. On remettait à toute femme qui y était envoyée par les bureaux de bienfaisance ou les commissaires de police 3 kilos de filasse avec les instruments nécessaires pour la filer, et on lui donnait un salaire variant, suivant la tâche accomplie de 0 fr. 30 à 0 fr. 75 par jour.

des refuges municipaux sorte d'asile, de chômage, où les ouvriers sans travail des deux sexes, peuvent trouver momentanément un abri et de l'ouvrage.

Ce sont dans l'intérieur de Paris le *Refuge municipal Nicolas Flamel* (1), et le *Refuge-ouvroir municipal Paulmé-Roland* (2). Dans ces deux établissements, on loge et on nourrit gratuitement, pendant une période déterminée, des ouvriers et ouvrières sans asile et sans ouvrage, auxquels on fait exécuter de petits travaux, moyennant une légère rétribution.

A l'extérieur : la ville de Paris a encore créé la *Colonie agricole de la Chalmelle* (3). Cette institution, excellente à notre avis, a pour but de recevoir des hommes valides, sans ouvrage, et de préférence d'anciens ouvriers agricoles, qui ont délaissé la campagne pour venir à Paris, et que l'on tente de rendre à la vie rurale. La colonie les loge, les nourrit gratuitement pendant un temps indéterminé, leur donne un salaire et enfin cherche à leur procurer de l'ouvrage dans une exploitation agricole.

Signalons aussi deux quartiers de l'*Asile départemental de Nanterre* (4), réservés à des indigents sans travail, qui y viennent librement.

(1) Fondé en 1886 : loge, nourrit et emploie des ouvriers sans travail, en leur donnant un salaire de 1 fr. 50 par jour. 23.613 admissions en 1895. On les garde 15 jours au plus.

(2) Fondé en 1890 pour les femmes indigentes. On les garde pendant 3 mois au plus, et on les emploie à des travaux de blanchissage, moyennant un salaire de 0 fr. 50 par jour. 1595 admissions en 1895.

(3) Fondée en 1891, près d'Esternay (Marne). On y donne aux assistés un salaire de 0 fr. 50 par jour, et on les garde 4 mois au plus.

En 1894, le nombre des colons a représenté 11.000 journées : 68 0/0 ont été placés dans des établissements agricoles. Le produit du travail des colons est évalué à 25.000 fr., leur entretien à 39.000 fr.

(4) L'asile départemental de Nanterre, ouvert en 1887, est un immense établissement qui a coûté plus de 12 millions. Il comprend 5 sections :

1° Un dépôt de mendicité, pour les individus condamnés en vertu de

Quoi qu'il en soit dans l'esprit du décret de 1895, c'est par l'entente avec les Sociétés privées que les bureaux doivent surtout réaliser les secours en travail ; il est vrai d'ajouter que pour nombre d'entre eux l'article 28 du décret est resté lettre-morte, et que, dans près de la moitié des arrondissements de Paris, l'on ne fait rien pour utiliser l'initiative privée. Et pourtant, depuis les premières tentatives de M. Mamoz, les œuvres privées d'assistance par le travail se sont considérablement développées, et actuellement dans la seule ville de Paris (1) on en compte déjà 22. Il nous semble indispensable pour donner la physionomie exacte de l'assistance par le travail d'indiquer sommairement les principales d'entre elles.

La plupart pratiquent à la fois le secours industriel à domicile et le secours collectif dans les ateliers qu'elles ont créés, mais cependant quelques-unes emploient seulement l'un de ces deux modes de secours.

Mentionnons notamment l'*OEuvre de l'assistance par le travail* (2), fondée par M. Mamoz, et qui fut, comme nous

l'article 474 du Code pénal (mendicité, vagabondage) ;

2º Une section pour les indigents venus librement, mais qui ont déjà subi une condamnation ;

3º Une section pour les indigents sans antécédents judiciaires, venus librement. Ce sont ces deux sections dont nous voulons parler ;

4º Une section pour les infirmes et vieillards âgés de 70 ans ;

5º Enfin une section ouverte en 1898, et destinée à contenir 450 lits pour des malades incurables.

Tous les pensionnaires valides sont occupés à divers travaux ; la plupart sont employés dans un atelier de pliage installé par la maison Hachette. La moitié du produit de leur travail leur est remise à leur sortie, l'autre partie reste à l'établissement. En 1893 (dernière statistique), on y avait reçu : 1939 mendiants libérés, 2758 individus placés par mesure administrative, 4359 admis en hospitalité.

(1) On compte aujourd'hui en France 40 œuvres du même genre.

(2) Fondée, comme nous l'avons dit, en 1871, cette œuvre est aujourd'hui sous la direction d'un comité de 16 membres. En 1875, elle a organisé un

l'avons dit, la première manifestation de ce nouveau mode de secours.

La *Maison hospitalière* pour les ouvriers sans asile et sans travail, qui, tout en laissant aux personnes qu'elle assiste le temps de chercher de l'ouvrage, les emploie le reste du temps à divers travaux. Cette œuvre due à l'initiative de M. le pasteur Robin, a servi de modèle (1) aux diverses sociétés analogues qui se sont fondées depuis. Aussi est-il utile de donner quelques détails en ce qui la concerne, puisque, sauf de légères variantes, c'est son organisation que l'on retrouve un peu partout. La *Maison hospitalière* reçoit, sans distinction de culte ni de nationalité, tout homme qui lui présente un bon d'admission donné par un adhérent de l'œuvre (2). Après, comme nous l'avons déjà dit, lui avoir laissé le temps de chercher du travail, et l'avoir aidé à en trouver, elle l'emploie le reste du temps à fabriquer des tapis de cuir, et surtout à confectionner des margotins (3), travail facile dont le produit s'écoule aisément. Pour la fabrication de 50 margotins, tâche qu'elle exige, elle donne à l'assisté le coucher et deux repas, ce qui représente un salaire de 1 fr. 50. Si

office de renseignements qui en 1896 a délivré plus de 18.000 renseignements. Aux travaux de couture que depuis 1871 elle avait donné à exécuter aux femmes, elle joignit en 1878 des travaux de cordonnerie. Récemment l'œuvre a créé pour les donner à ses adhérents des bons de 5 francs se divisant en 2 parties : bon de travail d'une valeur de 1 franc et bon de vêtement d'une valeur de 4 francs, qui peuvent être achetés par deux personnes différentes. L'œuvre de l'assistance par le travail a été reconnue d'utilité publique en 1896.

(1) Elle a été reconnue d'utilité publique en 1890, et a obtenu une médaille d'or à l'Exposition de 1889.

(2) Le prix du bon est de 1 fr. 50. — Le bon d'admission porte le nom de l'adhérent, auquel on le retourne, en lui faisant connaître quelle a été la conduite de l'homme qu'il a envoyé à la *Maison hospitalière*.

(3) Les pensionnaires fabriquèrent 196.000 margotins en 1895, le montant brut de leur vente dépassa 13.000 francs.

l'hospitalisé dépasse la tâche réglementaire, ce qu'il peut arriver à faire sans peine, l'œuvre lui alloue un supplément de salaire proportionné à son travail, qu'il touche à son départ (1). Fait-il preuve de bonne volonté, il pourra de nouveau être admis en cas de chômage, sans être astreint à présenter un bon. En 1895, la *Maison hospitalière* a admis 853 ouvriers sans asile, représentant 10.730 journées de travail, soit 13 journées par personne. L'entretien des hospitalisés (nourriture, salaire, etc.) ayant coûté (2) 9.223 francs, ce qui fait 64 francs (3) de moins que le produit de leur travail, elle a donc atteint ce résultat, qui doit encourager les œuvres similaires, de faire vivre pendant près de 15 jours 853 malheureux, en leur procurant de l'ouvrage ou en les aidant à en trouver, sans que cette bienfaisante hospitalité lui coutât rien de plus que ses frais généraux. Nous ne saurions non plus passer sous silence l'*Œuvre de l'hospitalité du travail* (4). Elle comprend plusieurs quartiers : 1° *d'abord une maison de travail pour les femmes* (5), qui offre un abri temporaire à toute femme ou fille sans asile, cherche à rendre l'habitude du travail à celles qui l'auraient perdue, et les aide à se procurer un emploi honorable ; 2° *une œuvre du travail*

(1) On a distribué de la sorte 1325 francs de salaire supplémentaire en 1895.

(2) En 1895, l'œuvre a reçu 21.492 francs, en y comprenant des dons très nombreux ; et dépensé 18.416 francs.

(3) Le produit du travail des assistés s'élevait à cette époque à 9.287 fr.

(4) Cette œuvre a été fondée en 1890, 52, avenue de Versailles.

(5) Dirigée par les sœurs du Calvaire, cette maison dans sa blanchisserie et son atelier de repassage peut constamment occuper de 130 à 150 femmes par jour. En 1895 elle a hospitalisé 3316 personnes, donné 42.854 francs de salaire, et placé 78 0/0 des assistées à leur sortie de la maison.

à domicile (1); 3° *une maison de travail* (2) *pour les hommes*, due à M. de Laubespin, qui a pour but de rendre aux hommes sans asile et sans travail le même service que la précédente rend aux femmes.

Enfin, signalons encore quelques œuvres d'assistance destinées surtout aux pauvres de l'arrondissement où elles sont établies, telles que les Sociétés d'assistance par le travail des IIe (3), V^e (4), VIIIe et XVIIe, XVIe arrondissements, du Marché St-Germain (5), etc. Ces sociétés n'offrent, au point de vue de leur organisation, rien de particulier. Cependant la plupart et surtout celles des VIIIe (6) et XVIe (7) arrondissements, à la suite d'une entente avec

(1) Annexée en 1892. Fournit du travail aux mères indigentes, retenues chez elles.

(2) Reçoit sans distinction de religion tous les ouvriers sans travail et les emploie à des travaux de cardage, menuiserie, etc. On leur donne un salaire de 2 francs et on les garde au moins 15 jours. 90 hommes y sont occupés par jour. Pendant l'année 1895, on a reçu 1100 hommes dont 4 0/0 ont été placés à leur sortie.

(3) Reçoit les individus sans travail des deux sexes, qu'elle paie soit en espèces, soit en nature (bons de repas, bons de coucher). En 1895 elle a admis 111 hommes, 31 femmes.

(4) Fondée à la fin de 1897, n'est pas encore complètement organisée.

(5) Fondée en 1892, par M. Defert. Reçoit des hommes et des femmes sans travail de tous les quartiers, qui lui sont adressés par les membres de la société. Elle les rémunère par un bon de coucher, et deux bons de repas. En 1896, l'œuvre a admis 444 personnes.

(6) La Société d'assistance par le travail des VIIIe et XVIIe arrondissements admet des individus des deux sexes qui sont porteurs de ses bons de travail. Ces bons de travail sont remis aux adhérents. De plus les indigents et nécessiteux domiciliés dans l'arrondissement sont reçus, d'après certaines conditions. Cette œuvre très florissante, grâce à des allocations sur les fonds du pari mutuel, a assisté 3192 personnes en 1896, dont 1112 femmes.

(7) L'Union d'assistance du XVIe arrondissement a installé un ouvroir pour les femmes, auxquelles on donne du travail à domicile, et un atelier pour hommes et femmes qu'on emploie de différentes façons. En principe les assistés ne sont admis qu'avec des bons. Le bureau de bienfaisance du XVIe arrondissement achète quelques-uns de ces bons, et les donne à ses nécessiteux valides. En 1896, on a secouru 1096 personnes.

les bureaux de bienfaisance de leur circonscription, donnent aux nécessiteux valides des secours en travail, au moyen de bons sur l'ouvroir ou l'atelier. Dans les arrondissements que nous venons de signaler, on réalise donc partiellement le vœu exprimé par l'article 23 du décret de 1895 (1).

SECTION II. — Appréciation critique.

Nous venons d'indiquer quels étaient les secours en argent et les secours en nature actuellement distribués à Paris, en tant que secours à domicile, et incidemment nous avons fait allusion à l'hospitalisation, secours en nature pour les malades, les vieillards et les infirmes, assistance hospitalière collective à côté de l'assistance à domicile individuelle.

Il ressort très nettement de tout ce qui précède qu'à Paris, d'après le décret de 1895, au point de vue des secours à domicile ce sont les secours en argent qui sont la règle, les secours en nature l'exception. Nous devons maintenant sortir de l'exposé des solutions aujourd'hui admises, et élargir quelque peu le débat. En législation faut-il approuver le système du décret de 1895 ? Doit-on préférer les secours en nature aux secours en argent, ou faut-il à l'inverse ne faire des secours en nature que l'exception ? C'est une première question qui s'impose à notre examen. Or il n'y a pas évidemment sur ce point une ré-

____

(1) En 1896 la délégation permanente du XVIe arrondissement a distribué 578 bons de travail aux pauvres valides du XVIe arrondissement. Fréquemment l'*Union d'assistance* a doublé avec ses propres ressources la valeur des bons accordés par la délégation permanente du XVIe arrondissement (Rapp. sur le fonct. du 16e bureau de bienfaisance pendant l'année 1897).

-ponse unique, tout dépend des misères à secourir, des malheureux auxquels il faut venir en aide.

Les secours, pour être efficaces, doivent bien certainement, — nous le disions au début de cette partie de notre étude, — correspondre exactement aux infortunes qu'ils sont destinés à soulager, le moyen que l'on adopte doit, autant que possible, être adéquat au but que l'on poursuit : Tandis que le secours en argent pourra être le seul admissible pour telle partie de la population misérable, le secours en nature sera pour telle autre partie le seul rationnel.

Et ici nous serons obligé, pour la discussion complète de la question, de nous demander quelle est la valeur d'un secours en nature quelconque comparée à celle du secours en argent ? Et puisque nous avons pour les malades, les vieillards et les infirmes l'hôpital, c'est-à-dire le secours collectif à côté du secours individuel, nous serons amené à rechercher si, pour ces diverses classes de malheureux, l'hospitalisation vaut mieux que le secours en nature ordinaire. Évidemment, et dans une logique rigoureuse, — que nous avons invoquée plus haut et sur laquelle nous nous sommes fondé pour exclure de l'énumération des secours que nous avons donnée, tout ce qui ne rentrait pas dans les secours à domicile, — toute cette partie de la question sort du cadre de notre étude ; mais il nous semble que cette faute de plan est nécessaire, si l'on veut, en présence des diverses misères à secourir, rechercher, en toute connaissance de cause, les secours à attribuer.

Puis, et c'est là une deuxième question, si l'on admet à côté des secours en nature ou à l'exclusion de ceux-ci les secours en argent, il faudra se demander si ces derniers tels qu'il existent aujourd'hui sont suffisants et s'ils répondent vraiment aux nécessités qui les ont fait créer ?

L'examen de ces deux questions s'impose si nous voulons nous former une opinion sur la nature actuelle des secours, si nous voulons indiquer, — en laissant naturellement de côté tout ce qui concerne le mode de distribution, — quels sont à notre avis ceux qui devraient être octroyés, en d'autres termes, montrer comment nous concevons l'application de la règle que nous avons posée, et que nous considérons comme la base de tout système d'assistance : « Les secours adéquats dans la mesure du possible, aux misères qu'ils doivent soulager ».

§ 1. — Valeur représentative du secours en nature et du secours en argent.

Et d'abord les secours en nature ont-ils une valeur égale aux secours en argent? Faut-il les maintenir tous deux parallèlement? Faut-il supprimer l'un des deux modes?

Le secours en nature a soulevé et soulève encore aujourd'hui de nombreuses critiques. Que théoriquement, il ait l'avantage d'atteindre plus sûrement le but poursuivi, qu'il apporte un soulagement plus direct à la misère, parce que les premiers, les plus impérieux besoins de l'homme, quand il a un asile, sont de se nourrir, de se vêtir, de se chauffer et que l'assistance fournira justement aux indigents, du pain, des habits et du charbon, cela ne saurait être discuté. Et puis on évite aussi ce résultat malheureusement trop vrai, que le chef de famille, souvent devenu un ivrogne, ne dépense au cabaret le montant des secours en argent.

Mais, dans ces questions d'assistance, il ne faut pas trop rester dans le domaine de la théorie, il faut voir si le moyen, qui, *à priori* et par le raisonnement, semble répondre le mieux aux besoins des pauvres, est en fait et dans la pratique aussi excellent qu'il le paraît. Et c'est ici que les critiques se pressent, nombreuses et vives, contre le secours en nature.

Le secours en argent est dépensé par le père, sans profit d'aucune sorte pour sa famille : c'est ce que l'on veut éviter et que l'on évite, dit-on, par le secours en nature. Mais en examinant les choses de plus près, nous voyons que ce dernier se traduit par des bons que les malheureux donnent en paiement aux fournisseurs. Or, en fait, d'abord ils perdent tout crédit et puis surtout les fournisseurs les servent plus mal, sachant que d'ordinaire ils hésiteront à se plaindre ; de sorte que, même quand le bon est gardé par l'individu et présenté par lui, quand, en d'autres termes, tout se passe au mieux des prévisions de l'Administration, c'est le commerçant qui en réalité profite de ce mode de secours.

Mais tout ne va pas toujours aussi régulièrement : souvent les bons sont l'objet d'un trafic. On les vend et le prix en est encore dépensé au cabaret. Le but en ce cas est donc manqué. Et l'on s'en est si bien rendu compte que depuis 1895 à Paris, c'est l'Assistance qui acquiert elle-même les objets et les distribue directement, évitant ainsi les fraudes possibles et obtenant d'autre part des rabais considérables auxquels ne sauraient prétendre les indigents. Cependant si les pauvres acceptent ainsi volontiers des aliments, du charbon, du linge, ils éprouvent une certaine répugnance à porter des vêtements par exemple dont le type uniforme les fait aussitôt reconnaître pour des clients du bureau de bienfaisance et personne ne saurait contester que cette répugnance ne soit légitime. Si le système des secours en nature, pratiqué de cette façon, — et elle

est évidemment la meilleure puisque c'est elle qui répond
le mieux au but que l'on poursuit : soulager directement
la misère, — si ce système arrive à l'humiliation du pauvre le et désigne en quelque sorte à tous les yeux, il faut
immédiatement le condamner. Et nous n'hésitons pas à
le repousser dans cette mesure ; nous croyons que le secours en nature, distribué directement par l'Administration, ne saurait répondre aux nécessités de l'assistance
que s'il s'agit d'objets autres que les vêtements.

Sans doute ici encore, si nous ne nous trouvions pas en
présence d'usages administratifs, qui aboutiraient en réalité à faire des vêtements donnés une sorte de livrée des
malheureux secourus, nous estimerions que l'on devrait
préférer le secours en nature, mais il faut compter avec
ces usages, même en les blâmant, et nous ne voulons pas
proposer des réformes qui resteraient lettre morte.

Adoptons donc le secours en argent puisqu'il est difficile
de faire autrement et d'ailleurs il ne faut pas présumer
toujours que le pauvre fera un mauvais usage de la somme
assez faible qu'on lui donne. Ne vaut-il pas mieux passer
sur des abus possibles, mais ne se produisant jamais que
partiellement, sans en rendre responsable la population
indigente tout entière. Les secours en nature peuvent et
doivent donc, à notre avis, subsister dans cette mesure à
côté des secours en argent. Et si nous ne nous rallions pas
à la formule du décret de 1895 « secours en argent exceptionnels à côté des secours en argent ordinaires », c'est que
nous croyons utile, nécessaire d'admettre pour certains
objets le secours en nature, pour d'autres le secours en
argent. Nous voulons bien que le secours en nature soit
exceptionnel en ce sens qu'il s'appliquera dans des cas
moins nombreux que le secours en argent, mais nous

n'admettons pas qu'il soit en quelque sorte subsidiaire et ne vienne qu'à défaut du second. C'est dans ce sens que nous voudrions voir modifier le décret de 1895.

Mais au lieu de donner ainsi les secours soit en argent, soit en nature, ne pourrait-on pas en faire l'avance aux indigents? C'est le système des prêts, sur lequel nous reviendrons : prêts d'argent ou prêts en nature. Les premiers, nous le dirons plus loin, peuvent donner des résultats excellents appliqués à une certaine catégorie de malheureux, mais les seconds soulèvent une grave objection : la difficulté de faire rentrer les objets prêtés. Le système des prêts en nature était mis en pratique à Paris avant 1895 (1) ; or il donna de si mauvais résultats que, pendant la discussion du nouveau décret, on fut unanime (2) à en demander la suppression. Aussi estimons-nous que, sauf en certains cas exceptionnels (3), la suppression des prêts en nature doit être maintenue.

Si maintenant nous examinons dans quelle proportion les secours en argent et les secours en nature sont respectivement distribués à l'étranger, nous retrouvons presque partout cette même prédominance des secours en argent sur les secours en nature, mais dans une part bien moins grande qu'à Paris :

Ainsi à Berlin, à Cologne (4), un tiers des secours est

(1) Sous les régimes antérieurs au décret de 1895 les prêts faits par les bureaux étaient assez considérables, ils consistaient en prêts de draps et linge, notamment. Cette question était réglée par l'article 44 du décret de 1886.

(2) Procès-verbaux de la commission de révision du décret du 12 août 1886 (Conseil de surveillance de l'Assistance publique).

(3) Par exemple les prêts de linge pour les malades soignés à domicile.

(4) A Cologne, on remet par semaine un certain nombre de pains aux indigents secourus. Cette distribution peut être remplacée par un secours en argent donné aux indigents.

distribué en nature ; à Elberfeld en 1896 le total des secours donnés s'élevait à 390,912 marks ; les secours en espèces entraient dans cette somme pour 224.791 marks (1). On constate la même proportion à Hambourg et dans la plupart des villes allemandes.

A Londres, où il est vrai les secours à domicile sont rarement accordés, les *Unions* qui ont conservé l'*ont door* (2) distribuent des secours en argent et des secours en nature. Le *Central Board* pousse beaucoup les *Board of Guardians* à la délivrance du secours en nature, mais il n'y a à cet égard aucune disposition réglementaire. Aussi la proportion dans laquelle sont distribués les deux modes de secours, diffère-t-elle dans chaque *Union*. La somme dépensée en secours en nature varie de 2 à 44 0/0 proportionnellement à celle remise en espèces (3). Il résulte donc de ceci que même dans les *Unions* qui donnent la plus grande importance aux secours en nature, ceux-ci sont toujours inférieurs aux secours en argent.

En Belgique, au contraire, nous trouvons parfois une légère prédominance des secours en nature, mais d'une façon générale, les deux modes de secours sont distribués dans la même proportion.

A Bruxelles, les secours en nature l'emportent.

Quelques chiffres nous fixeront sur la proportion des secours à ce sujet.

Au cours de l'exercice 1895, il a été dépensé en secours ordinaires : 250.826 fr. se décomposant ainsi :

      Secours en argent . . . . . 117.211 fr. 93
      Secours en nature . . . . . 133.614 » 32

On se rend donc compte de la préférence accordée par

(1) A. Montheuil, *L'Assistance publique à l'étranger.*
(2) Secours à domicile.
(3) E. Chevalier, *La loi des pauvres et la Société anglaise.*

les membres des *Comités de charité* aux secours en nature. Ces secours consistent en vêtements, objets de couchage, layettes, etc. ; ils sont distribués aux indigents dans les maisons de secours.

Signalons aussi la part très importante, faite à Bruxelles comme d'ailleurs dans toute la Belgique, aux secours en chauffage (1). Depuis quelques années, l'Administration fait transporter à domicile le charbon destiné aux indigents.

On distribue aussi aux pauvres de la viande, du lait et des œufs ; mais la plupart du temps, ces objets sont touchés par les intéressés tantôt chez des commerçants de la ville, tantôt au siège des sociétés coopératives alimentaires (2).

(1) En 1895 on a distribué aux indigents 396.610 kilog. de charbon. A Paris c'est à peine si l'on distribue par an 10 à 15.000 kilog. de coke et de charbon.

(2) Le tableau suivant montrera les divers secourus en nature distribués en 1895 (Compte moral de l'ad. des hospices et secours de Bruxelles, 1895).

	fr.	c.
1404 chemises pour hommes.	1.849,51	
768 chemises pour femmes	8.465,68	
2638 chemises pour garçons.	2.488,63	
2592 chemises pour filles	2.607,80	
6755 couvertures de coton.	13.470,23	
270 couvertures de laine.	1.243,05	
5804 toiles à paillasse.	14.560,84	
128 toiles à traversin	125,73	
1238 layettes.	5.569,47	
398 camisoles	1.002,32	
236 caleçons.	1.181,38	
145 jupons.	665,98	
52 blouses	134,32	
751 paires de sabots.	608,33	
Trousseaux et vêtements	13.567,40	
117,602 kilogrammes de paille	6.890,46	
17.950 kilogrammes de pommes de terre.	1.256,50	
396.610 kilogrammes de charbon	9.133,42	
99.101 pains.	19.495,92	
Dîners	23.370,19	
Viande ordonnée par les médecins.	3.186,05	
Lait et œufs.	2.074,00	

Ce tableau montre la variété des secours en nature. Notons ce fait sur

De plus, la plupart des fournitures (vêtements, linge,
réparations) destinées aux hôpitaux et aux pauvres sont
confectionnées par des personnes indigentes. Ce genre de
travail est ordinairement confié à des ménagères pauvres.
Comme il est un peu plus payé (1) que dans les ateliers
privés, le danger d'avilir les salaires par une diminution
du prix de la main-d'œuvre se trouve écarté. C'est là un
excellent moyen d'assistance, par le travail à domicile, qui
permet de compléter de la façon la plus heureuse les secours insuffisants accordés par le bureau de bienfaisance.

A Gand, les deux modes de secours sont distribués d'une
façon égale : pendant l'hiver les secours en nature sont
accordés de préférence ; pendant l'été, on donne au contraire des secours en argent plus nombreux. La variété
des secours en nature est aussi grande qu'à Bruxelles :
jamais ces secours ne sont touchés chez les commerçants
de la ville, mais délivrés dans des magasins (2) spéciaux
appartenant au bureau de bienfaisance. En ces dernières
années, l'émigration (3), de plus en plus importante des
habitants des campagnes voisines vers la ville de Gand,
a donné lieu à des distributions d'objets de literie fort importantes (4). Il arrivait souvent que nombre de familles
qui quittaient la campagne pour la ville, en emportant

lequel nous reviendrons, c'est qu'il est loisible aux médecins de prescrire
en même temps que les médicaments, une alimentation supérieure pour
les malades.   (A. Montheuil, *L'Assistance publique à l'étranger*.)

(1) La confection d'une chemise d'homme est payée 0 fr. 32, de femme
0 fr. 25, ces prix sont plus élevés que ceux donnés dans le commerce,
pour des chemises de même qualité.

(2) Ces magasins sont au nombre de 3.

(3) 30 pour cent des personnes secourues ne sont pas originaires de la
ville.

(4) En 1895 il a été remis près de 700 lits aux indigents dans les conditions que nous signalons.

leur mobilier, n'avaient qu'un lit, ou même que des matelas. Pour éviter la fâcheuse promiscuité des membres d'une même famille, les « *maîtres des pauvres*(1) » eurent l'idée de prêter à ces indigents des lits en fer, des matelas, et des draps. Ces lits sont laissés aux indigents pendant toute la durée de leur séjour à Gand, mais demeurent la propriété du bureau de bienfaisance. Cette mesure, réclamée par l'hygiène et la morale a produit les meilleurs résultats.

A Anvers, les secours sont également délivrés moitié en argent, moitié en nature ; ces derniers offrent aussi une grande variété. Chaque semaine on remet aux pauvres un certain nombre de bons (2) avec lesquels ils choisissent au magasin du bureau de bienfaisance les denrées dont ils ont besoin (pain, riz, etc.). Quelques fournitures (3) sont cependant achetées par les pauvres au moyen de bons (4) représentant la valeur des objets, dans plusieurs magasins de la ville, désignés par le bureau, et surveillés par lui. Aucun nom ne figurant sur le bon qu'il reçoit en paiement, le commerçant ignore l'identité du pauvre qu'il a servi. Ajoutons que les indigents peuvent à leur gré aller dans l'un ou l'autre des magasins désignés (5), de telle sorte qu'ils peuvent accorder leur préférence à bon escient.

(1) C'est ainsi que sont appelés à Gand les membres du Bureau de bienfaisance.

(2) Les bons sont de 0,25.

(3) La viande prescrite par les médecins est prise par les pauvres dans l'une des 10 ou 12 boucheries désignées par l'administration.

(4) D'une façon générale le système des bons fonctionne pour tous les secours de vêture.

(5) Les fournitures prises chez les cordonniers sont distribuées d'une façon très pratique pour les indigents. Plusieurs cordonniers de la ville sont à la disposition des indigents et leur fabriquent des chaussures sur

Sans doute pas plus ici que dans toutes les questions
que nous avons étudiées, nous ne pouvons trouver dans
les usages des autres pays, un argument en faveur du régime des secours ou une objection contre lui. En matière
d'assistance, toutes les règles sont contingentes, elles
dépendent de l'état social d'un peuple, des mœurs, du
genre de vie des habitants, mais nous pouvons y trouver
des exemples, et dans la limite où elles pourraient s'y
appliquer, importer chez nous les mesures utiles que nous
trouvons à l'étranger, et les idées générales qui les ont
dictées.

Or ce qui résulte de ce rapide exposé, c'est que dans des
proportions variables, il est vrai, mais presque partout,
les secours en nature sont plus abondants qu'à Paris.
Nous ne pensons pas que l'on puisse y distribuer des secours aussi variés qu'en Belgique, mais nous ne voyons
rien d'impossible à donner aux secours en nature l'importance que nous leur avons reconnue au point de vue théorique, puisque pratiquement elle est réalisée dans d'autres
pays. Il nous semble donc désirable d'augmenter dans une
très grande proportion la distribution des secours en nature à Paris, mais en chargeant le bureau de bienfaisance
de délivrer directement les objets destinés aux secours.
C'est d'ailleurs de cette façon que les bureaux procèdent :
à l'exception des bons de pain touchés chez les boulangers
par les pauvres, ils délivrent (1) directement tous les au-

mesure. Mais la livraison définitive est faite au siège du bureau de bienfaisance, après examen. Il est donc de la sorte impossible que les indigents reçoivent des chaussures de mauvaise qualité. Dans une certaine
mesure nous croyons que ce système pourrait être importé à Paris, il
ne présente que des avantages.

(1) Nous reviendrons sur ce point quand nous parlerons de la distribution des secours.

tres objets qu'ils donnent aux indigents, tels que les layettes, vêtements, etc., en conformité de l'article 25 du décret de 1895 (1).

§ 2. — Valeur des secours actuellement distribués aux différentes catégories de malheureux.

Nous venons d'examiner quelle était à un point de vue très général la valeur respective du secours en argent et du secours en nature, nous allons maintenant rechercher lequel de ces deux modes de secours convient le mieux aux différentes catégories de malheureux, ou, — si tous les deux sont nécessaires, — dans quelle proportion il faut les appliquer?

Nous étudierons cette question en divisant les indigents en deux catégories, suivant qu'ils sont oui ou non susceptibles de pourvoir à leurs besoins, par le travail.

A. — *Indigents non valides.*

1° *Vieillards.* — Pour ce qui concerne les vieillards, — en laissant de côté les malades dont nous nous occuperons plus loin, — nous avons déjà signalé qu'ils reçoivent deux modes de secours : d'un côté l'hospitalisation, secours collectif de l'autre, les secours représentatifs de séjour à l'hospice, secours en argent substitués au secours en nature qu'on ne peut leur donner à l'hôpital. Or, si nous envisageons d'une part la situation sur ce point à Paris, de l'autre, dans quelques villes étrangères qui ont admis ces deux modes de secours, et si nous nous en tenons aux préférences des assistés, nous constatons deux tendances

____

(1) « Les objets en nature sont délivrés contre reçu. » D. de 1895, art. 25, § 3.

diamétralement opposées. A Paris, les vieillards et les infirmes préfèrent l'hospice, à l'étranger ils aiment mieux le secours en argent, la petite pension qui leur est faite. Ainsi à Paris sur 4.000 hospitalisés (1) interrogés en 1897, 245 vieillards acceptent la pension annuelle de 360 francs qu'on leur offrait en échange de l'hospice. Au contraire à Bruxelles, à Gand, on voit les vieillards préférer la pension qu'on leur donne, et cependant dans ces deux villes, elle n'est que de 0 fr. 50 par jour, soit 15 francs par mois. Pourtant il faut remarquer que les hospices sont richement dotés et reçoivent assez facilement les incurables sans ressources à partir de 60 ans au minimum ; mais malgré tout une vive réaction se produit contre l'hospitalisation, et l'on constate que les pauvres aiment mieux toucher la faible somme allouée par le bureau de bienfaisance plutôt que d'aller s'enfermer dans ces établissements. A Anvers, même résultat : les indigents choisissent la pension de 0 fr. 64 par jour accordée par le bureau.

Nous ne mentionnons que pour mémoire l'Angleterre où le secours à domicile même pour les vieillards constitue une exception, et où l'assistance au Workhouse est la règle. Là, il est difficile de connaître les tendances des intéressés, puisque rarement ils ont le choix entre les deux modes de secours et que de plus le système d'hospitalisation y est particulièrement rigoureux. En effet, au Workhouse, même dans le quartier spécial réservé aux vieillards, le travail est de rigueur, tant que l'âge et l'infirmité ne l'interdisent pas. La discipline est sévère et il

____

(1) Sur la proposition de M. Dubois, l'Administration fit proposer à tous les hospitalisés le choix entre l'hospice ou une pension de 360 francs par an, pour vivre chez eux (*Bulletin municipal officiel*, Cons. municipal, Séance du 28 mars 1891).

est permis rarement aux pensionnaires de sortir, en un mot c'est plutôt une prison qu'un asile. Aussi paraît-il que dans la partie du Workhouse réservée aux ménages sexagénaires (1), le mari et la femme passent leur temps à s'accuser réciproquement de leur séjour dans ce lieu (2), il ne semble donc pas que l'hospitalisation constitue pour eux l'idéal. Mais, encore une fois, on ne peut tirer aucune preuve directe du système anglais, qui repose sur des principes trop différents de ceux que nous admettons en pareille matière (3).

Mais en Belgique, où nous nous trouvons en présence à peu près des mêmes mœurs et du même genre de vie qu'en France, il est assez curieux de voir les vieillards et les infirmes préférer ici l'hospitalisation, là un secours à domicile fort modique. Ceci ne peut s'expliquer que par l'organisation même des hospices ; en France, le régime est vraisemblablement plus doux que partout ailleurs. Telle est la raison des deux tendances que nous observons.

Pour résoudre la question, il est donc nécessaire de faire abstraction des préférences mêmes des assistés, déterminées par le plus ou moins de bien-être qu'ils trouvent dans les hospices, et nous demander — en supposant dans ces derniers un régime tel qu'il ne puisse ni développer le goût de l'hospitalisation, ni le combattre, — de quelle façon les vieillards et les infirmes sont le plus efficacement secourus par le secours collectif, ou par le secours indivi-

(1) Chevalier, *La loi des pauvres et la Société anglaise. Op. cit.*

(2) Seuls les ménages sexagénaires sont admis, au Workhouse, à demeurer ensemble, la vie commune à cet âge ne pouvant plus être considérée comme un plaisir.

(3) Les personnes admises au Workhouse, sont placées en général dans le quartier des vieillards à partir de 60 ans, quelquefois de 65.

duel. Faut-il n'admettre que l'hospitalisation, ou adopter concurremment, sauf peut-être à leur donner une importance inégale, les deux modes de secours ?

Or, nous pensons que, sans supprimer l'hospitalisation quelquefois nécessaire, ainsi que nous le montrerons, il est difficile de nier la supériorité théorique et pratique du secours de séjour représentatif à l'hospice, pour les vieillards et les infirmes.

D'abord nous ne nous arrêterons pas longtemps devant cette objection si souvent élevée : l'insuffisance des hospices. Pour éviter aux vieillards une trop longue attente il est donc nécessaire, ajoute-t-on, de leur attribuer une pension, sous peine de les voir mourir de faim. En fait cè premier point est exact. En 1897 (1) 2.000 vieillards (2) déclarés admissibles à l'hospice ne pouvaient y entrer faute de place (3). La proportion des lits attribués aux vieillards et infirmes diminue de plus en plus. En 1787, il y avait un lit pour 84 habitants (4) ; en 1898, il n'y a plus qu'un lit pour 280 habitants (5).

Actuellement beaucoup de vieillards à Paris attendent

(1) Déjà en 1892 M. Faillet avait fait remarquer au Conseil municipal, que près de 2000 vieillards attendaient qu'il y eût de la place pour être admis à l'hospice (*Bulletin municipal officiel*, 23 janvier 1892).

Même remarque de M. Dubois : séance du 14 novembre 1894.

(2) Proposition de M. Lampué, *Bulletin municipal officiel*, séance du 30 décembre 1897.

(3) Voir à ce sujet au Conseil municipal : les propositions du Dr Després (6 juillet 1885), Vaillant (1888), Patenne (21 février 1889), Dubois (18 novembre 1890), Chauvière (6 mars 1891), Faillet (15 novembre 1892), Landrin (14 novembre 1894), Faillet (22 novembre 1897).

(4) *Mémoires sur les hôpitaux de Paris*. Tenon, 1788. La population de Paris était alors de 524.000 habitants.

(5) Tous les chiffres que nous allons citer sur cette matière sont empruntés au *Mémoire du Dr Napias, adressé en 1898 au conseil de surveillance de l'assistance publique, sur les mesures à prendre pour l'assistance des vieillards, âgés de plus de 70 ans*.

depuis plusieurs années, qu'il y ait des places libres dans les hospices, et il ne faut pas oublier que la plupart d'entre eux n'ont aucune ressource. Ceux-là, jugés dignes d'être admis en principe, sont les plus malheureux, mais il en est d'autres, qui n'ont même pas la perspective d'être reçus un jour à l'hospice et dont la situation n'est guère meilleure (1). Il y a, en effet, nous l'avons vu (2), 38.650 vieillards indigents à Paris (en 1898), âgés de plus de 65 ans, et considérés comme incapables de pouvoir accomplir un travail sérieux : or sur ce nombre seuls les 7.288 hospitalisés et les 4.277 titulaires de pension de secours représentatif de séjour à l'hospice sont secourus sérieusement, les 27.185 autres, traités comme indigents, reçoivent des sommes dérisoires. Reportons-nous au tableau que nous avons donné plus haut, et nous verrons que sur les vieillards, titulaires des cartes mensuelles d'indigents, 16.266 âgés de plus de 65 ans touchaient un secours annuel de 48 francs. Ce fait est d'autant plus douloureux, que sur ces 16.000 vieillards, près de 1.000 étaient âgés de plus de 70 ans. « Il y a, dans le quartier Picpus, disait récemment M. Labusquière (3) au Conseil municipal, un mé-

(1) Voici un tableau qui indique le nombre des lits à la disposition des vieillards et des infirmes aux différentes époques :

1788	6000 lits.	Population correspondante :	524.200 (1789).
1817	6750 —	—	—	713.966
1841	6859 —	—	—	935.261
1861	6254 —	—	—	1.696.741
1872	7292 —	—	—	1.851.792
1888	8230 —	—	—	2.260.945 (1886).
1891	8584 —	—	—	2.424.705
1894	8494 —	—	—	2.424.705
1898	8932 —	—	—	2.511.269 (1898).

Il est bien entendu que nous ne parlons que des lits gratuits.

(2) Voir ce que nous avons dit plus haut au sujet du secours représentatif de séjour à l'hospice, p. 40.

(3) *Bulletin municipal officiel*. Séance du 13 juin 1898.

nage de vieillards sans ressources, l'homme âgé de 82 ans, la femme de 76, et chacun d'eux reçoit 4 francs par mois. » Il est donc nécessaire de faire un effort (1) de ce côté, car, nous le répétons, les vieillards sont les véritables clients de l'assistance publique et c'est à eux avant tout que l'on doit songer.

On ne saurait répondre à cela comme on l'a fait trop longtemps : les hospices sont trop peu nombreux, trop étroits, en créer de nouveaux entraînerait à des dépenses excessives. Tout cela est vrai, mais ce n'est pas à notre époque où dominent si heureusement les idées de solidarité, et dans une ville comme Paris, où l'on a toujours si largement accordé des subventions à l'Assistance publique, que l'on peut invoquer de pareilles raisons. Les faits répondent eux-mêmes du reste : la construction de nouveaux hospices plusieurs fois préconisée au Conseil municipal semble sur le point d'aboutir. Il est question en effet d'un emprunt de 75.000.000 de francs pour la construction d'hôpitaux et d'hospices ; sur cette somme serait prélevé un crédit destiné à élever un nouvel hospice de 2.000 lits réservés aux vieillards. Cet établissement pourvoirait aux besoins les plus pressants, mais ne résoudrait pas la question de l'assistance aux vieillards. Le point

---

(1) Plusieurs villes de province ont par habitant une proportion de lits supérieure à celle de Paris (1 lit par 285 habitants.

Angers	1 lit pour 80	habitants.
Dijon.	— 280	—
Grenoble.	— 160	—
Le Havre.	— 200	—
Lille.	— 110	—
Nantes.	— 70	—
Rouen.	— 90	—
Tourcoing	—, 150	—
Lyon	— 240	—
Saint-Etienne	— 200	—

important, en effet, est de savoir lequel de l'hospitalisation ou du secours à domicile répond davantage aux nécessités sociales, lequel soulage le mieux la misère qu'il a spécialement en vue. Passons pour l'instant sur les difficultés budgétaires, admettons qu'on puisse organiser des hôpitaux assez vastes pour y recueillir tous les vieillards et infirmes, ou bien leur donner à tous des pensions représentatives de séjour à l'hospice ; en présence de ces deux moyens, que par hypothèse nous supposons aussi faciles à réaliser l'un que l'autre, lequel faut-il adopter ?

L'hospitalisation a le défaut capital de déprimer l'esprit de l'assisté, de lui enlever toute énergie morale et tout esprit d'épargne et de prévoyance. A l'hospice, c'est l'oisiveté assurée, sinon peut-être immédiatement, car on pourrait, tant qu'ils en sont capables, astreindre les vieillards à quelque travail en rapport avec leur âge et leur état de santé, mais en tous cas dans un avenir plus ou moins prochain. Et puis surtout c'est la ruine de l'idée de famille : on sépare ainsi le mari et la femme, et on peut les placer dans des établissements différents. « Il semble, dit une circulaire ministérielle (1), que jusqu'ici on n'ait cherché d'autre remède à cette situation que l'augmentation des lits d'hospice. A la vérité on ne peut contester l'utilité des hospices : dans les grands centres ils seront toujours une nécessité d'ordre public et d'humanité. Mais on ne saurait méconnaître que le plus souvent l'admission des vieillards dans un établissement hospitalier relâche, s'il ne les détruit pas, les liens de la famille. Il déshabitue les enfants du devoir de nourrir ou de soigner leurs parents vieux et infirmes ; les parents eux-

(1) Circulaire de M. Goblet, ministre de l'Intérieur, adressée aux Préfets, le 1er août 1888.

mêmes, dans la pensée d'enlever une charge à leurs enfants, finissent par considérer l'hospice comme un asile où il est naturel d'aller terminer ses jours; souvent même avant l'âge, l'individu encore apte au travail simule ou exagère des infirmités pour obtenir son admission. »

L'hospice pour les vieillards, et pour leur famille en effet, c'est l'idéal rêvé, plus d'assistance familiale, plus de prévoyance, il y a toujours là un asile où la vie est assurée ! Tous les jours on entend dire aux ouvriers qui dépensent leur salaire en boisson ou en tabac : « Quand je serai vieux ou incapable de travailler j'irai à l'hospice » (1). Et puisqu'il en est ainsi pourquoi nourriraient-ils leurs parents trop âgés? Que la Société donne à ceux qui ne peuvent plus travailler utilement une assistance efficace, nous ne le contestons pas. Mais est-ce que l'hospitalisation, qui détruit ou relâche les liens de famille, qui en tous cas anéantit l'idée de prévoyance, répond bien aux nécessités pratiques? Et faut-il approuver le principe de ce mode de secours? Nous ne le pensons pas. Exceptionnellement quand nous serons en présence de vieillards ou d'infirmes sans famille, ou d'individus auxquels leurs parents trop pauvres ne sauraient venir en aide, l'hospitalisation s'impose, mais c'est seulement dans ces limites que nous croyons devoir l'admettre.

Ce qu'il faut, c'est trouver un mode de secours, tel que les assistés alors qu'ils sont valides n'abandonnent pas toute idée de prévoyance et que leur famille ne se croie pas à leur égard déchargée de la dette alimentaire, en d'autres termes un secours qui, ajouté aux économies et aux ressources de la famille, pourra permettre au vieillard

(1) Rapport sur la réorganisation des secours à domicile, par le Dr H. Balland.

où à l'infirme de vivre sans être réduit à la mendicité.

Or, toutes ces conditions nous paraissent plutôt remplies dans les cas ordinaires, par le « secours de séjour représentatif à l'hospice ». Il y a bien une objection, que nous allons rendre encore plus pressante à propos du traitement des malades à domicile. Tous ces vieillards habitant dans les quartiers pauvres de Paris, dans des maisons où les conditions d'hygiène sont déplorables, ne pourrait-on songer à les envoyer à la campagne dans des familles qui se chargeraient de les entretenir, moyennant une somme équivalente à la pension de secours (1). Il y aurait là en quelque sorte une assistance mixte, à la fois secours en nature et en argent, qui théoriquement nous paraît répondre à toutes les nécessités. Malheureusement il faut compter avec les assistés. Consentiront-ils à quitter Paris et à aller habiter un pays où rien ne les attache ? On a cité au Conseil municipal (2) l'exemple de la Colonie d'aliénés de Dun-sur-Auron (3). Mais si le nom d'assistance familiale est applicable dans les deux cas, il existe entre l'une et l'autre une différence capitale : les aliénés sont envoyés d'office à Dun-sur-Auron sans leur consentement, tandis qu'on ne saurait se passer de celui du vieillard pour l'envoyer en province. Et puis en admettant même que les assistés veuillent bien abandonner Paris, trouvera-t-on des familles disposées à garder, sous leur responsabilité, pour une somme très minime, des vieillards et des infirmes (4). D'ailleurs comment organiser la

(1) *Bulletin municipal officiel,* proposition du Dr Desprès, séance du 28 juillet 1884.

(2) Rapp. du Dr Napias, sur l'assistance aux vieillards, *op. cit.*

(3) Fondée en 1892 par le Dr Marie. Reçoit des femmes gâteuses, et les place moyennant une légère indemnité dans des familles du pays.

(4) A tout ce que nous avons dit sur la supériorité du secours à domicile

surveillance et le contrôle. Faudra-t-il créer pour ces vieillards une surveillance analogue à celle qui s'exerce sur les enfants assistés, et par là même grever le budget de l'Assistance, sans profit pour les malheureux à secourir ?

Pratiquement il faudrait admettre un hospice établi à la campagne, mais c'est revenir à l'hospitalisation, avec tous ses inconvénients. Sans doute cette création d'hospices suburbains réunissant toutes les conditions d'hygiène réclamées aujourd'hui par la science, mérite d'être encouragée, mais seulement pour les cas exceptionnels où l'hospitalisation doit, à notre avis, être admise.

Il existe bien à Paris un autre mode de secours qui se rapproche quelque peu de l'hospitalisation, nous voulons parler de l'institution des *maisons de retraite*. Ce sont des établissements où se retirent, moyennant une rétribution plus ou moins élevée, des gens qui ne sont ni des rentiers, ni des miséreux, mais que la plus sage prévoyance n'a pu sauver de l'indigence. Le secours que représente le séjour à la maison de retraite leur permet de vivre avec ce qu'ils ont pu économiser peu à peu pour assurer leur vieillesse. L'Assistance publique (1) possède plusieurs établissements de ce genre. Malheureusement le nombre de lits y est insuffisant, et ce n'est guère, à notre avis, que la bienfaisance privée (1) qui peut mettre en pratique cette institution. Quoi qu'il en soit, ceux qui entrent là sont ou des gens ma-

pour les vieillards, il faut ajouter l'article 17 de la loi du 17 août 1851 sur les hospices et l'article 17 de la loi du 24 mai 1873. Dans ces deux articles on trouve une affirmation de la supériorité du secours à domicile ; ce qui n'était pas nouveau, puisque, dès 1840, une circulaire ministérielle l'avait déjà préconisée (Voir circ. ministérielle du 31 janvier 1840).

(1) Comme nous l'avons dit plus haut (Sec. repr. de séjour à l'hospice), en outre des hospices où les vieillards sont hospitalisés gratuitement, il y a

riés, ou des individus sans famille, d'autre part ils sont obligés de verser une certaine somme. ce ne sont donc pas à proprement parler des indigents, et théoriquement ce n'est pas à l'Assistance publique à s'occuper d'eux. Certes nous ne prétendons pas qu'il faille séparer les ménages et quand nous serons en présence des cas exceptionnels d'hospitalisation, nous ne voyons pas pourquoi le mari et la femme ne pourraient pas séjourner ensemble à l'hospice. Ce que nous voulons dire, c'est que le budget de l'Assistance doit être consacré avant tout aux véritables indigents, qui n'ont plus aucune ressource. Nous ne saurions blâmer l'Assistance publique (1) de s'intéresser aux maisons de retraite d'autant plus que la plupart d'entre elles

un certain nombre de maisons payantes, qui dépendent de l'Assistance publique et sont destinées aux vieillards. Ce sont :

1° La maison de retraite de la Rochefoucauld : 222 pensionnaires. Pension annuelle : 250 francs.

2° L'asile Chardon-Lagache : 150 lits. Pension : 500 francs, 700 francs, 1300 francs, suivant les classes.

3° Ste-Périne : 296 lits. Pension : 1400 francs.

4° Maison de retraite des ménages à Issy : 1387 lits. Pension de 200 francs à 300 francs.

5° Hospice Dheur : 12 lits payants. Pension de 600 francs à 650 francs.

6° Galignani (Maison de retraite) : 50 lits payants. Pension : 500 francs.

7° Brévannes : 182 lits. Pension : 250 francs.

La plupart de ces hospices contiennent aussi des lits où les vieillards sont reçus gratuitement : beaucoup sont dus à des fondations privées.

Les conditions d'entrée, de pension, sont différentes dans chacun d'eux.

Il y a à Paris près de 4000 lits d'hospice payants.

(1) On ne saurait parler de l'assistance aux vieillards sans mentionner les *Petites sœurs des pauvres* qui recueillent gratuitement les vieillards âgés de 60 ans, et les nourrissent au jour le jour.

Elles possèdent dans le département de la Seine : 7 maisons renfermant 1482 lits.

Une huitième maison sera prochainement ouverte à Auteuil.

ont été établies par des fondations, mais elles ne peuvent être qu'une sorte de modèle (1) pour la bienfaisance privée de qui ressortissent ces (2) demi-indigents. Nous restons donc en règle générale en présence du secours représentatif de séjour à l'hospice. Mais, le chiffre de ce secours paraît peu élevé, est-ce avec la pension de 360 francs par an, que lui attribue l'Assistance, qu'il est possible de vivre pour un vieillard ou pour un infirme, même en admettant qu'il ait quelques économies ? Le chiffre de cette pension devrait être certainement relevé. Il est nécessaire que le secours représentatif soit sérieux, de telle sorte qu'il permette d'entretenir le vieillard ou l'infirme comme il le serait à l'hospice. Il nous semble donc que la somme de 500 francs par an, soit à peu près 1 fr. 50 par jour, ne serait pas trop considérable tout au moins pour les vieillards âgés de plus de 70 ans. En tous cas le chiffre actuel est tellement insuffisant, que sur les quelques vieillards (145 sur 8.000) ayant accepté en échange du séjour à l'hospice, la pension représentative, la moitié ont quelque temps après, demandé leur réintégration à l'hospice parce qu'il leur était impossible de vivre chez eux avec la pension de 360 francs. Au surplus il est difficile d'établir en cette matière des règles d'une fixité absolue, il faut tenir compte à cet égard des circonstances de fait qui varient suivant les cas. Peut-être vaudrait-il mieux qu'il y eût un

(1) En outre des établissements signalés plus haut, l'Assistance publique est chargée de contrôler certains établissements libres payants.

Tel est l'asile Lambrechts, qui comprend 40 lits payants. La surveillance générale de cet établissement appartient au Directeur de l'Assistance publique.

(2) Voir dans ce sens : Mémoire de M. Peyron, directeur de l'Assistance publique, adressé au Conseil municipal, sur les *Besoins et ressources de l'Assistance.*

maximum et un minimum (1) entre lesquels arbitrairement les bureaux ou l'administration pourraient se mouvoir suivant les ressources personnelles et l'état physique
de chaque assisté. Le décret de 1895 (art. 29) sans aller
jusque là, et sans donner un maximum et minimum, laisse
cependant à l'administration une certaine latitude dans
la fixation des pensions représentatives.

Mais, si importante que soit cette réforme, il en est une
autre plus urgente encore que celle-là. Parmi les 40.000 (2)
vieillards secourus à Paris, il y a environ 8.000 (3) hospitalisés gratuitement et (4) 4.000 titulaires de pensions
représentatives, les autres sont secourus comme des indigents ordinaires, par les bureaux de bienfaisance, or
la plus grande partie, 16.000 (5) sur 28.000 (6), reçoit des
secours de 3 et 4 francs par mois. Avant la récente mesure, prise par M. Napias, d'accorder la pension représentative à tous les octogénaires, quelques-uns d'entre
eux recevaient seulement 48 francs par an. Et l'on ne pourrait vraiment s'expliquer comment ces malheureux peuvent subsister avec des ressources si minimes, si l'on ne
connaissait la touchante solidarité qui anime le peuple de
Paris, et qui incite même les plus pauvres à pratiquer la
charité autour d'eux.

Ce qu'il faut avant tout, même avant l'augmentation de
la pension représentative actuelle, c'est secourir sans
exception comme vieillards et par cette pension spéciale
au moins tous les indigents septuagénaires.

(1) Rapport Napias, *op. cit.*
(2) Exactement : 38.850 (1898).
(3) Exactement : 7.288 (1898).
(4) Exactement : 4.277.
(5) 16.266.
(6) 27.185.

Or si l'on accorde à tous ceux qui sont secourus aujourd'hui comme indigents la pension de 360 francs, cela représente une dépense apparente de 5.708.160 francs (1), et en réalité en défalquant les 1.850.712 francs qu'ils recouvrent déjà, le crédit à prévoir serait de 3.857.448 francs. C'est donc une somme énorme d'environ 4 millions qui est nécessaire et le crédit serait encore plus considérable si l'on ne se contentait pas de cette réforme, et si l'on décidait d'augmenter le chiffre de la pension représentative accordée aujourd'hui. Mais si élevée que soit la somme totale, elle n'est rien à côté de celle qui serait nécessaire pour l'hospitalisation. Le prix d'un lit d'hospice est en effet de (2) 700 francs, sans compter les dépenses de premier établissement, tandis que la pension même maxima, — et il est permis de supposer que certains vieillards ne l'atteindraient pas toujours dans le système que nous avons soutenu plus haut, — ne serait que de 500 francs. Au reste dans le projet d'emprunt de 75 millions destinés à l'Assistance pour la construction de nouveaux hospices, le chiffre prévu pour un hospice de 2000 lits (très insuffisant) est de 12 millions en chiffres ronds, et son entretien est évalué à 1.400.000 francs (3).

En tous cas, ce qui est nécessaire, c'est une mesure générale et nous ne saurions nous contenter des demi-mesures que propose l'Administration, notamment l'affectation d'une partie des asiles d'aliénés de la Seine à l'hospitalisation des vieillards, et l'envoi des aliénés en province, où

(1) Compte financier de l'Administration de l'Assistance publique pour l'exercice 1897.

(2) Rapport Napias, *op. cit.*

(3) Ce sont les chiffres donnés, au Conseil municipal, à propos du nouvel emprunt projeté.

les dépenses sont moins élevées (1). Reste le chiffre énorme des ressources à obtenir. Comment demander à la ville de Paris une subvention aussi considérable? Comment se procurer les sommes nécessitées par l'augmentation du chiffre des secours? Le remède à cette fâcheuse situation ne se trouve guère que dans le concours de l'État?

Depuis longtemps, le Gouvernement s'est préoccupé de l'assistance aux vieillards et en 1891 (2), le Conseil supérieur de l'Assistance publique adoptait le principe d'une loi sur l'assistance aux vieillards et aux incurables (3). Jusqu'en 1895 (4), ce vœu resta sans exécution; mais le 27 décembre de la même année, à la suite d'un vote de la Chambre (5), le Gouvernement promettait de proposer dans le budget de 1897, les crédits nécessaires pour jeter les premières bases de cette organisation. En exécution de cette promesse, l'article 43 de la loi de Finances du 29 mars 1897 décidait que désormais l'État contribuerait dans une proportion variable (6) au paiement de toute pension annuelle d'au moins 90 francs et de 200 francs au plus, constituée par les départements ou les communes, d'accord avec les Conseils généraux, en faveur de tout vieil-

---

(1) M. Napias proposait d'envoyer : 1.300 aliénés en province ; on réaliserait ainsi 117.000 francs d'économie : le prix moyen d'une journée d'aliéné étant de 2 fr. 30 dans les asiles de la Seine et de 1 fr. 25 dans ceux de province.

(2) Le Conseil supérieur de l'Assistance avait été saisi de la question en 1889 par M. Floquet, ministre de l'Intérieur.

(3) Sur la proposition de M. Hermann-Sabran.

(4) Antérieurement on peut noter sur cette question les deux ouvrages suivants : *L'Assistance rurale et le groupement des communes* de M. Cheysson (1886) et *Les Établissements hospitaliers dans les campagnes* de M. de Crisenoy.

(5) *Journal officiel*, 27 décembre 1895. La proposition fut votée à l'unanimité de 572 votants.

(6) Dans la proportion établie par la loi de 1893 sur l'assistance médicale et conformément aux tarifs annexés à la loi.

lard âgé de 70 ans, privé de ressources ou atteint d'une maladie incurable, sans que le nombre des pensions auxquelles l'État devra contribuer puisse dépasser par département deux pour mille de la population, et que cette contribution puisse être supérieure à 50 francs pour chaque pension.

Les termes mêmes de cet article ne permettent peut-être pas d'espérer à Paris, une subvention de l'État pour les pensions déjà créées, car, ces pensions sont payées par les bureaux de bienfaisance, et non par la ville de Paris, et ce ne serait comme on l'a dit « qu'un subterfuge non dissimulé » (1) de transporter ce crédit du budget de l'Assistance au budget de la ville, le vœu du législateur ayant été surtout de favoriser la création de nouvelles pensions. Mais l'administration municipale pourrait créer de nouvelles pensions annuelles de 90 à 200 fr. (2), et alors certainement l'État ne pourrait se soustraire à la dépense dans la proportion indiquée par la loi de 1897.

Évidemment ces pensions seraient insuffisantes, mais cela permettrait dans tous les cas d'augmenter le nombre des vieillards assistés et ce serait un pas vers la mesure générale que nous croyons utile.

Mais la loi que nous venons de citer n'est considérée que comme une mesure provisoire ; en effet tout récemment un projet de loi a été élaboré sur cette question par le Conseil d'Etat et il n'est pas inutile de le mentionner, puisque c'est le document le plus récent qui intéresse l'assistance des vieillards (3).

(1) Rapport Napias, déjà cité.

(2) Rapport de M. Navarre sur le budget de l'Assistance publique de 1898.

(3) Ce projet de loi a été adopté par le Conseil d'Etat dans ses séances des 24 février, 3, 10 et 30 mars 1898.

En vertu de ce projet : « Un service d'assistance est organisé dans chaque département, sous l'autorité du préfet, en faveur des personnes, de nationalité française, indigentes et incapables de pourvoir à leur subsistance par le travail, et soit âgées de 70 ans, soit atteintes d'une infirmité ou d'une maladie reconnue incurable (1). »

Le concours de l'État ne serait assuré que si les bureaux, les hospices et la bienfaisance privée justifiaient de l'impossibilité où ils se trouvent de subvenir à l'assistance (2). En principe, les vieillards et infirmes seraient secourus à domicile, et ce n'est qu'exceptionnellement quand ce mode de secours ne pourrait fonctionner utilement que l'assistance serait donnée dans un établissement hospitalier (3). La quotité des pensions est fixée par le Conseil général et ne peut être inférieure à 8 francs, ni supérieure à 15 francs par mois (4). Ces pensions sont incessibles et insaisissables (5). L'État accorde une subvention dans cette mesure et à condition que le chiffre de la pension n'excède pas 180 francs par an (6). Au-dessus de ce chiffre l'excédent est supporté par le département (7).

De plus les vieillards qui n'auraient pas le domicile de secours communal ou départemental fixé par la loi seront secourus par l'État (8).

D'autre part l'État contribue par des subventions dans la limite des crédits ouverts annuellement à cet égard par la loi de finances, et dans une proportion variant de 5 à

(1) Article 1, titre I.
(2) Article 2, titre II.
(3) Article 15, titre III.
(4) Article 16.
(5) Article 17.
(6) Article 16.
(7) Article 16.
(8) Article 19.

80 0/0, aux dépenses d'entretien et d'appropriation des hospices nécessitées par l'exécution de la loi (1).

Mais cette loi sera-t-elle applicable à Paris? Cela ne fait aucun doute puisque l'on y prévoit qu'un règlement d'administration publique établira les conditions d'application à la ville de Paris (2). Et cependant, on lit dans un rapport sur la matière de M. Napias, que l'assistance étant plus étendue à Paris que dans la plupart des villes de France « il serait possible que l'autorité supérieure jugeant par comparaison fût conduite à estimer qu'à Paris l'assistance est complètement assurée et par nos lits d'hospice, et par nos pensions représentatives, et par nos secours mensuels aux vieillards infirmes et incurables qui entraînent une dépense annuelle supérieure à 8.000.000 de francs dont 4.945.732 sont attribuables aux vieillards de plus de 70 ans (3). Et pratiquement en effet cela nous paraît justifié. Sans doute l'État pourrait en partie concourir aux dépenses de construction ou d'appropriation des hospices, mais ce n'est là qu'une faculté et non une obligation, en tout cas pour ce qui concerne les pensions comme elles sont en fait aujourd'hui supérieures à 180 francs, l'État ne saurait y contribuer.

De sorte que, d'après les termes actuels du projet, le concours de l'État, pour le paiement des pensions, n'existerait à Paris que pour les vieillards, qui n'auraient pas de domicile de secours, ou qui ne l'auraient pas dans cette ville (4). Il est vrai que la dernière catégorie pourrait être

(1) Article 24.
(2) Article 26.
(3) Rapp. Napias, *op. cit.*
(4) « Les vieillards et incurables qui sont dépourvus de tout domicile de secours sont placés aux frais de l'État dans des établissements publics ou privés désignés par le Ministre de l'Intérieur, à moins que la commis-

assez nombreuse puisque ce domicile de secours est acquis. — nous l'avons dit, — par une résidence de 10 ans pour les vieillards, et de 5 ans pour les infirmes (1). Le soulagement, apporté à la ville de Paris par le projet, quoique réel, serait donc minime relativement : ce sera aux députés de Paris à prendre en main la question, lors de la discussion de la loi, et à obtenir du Parlement par voie d'amendement une disposition exceptionnelle en faveur de la capitale, exception que justifieraient aisément la constitution de sa population, l'immigration des vieillards pauvres et les sacrifices considérables qu'elle fait pour soulager toutes les misères qui s'y viennent cacher.

Mais ce qui dans tous les cas serait utile à la Ville dans le projet que nous venons d'examiner, c'est que ce serait au Conseil général (2) qu'il appartiendrait d'organiser le nouveau service. En conséquence, le département serait donc tenu à contribuer dans les dépenses, puisqu'il supporterait les pensions nouvellement créées supérieures à 180 francs (3). Il faut espérer qu'un projet spécial sera fait pour Paris, et permettra d'un côté d'attribuer des secours représentatifs de séjour à l'hospice suffisants, et de l'autre, quand exceptionnellement l'hospitalisation sera nécessaire, de créer des hospices sans recourir à l'emprunt, sans grever outre mesure le budget de l'assistance et sans

sion départementale d'assistance ne les ait proposés pour l'assistance à domicile. » Art. 19.

(1) Art. 4... Cet article décide aussi : « Qu'à partir de 65 ans, nul ne peut acquérir un nouveau domicile de secours, ni perdre celui qu'il possède ».

(2) Article 6. Le Conseil général délibérerait non en vertu de l'article 48 de la loi du 10 août 1871, comme le mentionne l'article 6 du projet, mais en vertu de la loi du 18 juillet 1866, seule applicable au département de la Seine.

(3) Article 16.

demander au Conseil municipal des subventions trop élevées, que malgré tout il lui serait impossible d'accorder.

2° *Malades*. — Nous arrivons aux malades; pour eux aussi existent deux modes de secours : secours collectif à l'hôpital, secours individuel à domicile, celui-ci comprenant les soins médicaux et le secours de maladie.

Faut-il préférer le traitement à domicile au traitement à l'hôpital ?

C'est la question que nous devons envisager maintenant. Il est bien évident ici que le secours en nature s'impose, mais ce qu'il importe de savoir, c'est la façon la plus efficace dont il pourra être donné. Nous sommes donc logiquement amené à comparer entre eux le traitement collectif et le traitement individuel et puisque nous faisons une étude critique des « secours à domicile » il est avant tout nécessaire de voir si réellement le traitement des malades à domicile doit exister et s'il est conforme aux règles d'une bonne assistance. Nous sommes donc tout en parlant du traitement à l'hôpital dans les limites mêmes de notre sujet, puisque nous n'en parlons que pour le comparer au traitement à domicile, et pour voir si réellement ce dernier correspond le mieux aux nécessités pratiques, et assure plus complètement l'application du principe que nous avons déjà plusieurs fois énoncé : les secours adéquats aux misères à secourir, la nature du secours correspondant exactement à la nature de la misère.

Laissons de côté pour l'instant la question du traitement à domicile des femmes enceintes, nous y reviendrons plus loin et occupons-nous uniquement des malades. A Paris, on trouve chez les malades une tendance analogue à celle que nous avons rencontrée chez les vieillards : la tendance à préférer l'hôpital. En effet le nombre des malades admis à l'hôpital suit une progression constante : tandis qu'en 1834 il était de 66.521, en 1897 il s'est élevé à 173.000 (1).

Et cependant depuis 1853, en vertu d'un arrêté préfectoral rendu sous l'influence de M. Davenne, directeur de l'Assistance publique et de M. Vée, chargé en temps que chef du bureau des secours d'appliquer la réforme, le traitement à domicile des malades a été organisé sur des bases assez larges. Cela n'a pas fait diminuer le nombre des malades traités à l'hôpital, et il semble, au contraire, que ce nombre augmente au fur et à mesure que le traitement à domicile se perfectionne. Que les malades préfèrent l'hôpital, cela se conçoit parce qu'ils trouvent là tous les secours de la science et vivent dans les conditions d'hygiène les plus minutieusement établies, conditions qu'il leur est impossible de rencontrer chez eux. Contentons-nous pour l'instant de signaler ces faits. Nous aurons plus tard à en parler longuement, quand il s'agira d'apprécier lequel des deux modes de traitement il faut préférer. Quoi qu'il en soit, à ne suivre que la tendance manifestée par les malades, la conclusion est facile à tirer : hostilité contre le traitement à domicile ; faveur extrême pour le traitement à l'hôpital.

Mais ici, pas plus que nous ne l'avons fait pour les vieillards, nous ne pouvons pas nous contenter de suivre les

(1) Voici la progression du nombre des malades dans les hôpitaux :

1834.	66.521 malades.
1854.	99.521 —
1864.	93.593 —
1874.	88.733 —
1884.	122.026 —
1894.	172.500 —
1897.	173.500 —

préférences des assistés, des malades. Cela serait rationnel s'il n'y avait en jeu que des questions d'ordre purement individuel, mais cela est impossible quand viennent s'y mêler des points de vue d'ordre social et d'assistance. Ce qu'on doit rechercher avant tout, étant donnée une misère d'une nature déterminée, c'est théoriquement et pratiquement le secours qui lui convient ; en conséquence, dans la question qui nous occupe, c'est de voir quel mode de traitement est le meilleur. Il importe peu, en effet, d'examiner quelles sont les préférences des assistés sur ce point : les intéressés eux-mêmes peuvent mal comprendre le traitement qui leur convient le mieux, tout cela par suite d'habitudes ou de traditions plus ou moins bien fondées ; il est donc nécessaire de se substituer à eux pour leur appliquer le mode de secours qui semble donner les meilleurs résultats. C'est ce que nous avons fait pour les vieillards ; nous avons pensé que le meilleur mode de secours était, en principe, pour eux le traitement à domicile. Pour les malades, il est vrai, il semble que leur préférence pour le traitement à l'hôpital doive être prise davantage en considération, car pour ce qui les concerne, le point de vue individuel et le point de vue social se rencontrent. Il importe donc avant tout de donner aux malades des soins éclairés, rationnels, dans les meilleures conditions d'hygiène possible. Il n'y a plus ici, comme pour les vieillards, une tendance à se faire assister à l'hospice, pour y demeurer sans rien faire, tout le reste de ses jours ; car, pour les malades, la rapidité des soins et de la guérison est aussi importante pour les intéressés que pour la société elle-même. Les préférences des malades ont donc quelque valeur ; or, nous l'avons démontré, actuellement à Paris, cette préférence n'est pas douteuse.

Pendant longtemps il n'en fut pas ainsi, les pauvres avaient une terreur instinctive de l'hôpital et en Province dans une certaine mesure cette frayeur a existé. Aujourd'hui à Paris, non seulement les pauvres, mais même les gens aisés, se rendent très facilement à l'hôpital, sur les conseils des médecins, pour des maladies graves nécessitant des soins particuliers et surtout pour y subir des opérations chirurgicales. Le développement pris par les cliniques, où l'on loge et soigne les malades, constituant en quelque sorte des hôpitaux privés, est une nouvelle preuve de la faveur dont jouit l'hospitalisation.

Cette préférence des malades et des médecins pour l'hôpital nous paraît d'ailleurs fort justifiée.

Le traitement à l'hôpital présente, à notre avis, sur le traitement à domicile une double supériorité : premièrement au point de vue technique, secondement au point de vue financier. Que le traitement à l'hôpital, et au point de vue technique et à celui des soins donnés, soit supérieur au traitement à domicile cela ne saurait faire de doute. Comment concevoir le chirurgien opérant dans les petits logements de Paris, alors que les gens riches se rendent eux-mêmes dans les cliniques. Et puis qui donnera au malade les soins de toutes les heures, nécessités par son état ? Qui sera chargé de suivre les prescriptions du médecin ? Les parents du malade ? sa femme, ses enfants, si c'est le chef de la famille qui est atteint ? Mais ceux-ci travaillent la plupart du temps ; les enfants eux-mêmes dès que l'âge le leur permet ; et alors de deux choses l'une : ou bien les parents abandonneront leur travail pour soigner le malade, et ce sera la misère entrant dans la maison ; ou bien on laissera le malade seul, et l'on voit facilement quelles conséquences pourra produire ce manque de soins absolu.

Sans doute, nous n'ignorons pas qu'il existe des femmes
charitables (1) s'occupant gratuitement des malades, les
sœurs de charité par exemple ; mais, malgré tout leur zèle,
ni les unes, ni les autres ne peuvent arriver à cette surveillance de tous les instants si nécessaire. C'est de la
sorte que certaines maladies, bénignes à l'origine, peuvent dans la suite devenir fort graves faute de soins éclairés. Ainsi on cite l'épidémie d'influenza de 1891, dont la
conséquence a été d'augmenter considérablement le nombre des phtisies pulmonaires.

A l'hôpital aucun de ces inconvénients : le malade sera
soigné par les plus illustres praticiens, les internes seront
là pour surveiller l'application stricte et intelligente des
ordonnances et le personnel tout entier se dévouera, soit
par profession, soit par pure charité dans l'intérêt des
malades. Ce n'est pas tout, la supériorité de l'hôpital est
encore plus marquée au point de vue de l'hygiène. Nous
sommes loin du temps où Tenon nous montrait à l'Hôtel-
Dieu (2) : « Les accouchées, deux, trois, quelquefois
quatre dans le même lit : les unes à une époque de leurs
couches, les autres à une autre époque, leurs évacuations
naturelles les infectant d'autant plus que ces lits étaient
plus échauffés dans cet état de pression, que la santé de
ces femmes était plus détruite, que leurs humeurs étaient
plus corrompues. »

Certes à l'heure actuelle, tous les progrès ne sont pas
réalisés ; il y a encore de vieux hôpitaux, véritables nids
à microbes, où l'on a bien tenté d'introduire toutes les

(1) Certains ordres religieux de femmes soignent les malades indigents
sans accepter aucune rétribution : citons les *sœurs servantes des pauvres*
(2.724 journées de garde en 1895), les *petites sœurs de l'Assomption*, etc.
(2) Tenon, *Mémoire sur les hôpitaux de Paris*, 1787.

ressources modernes de l'hygiène et où cependant le plan
même de l'édifice, l'organisation des salles est un empêchement à peu près absolu contre les améliorations (1).
Parfois encore en présence de l'insuffisance du nombre
des lits (2), on est obligé d'ajouter des lits supplémentaires,
au grand détriment de l'hygiène. Mais il y a des hôpitaux
nouveaux suffisamment vastes, — et l'on en construira
d'autres, — où tout est calculé conformément aux prescriptions de l'hygiène, où toutes les règles de l'antisepsie
et de l'asepsie sont respectées ; là, plus de microbes, plus
de bacilles, les malades y trouvent non seulement les
soins éclairés dont nous parlions tout à l'heure, ils y vivent dans une atmosphère pure, ils n'ont plus à redouter
toutes les complications que peut faire naître une hygiène
défectueuse, et par suite les épidémies sont moins à craindre. Tous ces dangers se présentent dans le traitement
des malades à domicile : les logements sont étroits, mal
aérés, humides (3), donnant sur des rues sombres, quelquefois sur des cours, à peine éclairés. Sans doute à Paris,
depuis cinquante ans, bien des améliorations ont été réa-
lisées sur ce point : la création complète du réseau d'é-
gouts, le percement de nombreuses rues, l'ouverture de
squares et de jardins ont assaini la capitale, mais ces tra-

(1) Cela a encore été constaté dernièrement au conseil municipal. Dans
un projet d'emprunt de 75 millions destiné à l'Assistance publique, on
prévoit la reconstitution de certains hôpitaux comme Laënnec, la Charité,
jugés malsains et insuffisants.

(2) Nous lisons dans le rapport de M. Fleury-Ravarin : « Des réclamations incessantes s'élèvent contre l'encombrement presque permanent des
salles des malades dans lesquelles l'Administration est obligée d'entretenir au grand préjudice de l'hygiène un nombre de lits supplémentaires
variant de 400 à 1.100 » (Rapp. de M. Fleury-Ravarin, p. 129).

(3) Rapp. de M. Bonthoux sur le projet de révision du décret de 1886,
p. 46.

vaux en transformant les quartiers pauvres en quartiers riches, ont éloigné la population misérable qui vit dans des conditions hygiéniques aussi déplorables que par le passé (1). Placer un malade dans de pareilles conditions : que va-t-il devenir? non seulement il risque fort de ne pas se rétablir, mais inconvénient plus grave, il deviendra un péril pour tous ceux qui l'entourent.

L'isolement est en effet presque toujours impossible, la famille étant entassée dans une pièce ou deux au plus. Sans parler de l'insalubrité du logement, comment le malade peut-il trouver un repos réparateur au milieu du bruit que font les enfants et du va-et-vient nécessité par les soins du ménage. Manque de nourriture saine et abondante, conditions déplorables d'hygiène pour le malade et sa famille ; pour les voisins dangers de la contagion, voilà les conséquences du traitement à domicile. Qu'on ne vienne pas en présence de tous ces résultats invoquer (2) en faveur du traitement à domicile l'avantage moral de ne pas relàcher les liens de famille. Cela peut se dire à la rigueur, quand il s'agit de vieillards ou d'infirmes ; mais toute considération sentimentale doit disparaître quand la santé publique est en jeu. Si à la campagne, le traitement hospitalier brise complètement les liens familiaux par suite des distances qui séparent le domicile

(1) La loi de 1850 sur les logements insalubres est insuffisante. A Paris l'inspection s'exerce sur plus de 2.000 maisons par an, mais on est unanime à reconnaître l'insalubrité d'un grand nombre de maisons ouvrières anciennes. Actuellement à Paris les plans des constructions nouvelles doivent être soumis à la préfecture de police, mais il faudra de longues années, avant que les anciennes maisons aient été transformées ou reconstruites.

(2) En 1801 Chaptal parlait de « la consolation que doivent éprouver des pères et des mères lorsqu'ils peuvent être soignés dans leur propre lit par les mains de leurs enfants ».

du malade de l'hôpital, il n'en est pas de même à Paris, où le malade peut être visité par les siens aussi fréquemment que possible (1).

Au point de vue technique, par conséquent, la supériorité du traitement à l'hôpital nous paraît nettement établie, mais elle entraîne comme résultat dans l'état actuel des choses, l'encombrement des hôpitaux et ce n'est pas là l'un des moindres arguments des partisans du traitement à domicile. Sans doute, disent-ils, théoriquement votre système paraît on ne peut plus séduisant, mais essayez de le mettre en pratique, vous vous heurtez fatalement à cet inconvénient grave : l'encombrement des hôpitaux.

Que ce fait existe, nul ne peut le nier. A l'heure actuelle le nombre des lits d'hôpitaux paraît être insuffisant (2), puisque l'on est obligé fréquemment, nous l'avons déjà dit, d'ajouter des lits supplémentaires dans les salles, et que le nombre des hôpitaux lui-même ne répond pas aux besoins.

Mais tout d'abord, même en admettant qu'aucun remède n'existe à cette regrettable situation, il est bien évident, que ce qu'il faut adopter c'est le système qui présente le moins d'inconvénients. Or, au simple point de vue technique, il nous paraît résulter bien nettement des développements antérieurs que mieux vaut encore l'existence de lits

(1) L'administration pourrait encore rendre les visites dans les hôpitaux plus fréquentes.

(2) L'administration de l'Assistance publique à Paris de 12.000 lits répartis dans 23 hôpitaux, bien que le nombre des lits d'hôpitaux ait plus que doublé depuis 50 ans (5.000 en 1848) il est encore loin de suffire aux besoins. Dans l'*Annuaire statistique de la ville de Paris* (1896), on voit dans le *Relevé des travaux du bureau central* (supprimé aujourd'hui) : malades admis : 19.656 ; malades envoyés aux hôpitaux spéciaux : 9.202 ; *malades ajournés faute de lit* : 34.259.

supplémentaires dans les hôpitaux que le traitement à
domicile de l'indigent malade. Et puis vraiment l'encombrement sera-t-il beaucoup plus considérable quand on
aura donné le pas au traitement à l'hôpital sur le traitement à domicile ? Nous ne le pensons pas. Avant tout nous
nous plaçons au point de vue de la santé publique et de
l'intérêt du malade, et nous ne saurions par conséquent
demander que pour des maladies très bénignes sans conséquences graves possibles l'on transportât le malade à
l'hôpital ; ce serait rendre ridicule le système que nous
soutenons que de lui donner cette portée. Bien certainement, ce sera au médecin, quel qu'il soit, chargé de l'examen du malade, qu'il appartiendra de faire la distinction.
Il y a des cas dans lesquels le traitement à domicile est
parfaitement possible et pour ceux-là, assez peu nombreux
du reste (1), nous demandons le maintien du système
mais en quelque sorte à titre exceptionnel. Le traitement
à l'hôpital serait réservé à la majorité des cas.

Puis, — et ce sera là un autre moyen de faire cesser
l'encombrement des salles d'hôpitaux et de satisfaire en
même temps toutes les règles de l'hygiène, — il serait
simple d'éloigner de Paris, d'isoler les phtisiques tubercu-
leux et de créer d'autres asiles pour les malades chroniques (2) ? N'est-il pas possible de faire à la campagne des
hôpitaux de phtisiques, établis avec la plus stricte écono-

---

(1) Dans la discussion du Décret de 1895 devant le conseil de surveillance, M. Risler déclara qu'à la suite d'une enquête faite par lui sur 150 malades du 7ᵉ arrondissement en traitement à l'hôpital, aucun de ces malades
n'aurait pu être soigné à domicile.

(Rapp. de M. Bonthoux sur le projet de révision du Décret de 1886.)

(2) Rapp. de M. Fleury-Ravarin, p. 109, *op. cit.* L'encombrement des
hôpitaux résulte en effet de la présence dans les salles de malades chroniques, dont la place serait à l'hospice.

mie : « Les phtisiques, dit M. Fleury-Ravarin (1), ne peuvent être renvoyés dans leurs familles où ils apporteraient les germes de leur maladie et feraient de nouvelles victimes ; la société doit les recueillir, mais au lieu de les recevoir dans des établissements, il est indispensable, si l'on veut ménager les finances publiques, de leur offrir un abri dans de petits hôpitaux ruraux, véritables garderies analogues aux cités ouvrières où ces malheureux qui n'ont besoin que d'air et de lumière puissent mourir en paix. »

Et puis, si les hôpitaux sont trop encombrés, qu'on en crée d'autres. On admet bien avec nous en théorie que le système du traitement à l'hôpital est le meilleur et puis on le considère comme peu pratique parce qu'aujourd'hui les instruments font défaut pour l'appliquer. Ce serait un moyen facile d'arrêter toutes les réformes.

Mais, et c'est surtout le point de vue auquel nous arrivons maintenant, on objecte la dépense. Le traitement à l'hôpital coûte plus cher que le traitement à domicile. Qu'importe, répondrons-nous tout d'abord, si sa supériorité est démontrée. Il est impossible, quand il y va de la santé publique, qu'à Paris on ne trouve pas les fonds pour combler les déficits occasionnés par la substitution de l'un à l'autre dans les termes que nous avons indiqués. Mais nous allons plus loin et nous estimons que, contrairement à l'opinion généralement répandue le traitement à domicile coûte plus cher que le traitement à l'hôpital.

Le traitement à domicile suppose en effet comme contre-partie à côté du secours en nature (visites du médecin, fournitures de médicaments) un secours de maladie

____

(1) *Id.*, p. 110.

en argent : il faut bien puisque l'on prétend favoriser l'esprit de famille, et en resserrer les liens, que le malade
pauvre trouve chez lui quelques-uns des avantages dont
il jouirait dans un établissement particulier. « Quand, dit
M. Gory (1), le chef de famille est à l'hôpital, la femme
restée libre peut encore travailler ; mais le modeste gain
de cette dernière est perdu si elle est obligée de soigner
son mari malade. Il est donc nécessaire qu'en dehors des
visites du médecin et des médicaments, le malade lorsqu'il est chef de famille reçoive un secours de maladie.
Si ce secours vient à manquer la misère envahit le ménage, les cœurs se découragent, les esprits s'aigrissent et
ces liens de famille qui devaient se resserrer, se relâchent
au contraire : l'idée de l'hôpital se présente naturellement ; on y pousse le malade et lui-même y aspire pour
pouvoir souffrir en paix, ne plus voir la détresse, et ne plus
entendre les plaintes de ceux qui lui sont chers. »

Or aujourd'hui pour répondre à ce but, voyons quel secours est attribué aux malades. En 1895 (2), le chiffre total des secours de maladie distribués a été de 260.107 fr. 41,
soit 12.062 francs de secours de convalescence, 20.532 fr. 41
en nature et de 227.513 francs en argent, et le nombre des
journées de maladie de 658.963. La dépense totale du
traitement à domicile ayant été de 1.011.597 fr. 20, il en
résulte que le prix moyen de la journée par malade soigné
a été de 1 fr. 54, ce qui fait comme secours de maladie,
— une fois défalqués les 0 fr.90, montant des frais de médecin, de médicaments et de bains, — 0 fr. 64 (3). Il suffit

(1) Gory, *Les secours à domicile dans Paris*, p. 69.

(2) Rapp. sur le traitement des malades à domicile pendant les années
1893, 1894, 1895 (Le rapport sur les années 1896, 97, 98 n'a pas encore
paru actuellement).

(3) Il faut cependant noter que tous les malades n'ayant pas reçu de

de signaler cette somme pour montrer qu'il est impossible
à un malade pauvre traité à domicile de se procurer théoriquement tout ce que le secours de maladie devrait lui
permettre d'acquérir. En tous cas, il est bien évident que
dans ces conditions, la journée du traitement à domicile
est beaucoup moins chère que celle d'hôpital : cette dernière a été dans la même année de 3 fr. 37 dans les hôpitaux généraux et de 3 fr. 75 dans les hôpitaux spéciaux (1)
et encore ne comprend-on pas les frais de premier établissement qui sont considérables (2).

Mais la différence très sensible entre le prix de revient
des deux journées pourrait être très atténuée si l'on écar-
tait le gaspillage malheureusement trop considérable qui
existe dans les hôpitaux et cela ne serait pas impossible
puisqu'à Laënnec par exemple, le prix de la journée ne
s'élève qu'à 2 fr. 75 (3). D'autre part, on pourrait se servir
plus fréquemment du moyen déjà usité aujourd'hui qui
consiste à se faire rembourser (4) tout au moins en partie
par les malades, qui ne sont pas en état d'indigence notoire, les frais de séjour dans les hôpitaux. Les économies
qu'on pourrait ainsi réaliser atténueraient très notablement le prix de la journée d'hôpital.

secours, le chiffre du secours par malade est un peu plus élevé. Mais,
comme nous le dirons plus loin, pour que le traitement à domicile soit
efficace, il faudrait que presque tous les malades reçoivent des secours.
Voir à la page 109, note 3.

(1) Compte moral de l'Administration de l'Assistance publique de 1896.

(2) L'hôpital Lariboisière et l'Hôtel-Dieu ont coûté près de 70 millions
soit une rente de près de 3 millions et demi de francs, pour 1900 lits.
Mais ces établissements ont été construits fort luxueusement ; il aurait
été possible de les construire à bien meilleur marché.

(3) Il n'y a pas de clinique à Laënnec, c'est pourquoi le prix de la
journée y est peu élevé.

(4) En Allemagne, on reçoit fort peu de malades gratuitement dans les
hôpitaux. Il est vrai que le système de l'assurance obligatoire contre la
maladie fonctionne pour les ouvriers.

Admettons cependant que les chiffres, que nous venons de citer, restent ce qu'ils sont aujourd'hui : s'il est exact de dire que dans la pratique le prix du traitement à l'hôpital est actuellement plus cher que celui du traitement à domicile, il est certain que si le second était bien appliqué il deviendrait au contraire le plus élevé. En effet, on a proposé de porter le secours de maladie à 1 franc (1) au maximum : dans ces conditions le prix de la journée du traitement à domicile serait sensiblement le même que celui de la journée, dans certains hôpitaux. Mais alors ne vaut-il pas mieux préférer le traitement à l'hôpital puisque c'est l'intérêt du public et des malades eux-mêmes ? Il ne semble pas qu'il puisse y avoir d'hésitation sur ce point : la présence d'un malade cause toujours une grande gêne (2) dans un ménage pauvre, or est-ce un secours de 1 franc par jour, — en supposant que le secours de maladie soit véritablement porté à cette somme (3), — qui remplacera le salaire que la femme obligée de rester à la maison pour soigner le malade n'apportera plus au ménage. Et puis, il faut à un malade une nourriture exceptionnelle ; moins abondante sans doute qu'en temps ordinaire, mais aussi plus chère. L'augmentation du secours de maladie serait donc insuffisante et le chiffre de 1 franc devrait certainement être dépassé, et si l'on ajoute au secours de maladie en argent les secours en nature qui peuvent être nécessaires, la somme que représentent les frais de visite du médecin et de médicaments, il est facile

(1) Rapport de M. Fleury-Ravarin, *op. cit.*

(2) Proc.-verb. de la Commission de Rev. du D. du 12 août 1886 (Cons. de Sur.), *op. cit.*, p. 113.

(3) Actuellement 16.054 malades ayant reçu 260.000 francs de secours de maladie, cela fait en moyenne 7 fr. 09 par malade secouru ; la durée moyenne de la maladie étant de 7 journées, chaque malade secouru sem-

de voir que la journée de traitement à domicile sera plus
élevée que celle du traitement à l'hôpital. Et il ne faut
pas, pour avoir une somme totale approximative, tabler sur
le nombre des individus secourus officiellement comme
malades, il ne s'est élevé en 1895 qu'à 15, 42 0/0 du chiffre des malades (1). Mais en premier lieu beaucoup de
malades étaient déjà secourus comme indigents ou nécessiteux et puis, si le traitement à domicile était sérieusement
organisé, presque tous les malades devraient être secourus : en effet sur 104.060 individus qui ont été traités à
domicile en 1895, 18 0/0 ont seulement été secourus ; les
autres étaient des indigents ou des nécessiteux que l'on
ne peut guère supposer plus heureux ; tous ces malheureux
auraient eu certainement besoin d'un secours, que l'on
n'accorde aujourd'hui que dans des cas urgents.

En définitive au point de vue technique, au point de
vue de l'hygiène et des soins, la supériorité de l'hôpital
est incontestable : sans doute on peut objecter que la loi
récente du 15 juillet 1893 sur l'assistance médicale gratuite a adopté au contraire en principe le traitement à
domicile, mais il faut remarquer que la loi organisait le
service médical dans toute la France et qu'il existe de
nombreuses communes fort éloignées d'un hôpital : dans
ces conditions il fallait aller au plus pressé, mieux va-
lait d'abord organiser le traitement à domicile gratuit
pour les indigents que de laisser les choses en état comme

ble donc avoir reçu 1 fr. 01 de secours par jour. Mais dans le chiffre de
260.000 francs sont compris les secours de convalescence, et les secours
de maladie en nature ; réellement le chiffre du secours de maladie est donc
inférieur à 1 franc par jour et par malade.

(1) Rapp. sur le traitement des malades à domicile pendant les années
1893, 94, 95. — En 1895, 16.054 malades ont été secourus, sur 104.060 qui
ont été traités.

par le passé, c'est-à-dire les malades pauvres sans soins.

Aujourd'hui en fait à Paris, on a maintenu le parallélisme des deux modes de secours : dans les textes il existe une faveur marquée pour le traitement à domicile, dans la pratique on emploie surtout le traitement à l'hôpital. Pour nous, en présence des faits que nous venons de signaler, nous n'hésitons pas à affirmer qu'en ce qui concerne Paris, le traitement à l'hôpital devrait être pour les malades le mode normal de secours, et que ce n'est exceptionnellement qu'on devrait mettre en pratique le traitement à domicile. Le système de la loi de 1893 peut à la rigueur être maintenu à la campagne, où les conditions de la vie sont si différentes, mais nous croyons qu'il serait dangereux de l'appliquer à Paris.

La loi de 1893 a une autre portée ; elle renferme un principe nouveau qui a une importance considérable : le droit à l'assistance pour les malades indigents. Tout Français indigent reçoit gratuitement de la commune, du département ou de l'État, suivant son domicile de secours, l'assistance médicale à domicile ou dans un établissement hospitalier. Le domicile de secours s'établit : 1° par une résidence d'un an dans la commune postérieurement à la majorité ; 2° par la filiation ; 3° par le mariage ; il se perd : 1° par une absence ininterrompue d'un an, après la majorité ; 2° par l'acquisition d'un autre domicile de secours. Si l'indigent n'a pas son domicile de secours dans la commune, c'est le département qui supporte les frais ; s'il n'a aucun domicile de secours, c'est l'État. Désormais le principe de l'obligation de l'assistance médicale constitue un droit pour le malade indigent.

A Paris le principe même de l'assistance obligatoire pour les malades n'avait pas une grande importance, car en fait on peut dire que tous les malades sans distinction d'origine y ont toujours été très largement secourus, mais au point de vue financier la question de l'application de la loi présente plus d'importance. En effet sur les 104.000 individus admis en 1895 à l'assistance médicale, un tiers seulement était originaire de Paris, et un grand nombre n'y avaient pas même leur domicile de secours. Or les dépenses du service de l'assistance médicale à Paris s'élevant à un million, la ville de Paris ne doit plus avoir désormais à supporter que les dépenses occasionnées par les malades ayant chez elle leur domicile de secours ; pour les autres elle a le droit, suivant les cas, de demander le remboursement de ses avances à l'Etat, aux départements ou aux communes. Malheureusement, en fait, la loi de 1893 n'est pas appliquée à Paris, par une anomalie qui constitue une illégalité, la loi de 1893 ayant été déclarée faite pour toute la France (1). Qu'on n'applique pas à Paris les dispositions de détail de la loi, nous n'y voyons aucun inconvénient ; mais il nous paraît injustifiable de ne pas y rendre applicable le principe de la loi. Nous ne voudrions point croire cependant que l'État, qui aurait à supporter les frais nécessités par le traitement des nombreux malades soignés à Paris n'ayant pas de domicile de secours, veuille aussi se soustraire aux charges que lui impose la loi de 1893, mais nous regrettons de ne voir aucune autre explication plausible du peu de bonne volonté mis par l'Etat à faire aboutir les pourparlers engagés avec lui à cette occasion par le Conseil municipal de Paris (2). Il

(1) C'est ce qui d'ailleurs résulte d'un avis récent de la section de l'Intérieur du Conseil d'Etat et de l'envoi d'une circulaire du ministre de l'Intérieur au préfet de la Seine pour l'application de la loi dans tout le département de la Seine.

(2) Depuis près de deux ans le Conseil municipal est en pourparlers à ce sujet avec l'Etat. Aucune solution n'est encore intervenue.

est, en effet, étonnant que la Ville qui a le plus fait en
France pour l'assistance médicale, qui a le plus largement
sécouru les malades, se voie seule privée des bénéfices sur
lesquels elle pouvait compter avec le nouveau principe
de l'assistance médicale obligatoire.

En résumé, au point de vue financier, le traitement à
domicile appliqué comme il devrait l'être coûterait certainement aussi cher, à notre avis plus cher, que le traitement à l'hôpital et à ce deuxième point de vue encore ce
dernier nous paraît avoir la supériorité. Mais cette raison
ne serait-elle pas en notre faveur que nous demeurerions,
quoique ce soit là une opinion généralement contestée,
partisan convaincu du traitement à l'hôpital (1) pour la
généralité des cas, en ne laissant subsister le traitement à
domicile que pour les maladies bénignes, sans conséquences graves (2).

(1) En 1841, un membre du Conseil général des hospices de Paris disait
dans un document officiel : « Nous ne pouvons nous empêcher d'exprimer
notre pensée que ce système si séduisant en théorie est réellement inap-
plicable dans beaucoup de cas et présenterait infiniment de difficultés
dans l'exécution. » C'est en fait ce que l'on constate aujourd'hui.

Sur ce point, d'ailleurs, nous voudrions qu'on conservât le personnel
médical, chargé du traitement à domicile, tel qu'il existe aujourd'hui. Ces
médecins resteraient chargés de visiter les malades soignés à domicile
et surtout, nous le dirons plus loin, devraient désigner les malades qui
sans dangers peuvent être traités chez eux.

(2) Voici le mouvement du traitement à domicile en 1895 (Rapport sur
le traitement des malades à domicile pendant les années 1893, 1894, 1895) :

	Nombre de radiations.	
Guéris ou convalescents	19.377	18,34 0/0
Renvoyés aux consultations. . . .	56.625	53,60 0/0
Réputés chroniques.	5.740	5,40 0/0
Transportés dans les hôpitaux . .	8.365	7,90 0/0
Décédés.	4.976	4,60 0/0
Radiés pour des causes diverses .	10.737	16,16 0/0
Total.	105.820	

Ajoutons que 1580 personnes avaient été jugées non malades à la pre-

B. — *Indigents valides (Secours en argent et en travail).*

Passons maintenant aux indigents valides, — et sous cette désignation, nous comprenons les individus secourus exclusivement comme nécessiteux, — et examinons si les secours qui leur sont actuellement distribués correspondent à leur degré de misère.

Si l'assistance aux vieillards, infirmes et malades n'offre que peu de difficultés, puisque leur admission aux secours dépend de caractères facilement appréciables, il n'en est pas de même, quand il s'agit des valides dont la situation est la plupart du temps non seulement incertaine et difficile à bien juger, mais encore essentiellement variable. Mauvaise aujourd'hui, elle sera meilleure ou pire demain : des causes nombreuses pouvant la modifier, et en fait la modifiant souvent dans un court délai. En effet, la misère du nécessiteux (1) provient de causes accidentelles, telles que des charges de famille, une maladie, un chômage ; or la maladie a une fin, le chômage cesse, les charges diminuent ou deviennent moins lourdes. C'est pourquoi très sagement à notre avis, le décret de 1895 (2), nous l'avons

mière consultation.

Notons que si l'on défalque les chroniques, les individus radiés pour causes diverses, les personnes transportées à l'hôpital, il reste : 80.933 personnes, effectivement traitées à domicile. 4976 d'entre elles étant mortes, la mortalité des individus traités à domicile en 1895 s'est donc élevée à 5,92 0/0.

A ce propos, l'Administration, dans son *Rapport sur le traitement des malades à domicile en* 1893, 94, 95 (p. XI), fait remarquer que le chiffre de la mortalité serait beaucoup plus fort, si l'on n'envoyait pas aux hôpitaux tous les individus gravement atteints. C'est ce que nous avons soutenu dans tout ce paragraphe.

(1) Dans tout ce paragraphe nous désignerons les individus secourus exclusivement comme nécessiteux indifféremment par les mots valides ou nécessiteux.

(2) Article 21.

vu plus haut, n'a pas admis aux secours permanents les indigents valides et a permis seulement de leur accorder des secours temporaires, en estimant qu'on ne pouvait donner des pensions mensuelles à des hommes qui d'une façon normale doivent être en état de gagner leur vie et celle de leur famille. Mais ce n'est pas seulement l'appréciation de leur degré de misère qui rend si difficile l'assistance même temporaire donnée aux nécessiteux valides, ce sont encore les conséquences qu'elle peut entraîner au point de vue social. Refuse-t-on des secours à un nécessiteux véritable ? on l'expose à tomber dans la misère, d'où l'aurait peut-être sauvé un secours donné en temps opportun ; au contraire, secoure-t-on un faux nécessiteux ? il s'enfonce davantage dans sa paresse, — puisqu'il sait obtenir sans efforts ce qu'il ne pourrait acquérir que par le travail, — et devient un professionnel de la mendicité, inutile, dangereux même pour la société. Il importe donc de tenir compte en ce qui concerne les valides des causes qui ont produit la misère de celles qui peuvent la faire cesser : le secours doit s'adapter à des situations très complexes et surtout n'avoir jamais un caractère définitif.

A Paris, à l'heure actuelle, les nécessiteux valides sont-ils secourus d'après les principes que nous venons d'indiquer ? En aucune façon ; en effet, ils reçoivent en principe des secours en argent, quelquefois des secours en nature (1), et c'est là le seul mode d'assistance usité à leur égard. Il est donc évident, — en laissant de côté pour l'instant la question de la faiblesse des secours, question que nous étudierons dans le chapitre suivant, — que ces secours ne sont pas donnés d'une façon rationnelle, puis_

(1) Voir plus haut p. 51 et p. 55.

qu'on les distribue uniformément à tous les nécessiteux valides sans tenir compte des différences qui existent entre eux et qui sont considérables. ainsi que nous allons le démontrer.

Si l'on examine les individus secourus comme nécessiteux, il nous semble qu'on peut les diviser ne deux catégories selon qu'ils ont du travail ou qu'ils n'en ont pas. Or nous pensons que le mode de secours qu'on leur applique doit varier suivant qu'il s'agit de l'une ou l'autre de ces catégories.

Les valides, ayant du travail, secourus comme nécessiteux, sont de beaucoup les moins nombreux, mais ce sont aussi les plus intéressants. Ce sont pour la plupart des pères chargés de famille (1) ne pouvant subvenir accidentellement à leurs besoins et à ceux de leurs enfants : la constatation de leur infortune est donc relativement facile et il importe de leur venir en aide aussi généreusement que possible. Mais d'une part il est nécessaire de ménager les finances de l'Assistance, de l'autre, les causes de la misère de ces malheureux étant quelquefois difficiles à déterminer, le secours à accorder doit avoir un caractère spécial. La misère étant accidentelle, passagère, le secours doit avoir le même caractère : aussi tout en reconnaissant que l'on peut conserver sans danger les secours en argent pour cette catégorie de nécessiteux, croyons-nous qu'à leur égard le secours doit surtout avoir le caractère d'un prêt, c'est-à-dire d'une avance faite par la société que les malheureux doivent rembourser quand des temps meilleurs sont venus.

---

(1) Nous avons déjà vu qu'avant 1886, ils étaient secourus comme indigents à raison du nombre de leurs enfants.

Dans un rapport (1) adressé récemment au Conseil municipal, M. Faillet préconisait à ce sujet à Paris l'établissement d'un système de prêts en argent. Un nécessiteux serait-il dans l'impossibilité de payer son terme, — c'est là le cas le plus fréquent, — l'Assistance publique lui en ferait l'avance après l'engagement écrit du demandeur de rembourser la somme prêtée à époques déterminées. M. Faillet proposait de transformer de la sorte en *secours-prêts* les secours de chômage et de loyer donnés par le Conseil municipal. Plusieurs fois de pareilles propositions ont été faites à Paris, elles ont toujours été repoussées : les sommes prêtées a-t-on dit ne rentreront pas. Cette constatation en effet, nous l'avons vu plus haut, a amené la suppression des prêts en nature, mais jamais aucune expérience n'a été tentée, en ce qui concerne les prêts en argent, par l'Assistance publique. Sur ce point on peut espérer au contraire qu'une pareille mesure donnerait de bons résultats. Il existe à Paris une société de prêt gratuit (2), œuvre privée, faisant aux malheureux des prêts en argent, or elle constate à peine 6 0/0 de mécompte. Ce système de *secours-prêts* est pratiqué d'une façon très large en Belgique, à Anvers notamment, par la bienfaisance officielle et l'expérience a prouvé que c'était là un puissant agent de relèvement pour certains pauvres, qu'il peut empêcher de tomber complètement dans l'indigence. Voici de quelle façon il se pratique : un ouvrier momentanément gêné n'a pas de quoi acheter les premières fournitures nécessaires à son travail. Le bureau de bienfaisance

- -

(1) Rapport de M. Faillet. présenté au nom de la 5e commission sur le fonctionnement des 20 bureaux de bienfaisance pendant l'année 1896, p. 37.

(2) Rapp. présenté par M. Faillet, *op. cit.*, p. 38. — Le siège de l'œuvre est rue Cadet.

lui avance la somme dont il a besoin, mais l'administration, soucieuse de ne pas voir employé à un autre usage les fonds avancés, fait surveiller les achats par un inspecteur (1). En recevant le prêt, le pauvre signe une reconnaissance de la somme avancée et le remboursement s'opère par versements échelonnés. Il est, paraît-il, fort rare de ne pas voir rentrer les sommes ainsi prêtées.

Voilà qui doit donner bon espoir de voir aboutir à des résultats satisfaisants l'établissement d'un système de *secours-prêts* analogues effectué par l'Assistance publique. Nous savons sans doute qu'à Paris une pareille mesure présente des inconvénients plus graves que partout ailleurs, la surveillance étant fort difficile, mais nous estimons qu'en présence des avantages matériels et moraux qu'elle présente il serait désirable qu'on tentât de la mettre en pratique. Au point de vue financier, le *secours-prêt* a l'avantage d'être plus économique : l'Assistance étant toujours dans une certaine mesure sûre de rentrer dans ses fonds ; au point de vue moral, il incite l'assisté à la prévoyance en lui faisant considérer l'aide de la société comme une avance, et non comme une aumône. Ce sont là des raisons qui devraient pousser sérieusement à l'adoption d'un *système de prêts* tout au moins à titre provisoire. Mais les valides ayant du travail et réclamant des secours sont en minorité, le plus grand nombre de ceux qui demandent l'aide de l'assistance allèguent le chômage (2) : Or ici les éléments d'enquête font à peu près complètement défaut et l'on manque de base pour apprécier exactement la situation des solliciteurs ?

« Rien n'est plus difficile, lisons-nous dans un Rapport

(1) Ceci existait à Paris sous la Restauration.
(2) Près des deux tiers.

officiel (1), à constater que le vrai chômage. Un ouvrier peut toujours fournir la preuve qu'il travaille, il n'a presque jamais le moyen de prouver qu'il ne travaille pas. Les certificats délivrés à cet effet par les patrons n'ont pas grande valeur probante. Un patron peut bien affirmer que tel ouvrier ne travaille pas chez lui, mais comment pourrait-il certifier qu'il ne travaille pas chez son voisin ? L'enquête faite par les administrateurs n'aboutit presque jamais sur ce point à des résultats certains. L'ouvrier sans travail est souvent insaisissable. Questionnés sur le motif de son absence, famille, voisins, concierges répondent à l'envi qu'il est sorti pour aller chercher de l'ouvrage.» Sans aucun doute le chômage est certainement très fréquent (2), mais souvent aussi c'est un prétexte commode dont abusent les solliciteurs sans scrupules. Est-il même constaté d'une façon certaine, reste encore à savoir jusqu'à quel point il est volontaire et s'il n'est pas plus ou moins le résultat d'un défaut d'énergie et de prévoyance ? Dans ces conditions, il est bien difficile d'accorder un secours, car on risque d'encourager la paresse, la mendicité, l'oubli de toute dignité chez des gens qui pourraient se tirer d'affaire avec un peu de bonne volonté. Sans doute nous ne prétendons pas que, dans des circonstances exceptionnelles, on ne doive pas accorder des secours en argent ou en nature à des malheureux dignes d'intérêt, mais il est facile de comprendre qu'on ne doit le faire que dans des cas absolument urgents.

Cependant on ne peut laisser les malheureux, victimes

(1) Rapport général sur le fonctionnement du bureau de bienfaisance du IIIe arrondissement pendant l'année 1897.

(2) L'Office du travail a constaté qu'à Paris, pour 100 places, il se présentait 115 ouvriers (1897).

du chômage et du manque d'ouvrage, dépourvus de tout
secours, et c'est ici qu'apparaît un mode d'assistance qui,
tout en donnant satisfaction aux besoins des individus,
sauvegarde entièrement l'intérêt social, nous voulons parler de *l'assistance par le travail*. A l'aumône toujours
civilisante, *l'assistance par le travail* substitue le salaire
honorablement gagné ; non seulement elle aide le nécessiteux à se passer de secours, mais elle fait de lui un producteur, utile aux siens et à la société. Elle est donc la
vraie forme de l'assistance aux valides qui n'ont besoin
que de travail, et de plus elle est le meilleur moyen de
combattre la mendicité professionnelle. Dans une grande
ville comme Paris, où les enquêtes sont si difficiles, l'é-
preuve du travail est décisive : si un indigent accepte du
travail, si l'ayant accompli il revient en demander on peut
être assuré qu'on n'a pas affaire à un professionnel de la
mendicité.

Aux valides qui demandent des secours en se prétendant victimes du chômage, on donnera donc du travail.
Mais le principe posé, comment le mettre en pratique ?

Donnera-t-on aux bureaux la faculté d'ouvrir des ateliers de secours et d'organiser eux-mêmes l'assistance ?
C'est ce qui a lieu en Angleterre (1). Dans chaque *Union*
existe un établissement d'assistance le *Workhouse* à usages multiples : à la fois asile de vieillards, d'enfants, de
valides sans travail et de mendiants. Nous ne nous occuperons ici que de ce qui concerne les valides : on sait
qu'en Angleterre, toute personne de nationalité anglaise
sans ressources (2) a le droit de réclamer des secours.
Pendant longtemps tous les indigents furent secourus

(1) E. Chevallier, *La loi des pauvres en Angleterre, op. cit.*
(2) Depuis le règne d'Elisabeth.

à domicile, mais en présence du nombre toujours croissant des assistés, on substitua au secours à domicile l'internement au *Workhouse* en principe, surtout pour les valides (1). Le régime dans ces établissements étant fort dur, il en résulta une diminution considérable du nombre des assistés, qui préférèrent se passer de secours plutôt que d'y entrer. Il existe dans chaque *Workhouse* un quartier pour les valides (able-bodied). Les deux sexes sont séparés, le travail est de rigueur, la nourriture strictement suffisante, en un mot le régime est extrêmement sévère. Or l'intimidation produite par le *Workhouse* a été tellement grande que sur 10 indigents valides, à peine un seul consent à y entrer (2). Il est arrivé que la terreur du *Workhouse* a vivement stimulé l'épargne et la prévoyance.

Nous ne croyons pas qu'un tel système puisse être adopté en France, le droit au secours n'existant pas comme en Angleterre, le paupérisme y est bien moins menaçant, de plus nos mœurs répugneraient à l'établissement d'un pareil régime. Mais sans aller aussi loin, ne pourrait-on pas à Paris décider que tout valide, sans travail, demandant des secours, n'en obtiendrait qu'à la condition d'accepter du travail dans un atelier annexé à cha-

(1) On était arrivé à avoir un assisté pour 10 habitants.

(2) Depuis le règlement du 14 décembre 1852 (*ont door relief regulation*), le secours à domicile n'est accordé qu'exceptionnellement, en principe c'est l'assistance au Workhouse qui s'impose.

Voici quelle est la proportion des valides secourus à Londres dans ces dernières années, il correspond à la suppression progressive des secours à domicile. De 1849 à 1859, il a varié de 201.000 à 108.000 ; de 1869 à 1899 de 194 à 92.000. Depuis le chiffre moyen a été de 110.000, dont 13.200 secourus à domicile : sur ces 82.200 il faut défalquer 14.700 malades et 64.800 femmes veuves et indigentes. Il ne reste que 3.600 valides hommes et 1.600 femmes secourus à domicile.

que bureau ? Ce système, consistant à créer, dans chaque arrondissement, un atelier destiné à cet usage, fut discuté sérieusement lors de la rédaction du décret de 1895.mais de sérieuses objections furent élevées contre cette mesure.En effet,une œuvre d'assistance par le travail doit avant tout être menée comme une entreprise industrielle et par des procédés identiques , or le bureau de bienfaisance, c'est-à-dire en définitive une administration publique, est-il bien qualifié pour une fonction de cette nature (1)? Comment d'ailleurs assurer le placement des produits fabriqués? Cette question des débouchés, si difficile déjà pour un établissement privé , devient insurmontable quand il s'agit d'un établissement public. Ne va-t on pas soulever les réclamations des travailleurs libres, qui dès lors, se trouveraient soumis à la concurrence d'ouvriers travaillant dans des conditions toutes particulières de bon marché. Enfin le fait de créer des ateliers officiels semblait rappeler les ateliers nationaux de 1848, dont les lamentables conséquences ont été unanimement constatées. Ces différents motifs firent repousser en 1895 l'ouverture des ateliers officiels, et l'article 28 du décret, que nous avons déjà cité, autorisa seulement les bureaux de bienfaisance à s'entendre avec les sociétés locales d'assistance par le travail pour substituer autant que possible les secours en travail aux secours en argent. C'est là une solution fort judicieuse : les valides relèvent surtout des œuvres privées qui se prêtent mieux aux situations très diverses que revêt leur misère. Seulement il serait à désirer que dans tous les arrondissements, — cela se fait dans le IIIe, —

(1) Rapp. Fleury-Ravarin, *op. cit.*, s. 95 et 96.
(2) Procès-verbaux de la commission de révision du décret du 12 août 1886.

on n'accordât aucun secours aux valides sans ouvrage,
quand ils refuseraient d'effectuer le travail, que le bureau
pourrait leur offrir.

Nous avons énuméré plus haut les différentes œuvres
d'assistance par le travail ; elles sont assez nombreuses (1)
pour permettre d'occuper provisoirement au moins les
valides sans travail (2). Cependant il faudrait qu'il y eût
sur ce point une union plus intime entre les bureaux et
les œuvres privées d'arrondissement, il y a un grand intérêt
à ce que ces organismes, tout en restant distincts, marchent
d'accord et suivent une voie parallèle. Cet accord, à notre
avis, devrait se réaliser dans la pratique par la distribution
de bons de travail (3) de la Société d'assistance faite par le
bureau lui-même, par l'entrée dans les Conseils de la
Société des administrateurs ou commissaires. De cette
façon on aurait tous les avantages du système, sans s'exposer aux multiples conséquences qu'entraînerait fatalement l'ouverture d'ateliers de travail par les bureaux. Malheureusement, nous le répétons, à l'heure actuelle, il
n'y a pas, sauf dans certains arrondissements, un accord
complet entre les œuvres privées d'assistance par le travail et les bureaux (4).

Il est cependant un moyen pour l'administration d'organiser elle-même l'assistance par le travail sans danger : il consisterait à confier, comme dans le XIII⁰ ar-

(1) Il y en a 38 actuellement à Paris.

(2) La plupart de ces œuvres, nous l'avons dit plus haut, cherchent à
placer les ouvriers.

(3) Nous ne répétons pas ce que nous avons dit à cette occasion, quand
nous avons parlé du secours en travail.

On procède de cette façon dans les VI⁰ et XVI⁰ arrondissements. Ce système a l'avantage de faire donner d'une façon indirecte une subvention
du bureau aux œuvres d'assistance.

(4) Voir plus haut page 61.

rondissement, certains travaux de voirie aux nécessiteux sans ouvrage. Pratiqué dans quelques villes étrangères, notamment à Bruxelles (1), cette mesure gagnerait à être généralisée à Paris (2).

Telle est, à notre avis, la seule façon efficace de pratiquer l'assistance aux nécessiteux valides sans travail à Paris. Mais la mesure que nous proposons devrait avoir comme conséquence la suppression absolue des secours pour tous ceux qui refuseraient d'accepter le travail offert (3). Il faudrait sur ce point être impitoyable, agir autrement serait assuré le développement de la mendicité. A ce sujet, il serait désirable que la répression de la mendicité fût assurer d'une façon plus effective, mais c'est là une question d'ordre général intéressant tout le pays et que nous n'avons point à envisager (4). Nous nous sommes contentés de donner là-dessus la solution qui nous a semblé la plus satisfai-

(1) A Bruxelles, lorsqu'un indigent en état de travailler sollicite un secours pour cause de manque d'ouvrage, on lui offre du travail dans les services de la voirie. S'il refuse on ne lui accorde aucun secours.

(2) Nous avons déjà vu que certains industriels acceptent les gens sans travail que les bureaux leur envoient, p. 61 et 62.

(3) Devant l'augmentation de la mendicité et du vagabondage en France différents projets, dus à l'initiative parlementaire, ont été déposés dans ces dernières années à la Chambre des députés, pour en assurer la répression. Parmi ceux-ci, l'un des plus complets est celui de M. Cruppi : on y prévoit l'internement des gens valides refusant du travail dans de véritables maisons de force analogues aux « Casual Ward » des Workhouses anglais, et où le travail serait de rigueur.

(4) C'est là un cas très fréquent ; les œuvres privées d'assistance par le travail le constatent journellement. En 1891 pendant l'hiver M. Thomas, maire du 13e arrondissement offrit à tous les nécessiteux valides de travailler à l'enlèvement des neiges, moyennant 4 francs par jour. Sur 180 qui se présentèrent, 25 acceptèrent, les autres étaient de faux nécessiteux auxquels on refusa tout secours. On voit par cet exemple quel est l'avantage de l'assistance par le travail.

(Procès-verbaux de la commission de révision du décret du 12 août 1886, p. 68.)

sante pour empêcher qu'à Paris, les secours déjà si éparpillés ne soient donnés à des pauvres indignes au détriment des vrais malheureux.

En résumé le mode d'assistance le plus efficace, le plus
adéquat à la misère des nécessiteux valides nous paraît être
le *secours prêt d'argent* pour les nécessiteux ayant du
travail ; *le secours en travail* pour les nécessiteux victimes
du chômage, les secours en argent ordinaires ne devant être
accordés qu'exceptionnellement à ces deux catégories de
malheureux.

§ 3. — Conditions nécessaires pour l'efficacité du secours en argent.

Nous avons vu qu'à Paris les diverses catégories de
malheureux recevaient en principe des secours en argent,
nous allons examiner maintenant à quelles conditions est
subordonnée l'efficacité de ce mode de secours, et, —
dans les cas où nous en avons estimé le maintien nécessaire, — indiquer les réformes à opérer sur ce point (1).
On admet généralement que pour être efficace le secours
en argent doit être rare et important : rare, c'est-à-dire
limité au plus petit nombre d'individus possible ; important, de telle sorte qu'il puisse amener un changement
appréciable dans la situation de l'indigent. Rien en effet
n'est plus démoralisant que des distributions périodiques,
auxquelles se représentent toujours les mêmes pauvres,
les sommes ainsi distribuées ne donnant aucun résultat

(1) Il est bien évident que dans ce paragraphe nous ne parlons que des
secours distribués aux indigents et aux nécessiteux et non des secours en
argent, aux vieillards et aux malades qui constituent des secours spéciaux.
C'est là une question que nous avons examinée plus haut, quand nous
avons apprécié la valeur des secours donnés aux vieillards et aux malades.

utile, mais ayant encore le grave défaut d'entretenir la mendicité et d'autre part la dissémination des secours et leur répartition en quantités infinitésimales produisent des effets déplorables sur les indigents.

Ces deux règles sont-elles appliquées à Paris ? Examinons d'abord ce qui concerne les secours permanents donnés aux indigents, et rappelons brièvement quelle en est la quotité ?

En 1897, 44.353 indigents ont touché un secours annuel de 80 fr. 54, mais tous, ainsi que nous l'avons déjà dit, n'ont pas touché cette moyenne de secours (1).

    3925 indigents en effet ont touché 20 francs par mois
    7875   —   —   10   —
    2533   —   —   8   —
    30000   —   —   4   —   (2).

Considérons les personnes qui touchent des secours de 20 francs et de 10 francs par mois comme suffisamment secourues, admettons à la rigueur qu'il en soit de même pour les indigents qui recouvrent 8 francs, mais que dire d'un secours mensuel de 4 francs, dont 3 francs en été, 5 en hiver ? N'est-ce pas là violer le principe que nous avons énoncé plus haut, à savoir que le secours doit être important, de façon à amener un changement dans la situation de l'indigent ? N'oublions pas surtout que les personnes qui reçoivent ces secours sont des vieillards reconnus incapables de travailler sérieusement ou des femmes veuves chargées de famille. Leur allouer un pareil secours est dérisoire ; tous les bureaux d'ailleurs sont unanimes à

---

(1) Nous sommes obligé de revenir sur ce que nous avons déjà dit plus haut, aussi n'entrerons-nous pas dans les détails.

(2) Ajoutons le bon de 2 francs donné à chaque indigent le jour du 14 juillet.

le constater : « Ce n'est pas même, lisons-nous dans le
rapport adressé au directeur de l'Assistance par le bureau
du Ier arrondissement (1), leur assurer le pain quotidien,
car on ne peut se nourrir avec trois quarts de livre de
pain, et l'allocation journalière de 48 francs par an représente à peine la valeur de cette faible quantité de pain. »

« Les titulaires de cartes de 4 francs (rapport du bureau
du Xe arrondissement) harcèlent le bureau de réclamations
en répétant chaque fois qu'un secours de 4 francs est tellement dérisoire, qu'on perd plus de temps qu'il ne vaut à
venir faire la queue pour le toucher ». Même constatation
dans le XIXe arrondissement : « Il est de toute évidence
que ce secours serait une amère dérision, s'il devait constituer la seule contribution de l'Assistance. Pour commen-
cer à être efficace, il doit être au moins de 15 francs par
mois. »

Et encore (XVIIe arrondissement) : « Le bureau serait
partisan d'une charité intensive, la seule vraiment qui soit
efficace. Le secours de 48 francs par an ne cesse pas de
susciter les réclamations des indigents. La modicité de ce
secours, qui cependant absorbe des sommes considérables,
fournit à la presse, souvent peu bienveillante, des arguments contre les bureaux. » Cette unanimité n'a rien qui
puisse étonner. En quoi en effet un secours de 0 fr. 13 par
jour peut-il présenter une utilité quelconque ? Quel changement notable peut-il opérer dans la situation de ceux qui
ne reçoivent que cette faible allocation ? Et il y a 30.000 personnes, soit 69 0/0 de la population indigente, qui touchent
cette faible somme de 4 francs. De pareils secours sont des
agents de démoralisation, il faut ou les augmenter, ou les

____

(1) Rapport sur le fonctionnement des 20 bureaux de bienfaisance en
1896 et 1897, p. 159.

supprimer. On est généralement d'accord pour déclarer qu'aucun secours ne devrait être inférieur à 10 francs par mois, soit 0 fr. 32 par jour. Sinon, il vaut mieux renoncer à secourir les indigents.

Arrivons aux secours individuels donnés aux nécessiteux, c'est-à-dire ainsi que nous l'avons indiqué, aux personnes qui ont besoin d'être secourues extraordinairement et aux indigents pour lesquels les secours annuels sont insuffisants. Voyons les chiffres : en 1897, 123.000 personnes ont eu à se partager 1.883.765 francs de secours individuels, ce qui fait par personne secourue 15 fr. 70 en moyenne. Il est vrai de dire que tous les indigents n'ont pas eu besoin de secours exceptionnels, et l'on peut admettre que chaque malheureux secouru comme nécessiteux ait reçu annuellement en 1897 de 25 à 30 francs par tête : mais ce chiffre de secours est absolument dérisoire, car la part donnée aux nécessiteux proprement dits est infime.

Nous venons de signaler en effet l'insuffisance du secours annuel de 4 francs, or on doit secourir comme nécessiteux les indigents qui ont extraordinairement besoin de secours et comme la somme de 4 francs n'est pas jugée suffisante pour les indigents qui la reçoivent, il en résulte que les délégations permanentes sont obligées d'augmenter les mensualités de 4 francs, sur les crédits destinés aux nécessiteux. En d'autres termes, on épuise presque entièrement les crédits pour secours individuels en faveur d'une des catégories de nécessiteux, de telle sorte que les personnes qui n'ont pas besoin de secours exceptionnels et qui sont, nous l'avons dit, les véritables nécessiteux ne recouvrent que des secours trop rares et peu abondants (1).

(1) Rapp. sur le fonct. de 20 bureaux de bienfaisance en 1896 et 1897 : Rapp. du 3e Bureau.

Certes nous ne nions pas l'intérêt très grand qu'on doit
porter aux indigents, et nous sommes des premiers à constater leur misérable situation et à demander qu'on y porte
remède. Mais ce que l'on a certainement prévu dans le décret de 1895 et ce que l'on devait prévoir, ce seraient les
cas où ces indigents, suffisamment secourus en principe,
auraient extraordinairement besoin d'un secours pour
parer à quelque éventualité inattendue que leur faible
budget ne parviendrait pas à supporter, c'est tout : indigents inscrits et autres personnes misérables quoique non
inscrites, ayant besoin les uns et les autres de secours
extraordinaires, telles sont les catégories prévues (1).
Nous ne pouvons donc pas admettre que le budget des
nécessiteux soit dans une aussi forte proportion attribué
à une catégorie d'entre eux, et que les secours destinés à
être extraordinaires deviennent de véritables secours permanents, et des suppléments de pensions mensuelles.

Le budget des nécessiteux ne doit pas être une réserve
où l'on puise parce que les crédits destinés aux indigents
sont insuffisants, il y a là un véritable trompe-l'œil. Augmentons les crédits des indigents, augmentons les crédits
des nécessiteux, et, si nous ne pouvons pas faire autrement, prenons aux nécessiteux pour donner aux indigents,
mais que tout cela se fasse ouvertement sans laisser croire
que de grosses sommes sont consacrées à des secours extraordinaires alors qu'en réalité elles le sont en secours
mensuels supplémentaires aux indigents inscrits. Dans
ces conditions, qu'advient-il des véritables nécessiteux?
En fait, ils ne sont pas secourus. Sans doute ces malheureux ne sont que momentanément incapables de pourvoir

(1) Art. 23 du D. de 1895.

à leurs besoins, mais ils ont besoin, dans certains cas, d'une aide efficace. Tantôt c'est le chômage ou la maladie du chef de famille qui motive un secours exceptionnel, tantôt c'est l'époque du terme, période si critique pour les ménages pauvres parisiens (1). Il est donc nécessaire pour que le secours soit efficace qu'il puisse empêcher la famille de tomber dans la misère et il doit, dans ce but, atteindre parfois un chiffre relativement élevé. Or, que donne-t-on aux nécessiteux? Dans le IVe arrondissement, la moyenne des secours aux nécessiteux ne dépasse pas 5 francs ; 10 francs au maximum dans le VIe ; elle varie de 6 à 8 francs dans le XIIIe ; en un mot, c'est à peine dans le plus grand nombre des arrondissements si les secours individuels pendant toute l'année s'élèvent à 25 francs par tête.

L'insuffisance de ces secours est évidente, nous le répétons, l'assistance aux nécessiteux pratiquée de la sorte expose les malheureux à tomber dans un état d'indigence d'où les aurait peut-être sauvés un secours donné à temps : « Le moment du terme, lisons-nous dans un Rapport adressé par le bureau du IIIe arrondissement au directeur de l'Assistance publique, nous ramène par centaines des malheureux qui se trouvent dans l'impossibilité de payer leur propriétaire et qui s'adressent à nous pour être sauvés de l'horreur d'être jetés dans la rue. Même avec les secours de loyer et de chômage nous ne pouvons allouer à tous ces braves gens si éprouvés et si dignes d'intérêt que des sommes insuffisantes, souvent dérisoires. Obligés de répartir sur tant de solliciteurs les quelques milliers de francs dont nous pouvons disposer, nous nous trouvons

(1) Rapp. sur le fonct. des 20 bur. de bienf. en 1896 et 1897. — Rapp. du bureau du IIIe arr.

en quelque sorte dans l'obligation de gaspiller nos maigres ressources en les morcelant à l'infini. Combien de fois au lieu du secours élevé qui aurait sauvé une famille et prévenu un suicide, n'avons-nous pas été réduits à ne donner que cinq ou dix francs sans profit pour personne. »

Pour secourir véritablement un malheureux, il faut en effet des secours plus abondants que ceux que l'on donne actuellement. De pareilles distributions sont à peu près inutiles et ne servent qu'à provoquer la colère des nécessiteux, unanimes aujourd'hui à se plaindre de la faiblesse des secours individuels. Et si l'on nous objecte qu'il est impossible de donner dans bien des cas les sommes nécessaires pour secourir, ici nous mentionnerons seulement ce que nous avons dit plus haut, sur l'efficacité d'un système de prêts, en ce qui concerne les secours aux indigents valides.

Si nous examinons les secours distribués dans quelques villes étrangères, nous voyons que d'une façon générale la quotité en est plus élevée qu'à Paris (1).

A Elberfeld les secours délivrés par semaine le sont d'après le tableau :

6 marks pour un mari et sa femme ;

3 marks pour un enfant au-dessus de 14 ans qui travaille ;

2 m. 20 pour un enfant malade de 14 ans et au-dessus ;

1 m. 50 pour un enfant d'au-dessous de 10 ans.

A Hambourg les secours sont accordés généralement pour 3 mois. La valeur du secours moyen est de 16 marks ; il peut monter jusqu'à 40 marks pour les veuves et les pères de famille chargés d'enfants.

(1) A. Montheuil, *L'Assistance publique à l'étranger* ; Le Roy, *L'Assistance publique en Allemagne. Revue d'administration*, 1889-90.

À Cologne les distributions de secours, accordés pour un mois, se font en tenant compte des considérations suivantes :

On calcule qu'un ouvrier peut vivre avec 60 marks par mois, et avec cette somme entretenir sa famille. On est parti de là pour accorder à une personne seule 20 marks, par mois. Telle est l'unité de secours : mais on la fait varier suivant certaines causes, qui l'augmentent ou la diminuent :

Une famille de sept personnes, par exemple, recevra :

20 marks pour le père.	20
9 — pour la mère.	9
6 — par enfant	30

Ce qui fait au total . . . . 59 marks somme, nous l'avons dit, jugée nécessaire pour l'entretien d'un ouvrier et de sa famille.

La classification des pauvres appelés à bénéficier des secours à Cologne est faite en vertu d'un règlement dont nous donnons la teneur.

1° Homme marié au-dessus de 65 ans.
Femme mariée au-dessus de 60 ans.
Ensemble secours maximum. . . . . 2 florins.

2° Célibataires, veufs, veuves, femmes abandonnées, les hommes au-dessus de 65 ans, les femmes au-dessus de 60 :
par tête. . . . . 1 fl. 50.

3° Femmes veuves, abandonnées à partir de 50 ans, ayant des enfants. . . . . 1 fl. 50.

4° Femmes veuves, abandonnées au-dessous de 50 ans, ayant des enfants . . . . 1 fl.

5° Personnes que des infirmités temporaires ou permanentes empêchent de se livrer à tout travail . . . . 1 fl. 50.

En Belgique, si la quotité des secours en argent paraît moins élevée, il faut remarquer que les conditions de la vie sont moins onéreuses qu'à Paris, et surtout que les secours en nature y sont distribués dans une proportion bien plus forte.

A Gand le minimum des secours accordés est de 3 francs par mois, le maximum est de 10 francs, mais les secours en argent sont inférieurs aux secours en nature.

A Anvers la valeur moyenne des secours est de 4 à 5 francs par semaine. Il en est à peu près de même à Bruxelles.

Ces exemples prouvent qu'à Paris il serait urgent de modifier cet état de choses, et d'empêcher, comme le disait si excellemment M. Vée en 1847, les secours « de tomber sur la population pauvre comme un brouillard presque insensible pour elle ». En premier lieu, il importe d'augmenter les secours mensuels aux indigents : Aucun secours n'étant inférieur à 10 francs (1). De plus, le vice capital de la distribution des secours à Paris, c'est de ne pas assez tenir compte des besoins des personnes secourues : les secours doivent, en effet, être exactement proportionnés aux besoins auxquels ils doivent faire face, sous peine d'être stériles et absolument inefficaces. Partant de ce principe apparaît l'inutilité des mensualités de 4 et de 8 francs. Les secours aux indigents devraient être délivrés d'après une échelle, qui varierait suivant les besoins exacts des intéressés, comme cela se pratique en Allemagne.

En ce qui concerne les nécessiteux, c'est moins la pro-

____

(1) M. Faillet, dans son rapport sur le fonctionnement des 20 bureaux de bienfaisance en 1896, demande qu'aucun secours mensuel ne soit inférieur à 20 francs.

fusion des secours que leur distribution rationnelle qu'il faut envisager. Là encore, les secours de 5 et 6 francs sont dérisoires, mieux vaudrait ne pas secourir toutes les infortunes, mais seulement celles qui sont réellement dignes d'intérêt.

Reste l'objection budgétaire dont nous ne nous dissimulons pas la gravité. Pour réaliser les réformes que nous proposons, c'est-à-dire pour relever de 4 à 10 fr. les secours mensuels donnés aux indigents, mesure qui seule laisserait aux nécessiteux les fonds qui leur sont attribués budgétairement, il faudrait doubler les crédits actuellement accordés. Sans doute un examen plus attentif des demandes de secours, une distribution plus rationnelle, l'application du système de prêts que nous avons préconisée plus haut, permettraient, nous l'espérons, de faire quelques économies, mais ce n'est pas là-dessus qu'il faut compter pour augmenter la quotité des secours. Etant donné l'insuffisance des ressources de l'assistance publique, c'est à la ville de Paris à faire de nouveaux sacrifices en doublant les crédits de l'assistance à domicile. Ce sera certainement une charge très onéreuse, mais c'est là le seul moyen de rendre l'assistance efficace, en substituant à une inutile dissémination des secours, un système proportionnant le secours au degré d'infortune qu'il doit soulager.

DEUXIÈME PARTIE

ORGANISATION DE L'ASSISTANCE A DOMICILE

Nous arrivons à la seconde partie de notre travail. Dans tout ce qui précède, nous avons envisagé en quelque sorte le côté théorique de la question des secours à domicile : personnes qui doivent être secourues et nature des secours qui peuvent être attribués. Il nous faut maintenant, ainsi que nous l'avons annoncé au début de cette étude, arriver à la mise en application des idées théoriques, voir comment la distribution des secours aux individus à secourir est assurée à Paris et comment elle devrait être assurée. Logiquement, nous avons à notre sens deux points à examiner : quelles sont d'abord les organes administratifs chargés de la distribution ? Quelles sont leurs ressources et leur système financier ? Nous étudierons ensuite comment ces organes se mettent en rapport avec les pauvres qu'ils sont chargés de secourir, c'est la question de la distribution des secours proprement dite.

Nous étudierons ces questions dans deux titres distincts :

Titre I. — Organes administratifs chargés de la distribution.

Titre II. — Distribution des secours.

TITRE PREMIER

ORGANES ADMINISTRATIFS CHARGÉS DE LA DISTRIBU-TION DES SECOURS

Question préliminaire : Quelle doit être la nature du service de l'Assistance ?

Nous avons signalé à la fin de notre introduction le caractère exceptionnel du régime de la ville de Paris en ce qui touche les secours à domicile ; une question primordiale s'impose avant tout à notre étude: que faut-il penser du caractère actuel du service de l'Assistance publique à Paris?

Il semble qu'en dehors du régime actuel la question ne puisse recevoir que trois solutions :

D'un côté on peut concevoir un système faisant de l'Assistance un service purement communal, de l'autre en sens inverse une organisation à laquelle la ville de Paris resterait étrangère, rattachant le service à l'Etat, — enfin un troisième système consisterait en le modifiant un peu à adopter le régime antérieur à la loi de 1849.

Le premier système a ses partisans, il a, ainsi que nous l'avons vu, fonctionné quelque temps à Paris, où le gouvernement de la Défense Nationale l'avait mis en vigueur par son décret du 29 septembre 1870. Maintes fois depuis le Conseil municipal, en 1880, en 1892 (1), a demandé

(1) Dans le projet de l'organisation communale de la ville de Paris adopté

qu'on revînt à cette organisation qui ferait de l'Assistance publique un service communal sous sa direction. Sans doute nous reconnaissons que, cette solution se justifierait par ce fait que la moitié des ressources de l'Assistance est fournie par une subvention du Conseil municipal, et qu'il serait logique de donner à cette assemblée une part plus grande dans la direction du service ; mais, à notre avis. ce système offre trop d'inconvénients pour que l'on puisse s'y arrêter. Faire de l'Assistance publique un service communal, ce serait aller contre les vues du législateur qui a voulu dans toute la France que la gestion du bien des pauvres soit soumise à une administration distincte de celle de la commune, afin de la soustraire aux fluctuations que subissent les assemblées électives. L'administration charitable ne doit avoir d'autre but que le bon emploi de ses ressources, or rien ne serait plus dangereux que de la confier directement à un corps électif dont l'esprit et les tendances peuvent varier. Ce serait surtout une faute grave à Paris, où déjà le Conseil municipal cherche si souvent à sortir de son rôle. Là, plus que partout ailleurs, il est nécessaire que la politique, et la bienfaisance soient nettement séparées sous peine de faire des secours une manne électorale, et même de détourner dans une certaine mesure les personnes charitables de faire des dons à une administration qu'elles verraient animée de sentiments politiques différents des leurs.

par le Conseil municipal en 1880, il était consacré par l'article 21 : « l'Administration municipale organise et dirige les services et le personnel de l'Assistance publique. »

(1) M. Faillet en 1892 (27 novembre) avait déposé un projet dans le même sens : « Le service des secours à domicile est rattaché à l'Hôtel-de-Ville, il est placé sous le contrôle d'une commission du conseil municipal. »

Faut-il faire de l'Assistance publique un service d'Etat ? Un pareil régime aurait l'avantage d'assurer une distribution des secours impartiale, les membres du Parlement n'étant que pour une petite part en rapport direct avec les électeurs parisiens. Mais est-il possible d'enlever à la ville de Paris tout contrôle sur un budget qu'elle alimente annuellement d'une subvention de vingt millions ? Ce serait d'ailleurs une mesure centralisatrice, n'ayant guère chance d'être adoptée avec les idées prévalant actuellement sur ce point.

Ces deux systèmes écartés, il ne reste plus, semble-t-il, en présence que les deux solutions suivantes : il faut ou maintenir le régime actuel ou adopter en le modifiant un peu le système antérieur à la loi de 1849.

L'organisation actuelle est l'objet de vives critiques :

Le Directeur, dit-on, a une omnipotence sans contrôle. Sans doute il existe à côté de lui un conseil de surveillance, mais il ne donne que des avis, non obligatoires pour le directeur. Ce dernier peut prendre les décisions qui lui plaisent sous la réserve de l'approbation supérieure. Dans ces conditions ne pouvant se retrancher derrière le conseil de surveillance, il ne peut résister aux sollicitations soit du Conseil municipal, soit de toute autre puissance du jour. Les abris se multiplient et il est sans force pour les faire cesser. Il en résulte qu'en fait le Conseil municipal est le maître de la situation. D'abord, le patrimoine de l'Assistance publique étant insuffisant, c'est à lui qu'on est obligé de s'adresser pour combler le déficit, et alors il impose les conditions qu'il veut ; ensuite parce que le conseil de surveillance est actuellement composé en partie de membres du Conseil municipal : ce dernier n'accordant de subventions que moyennant certaines conditions, l'administration de l'Assistance est réduite à aliéner chaque année une partie de son patrimoine pour assurer la marche du service. Donc si l'on continue de marcher dans cette voie, les revenus de l'Assistance diminuant peu à peu, tandis que ses besoins augmentent, elle sera entièrement à la discrétion du Conseil municipal, et en fait ce jour-là elle deviendra un service communal. Alors se produiront tous les inconvénients que nous avons signalés. Et qu'on ne s'imagine pas que nous faisions allusion à un péril imaginaire. Depuis 1884 l'Assistance publique a aliéné pour plus de 10 millions de capital (1).

Il est donc nécessaire de donner plus de force à l'admi-

---

(1) Voici le tableau des abréviations des rentes et des déficits depuis 1884.

	Excédents de dépenses.
1884.	2.122.025,59
1885.	822.313,58
1886.	1.081.940,22
1887.	531.880,67
1889.	531.880,67
1890.	1.435.833,60
1892.	2.175.737,19
1893.	353.719,19
1894.	596.365,23
1895.	411.201,67
1896.	656.837,73
1897.	793.293,76
Total	11.605.650,22

	Ventes de rentes
1886.	3.123.711,19
1887.	1.914.500,21
1892.	2.088.339,95
1894.	1.749.506,56
1895.	533.685
Total.	9.409.742,91

L'excédent des recettes en 1888 et 1889 s'est élevé à 1,383,309,84.

Depuis 1884, l'excédent des dépenses sur les recettes s'est élevé à 10.222.340,68.

nistration pour lui permettre de résister aux exigences du Conseil municipal.

Ne pourrait-on par exemple remédier à cette situation en transformant le conseil de surveillance en un conseil d'administration analogue aux conseils d'administration des compagnies de chemins de fer, c'est-à-dire en une assemblée qui aurait des pouvoirs propres réglant toutes les affaires par ses délibérations et dont le directeur ne ferait qu'exécuter les décisions. N'est-ce pas là un système rationnel, ayant l'avantage de concorder avec les principes généraux de l'administration française et de transporter dans l'organisation de la bienfaisance ce qui existe dans l'organisation municipale ? A côté du Directeur de l'Assistance publique, il y aurait un conseil ayant des pouvoirs propres de même qu'à côté du maire il y a un Conseil municipal (1). Ce régime donnerait à l'Assistance publique une indépendance plus grande vis-à-vis de tous les pouvoirs.

A Lyon d'ailleurs ce système fonctionne avec succès. Depuis 1802 (2) les hospices de Lyon sont administrés par un conseil général de 25 membres. Si le maire de Lyon en est le président-né, la présidence effective appartient à un membre, élu par le conseil. Les administrateurs, nommés par le préfet, exercent chacun gratuitement une fonction active et se partagent la surveillance et le contrôle de tout le service.

Tel est le raisonnement des adversaires du système actuel. Leurs objections sont-elles sans réplique ? nous ne le

(1) Rapport sur la loi du 10 janvier 1849, adressé au conseil de surveillance par M. Bonthoux, 1894, p. 7.

(2) L'organisation des hospices de Lyon date d'un arrêté du 17 janvier 1802, modifié par une ordonnance du 30 juin 1845.

croyons pas. Certes nous commençons par dire que beaucoup de leurs critiques sont fondées et nous reconnaissons qu'il est déplorable, nous aurons plusieurs fois l'occasion de le signaler, que l'Administration de l'Assistance publique soit à la discrétion du Conseil municipal. Mais le moyen de l'éviter? Est-ce par la création d'un conseil d'administration, possédant des pouvoirs propres, qu'on arrivera à ce but? D'abord un pareil régime serait un retour à l'organisation antérieure à 1849, avec cette seule différence qu'à la commission exécutive prévue par l'arrêté de l'an IX serait substitué un Directeur qui, comme elle, ne ferait qu'exécuter les décisions du Conseil. Or, il faut se souvenir que la loi de 1849 a été adoptée justement, après que l'on eût pu constater les inconvénients de l'arrêté du 27 nivôse an IX, et parce que l'on voulut à la responsabilité (1) collective, c'est-à-dire illusoire incombant au Conseil général des hospices, substituer la responsabilité unique du directeur par là même plus efficace. Pendant la discussion du projet de loi de 1849, on avait aussi préconisé le système d'un Conseil d'administration, et ce fut précisément la crainte de créer comme par le passé une assemblée irresponsable qui le fit repousser. Car enfin la responsabilité du Directeur devient un vain mot, s'il n'a pas de pouvoirs propres et s'il est seulement un agent d'exécution.

Et puis en fait maintenant le pouvoir du Directeur est-il si exorbitant? Au fond son omnipotence est plus apparente que réelle. D'abord il est nommé par le ministre de l'intérieur qui peut le blâmer et le révoquer, et devant qui il est responsable, enfin il a à côté de lui un Conseil de

---

(1) Rapport de M. Bonthoux, *op. cit.*

surveillance. Les avis de cette assemblée ne sont sans doute
que facultatifs, mais en fait, ils sont moralement obligatoires, et en définitive toujours suivis. Enfin le Directeur a,
nous l'avons vu, à compter avec le Conseil municipal, qui
de par son droit de fixer la quotité de la subvention exerce
une grande influence. C'est là assurément une omnipotence comportant bien des restrictions. Est-on assuré
d'ailleurs qu'un Conseil d'administration aura plus de
force pour résister aux pressions du dehors. Les collecti-
vités elles aussi subissent des influences étrangères, et
elles offrent le désavantage de n'être soumises qu'à des
responsabilités morales. Le Directeur au contraire est responsable devant le ministre et se trouve placé entre le
Conseil de surveillance et le Conseil municipal, avec lesquels il a à compter.

On a invoqué l'exemple de Lyon, mais est-il possible de
comparer la situation des deux villes. En premier lieu,
Lyon a une population bien inférieure à celle de Paris, et
puis ensuite, l'organisation dont nous parlons n'existe que
pour les hôpitaux et hospices, et non pour les secours à
domicile. Enfin les hospices de Lyon ont des revenus
considérables, et se suffisent à eux-mêmes, à Paris, il
n'en est pas de même. Cette indépendance financière des
hospices de Lyon facilite singulièrement la tâche du
Conseil général des hospices, vis-à-vis du Conseil municipal, avec lequel il n'a aucun conflit à redouter. La municipalité se désintéresse d'ailleurs, pour ainsi dire, de l'administration des hospices, à tel point qu'elle compte un
seul de ses membres parmi les administrateurs (1).

(1) Grâce à des libéralités anciennes consistant en terrains situés dans
des quartiers déserts alors, mais qui ont pris aujourd'hui un essor inouï,

A Paris, le plus grave défaut de l'administration charitable provient de ce qu'elle n'a pas des ressources financières assez considérables pour la rendre indépendante du Conseil municipal. Ses besoins s'élèvent à 30 millions, ses ressources propres à 18. La ville de Paris qui comble la différence, a donc forcément, sur tout le service, une autorité excessive, qui a le désavantage de confondre la politique et la bienfaisance. Mais comment remédier à cette situation. Organiser un conseil d'administration, avec des pouvoirs propres? mais ne serait-ce pas créer une source de conflit avec le Conseil municipal? Si le principe de la subvention, — nous le dirons plus loin, — est obligatoire, le chiffre n'en est pas fixé. Donc, du jour où le Conseil municipal verrait à la tête de l'Assistance un pouvoir rival du sien, il réduirait certainement autant que possible la quotité de cette subvention.

En fixerait-on législativement le chiffre. Ce serait donner le contrôle et la distribution de fonds provenant de l'impôt à une assemblée non élue, système contraire aux principes admis chez nous, en la matière.

Ferait-on nommer le conseil par les électeurs ? On retomberait dans une situation plus grave encore, et la distribution des secours serait plus directement qu'aujourd'hui soumise à toutes les compétitions électorales.

Sans nier les inconvénients du régime actuel, nous voyons que le système qui consisterait à le modifier — en présenterait de plus sérieux. Il nous paraît donc désirable de maintenir l'organisation de 1849, et nous estimons que les pouvoirs actuels donnés au Directeur permettent mieux de résister à tous les empiétements du Conseil municipal

les hospices de Lyon ont une dotation immobilière d'une grande richesse, et qui leur donne de fort beaux revenus.

sans créer d'antagonisme violent avec lui, que ne le ferait toute autre assemblée, investie d'une action propre. C'est au Directeur avec l'appui du ministre et l'aide morale du Conseil de surveillance à réaliser le mieux possible le but de la bienfaisance.

En somme, avec l'assistance service communal c'est la souveraineté absolue du Conseil municipal, ce sont les influences électorales et politiques acquérant la prépondérance ; — avec l'assistance service d'Etat ce sont tous les inconvénients d'une centralisation excessive, — avec un conseil d'administration, c'est un manque de responsabilité absolue. Aujourd'hui le système actuel présente l'avantage de laisser une certaine influence au Conseil municipal, représentant les contribuables parisiens qui fournissent la plus grande part des ressources de l'assistance, et de tempérer les effets trop absolus de l'ingérence, d'une assemblée élective dans le service par la responsabilité effective du Directeur, devant le ministre de l'intérieur, c'est-à-dire devant le gouvernement.

Cette première question élucidée, énumérons maintenant les organes administratifs chargés de la distribution des secours soit aux indigents et nécessiteux, soit aux malades, en ce qui concerne les secours à domicile proprement dits, puis nous verrons quelles sont leurs ressources, autrement dit ce qu'ils ont à distribuer, c'est-à-dire leur système financier : cela fera l'objet de deux chapitres distincts :

Chapitre I. — Enumération : secours aux indigents et nécessiteux ; secours aux malades.

Chapitre II. — Budget des organes administratifs.

CHAPITRE PREMIER

SECTION I. — Secours aux indigents et nécessiteux. — Bureaux de bienfaisance.

L'organe est le bureau de bienfaisance. Le décret de 1895 porte en effet dans son article 1er : « Dans chacun des arrondissements de la ville de Paris, un bureau de bienfaisance est chargé... du service des secours à domicile. »

L'institution n'est pas nouvelle. C'est en effet la loi du 7 frimaire an V qui l'a créée pour toute la France. Auparavant déjà, l'arrêté du 16 floréal an IV avait divisé Paris en 48 comités de bienfaisance correspondant aux 48 sections urbaines. L'organe administratif ainsi établi a subsisté jusqu'à nos jours : c'est lui qu'on retrouve sous un nom ou sous un autre dans les textes, — et ils sont nombreux, — relatifs à l'assistance à domicile (1).

Le règlement du 8 prairial an IX, en exécution d'un arrêté des Consuls du 29 germinal de la même année, confia l'administration des secours à domicile dans la ville de Paris à douze comités centraux de bienfaisance, tout en maintenant les 48 bureaux, qui ne furent plus que des succursales dépendant des comités centraux.

L'ordonnance du 16 juillet 1816 et l'arrêté ministériel

____

(1) Voir l'introduction.

du 18 juillet créèrent par arrondissement 12 *bureaux de charité* auxquels l'ordonnance du 29 avril 1831 rendit le nom de bureaux de bienfaisance.

La loi de 1849 ne parlait pas des bureaux, un règlement d'administration publique devait aux termes de l'article 8 déterminer l'organisation de l'assistance à domicile, mais ce règlement ne fut pas élaboré et en fait les bureaux subsistèrent, ce sont eux que l'on retrouve dans le décret du 12 août 1886, le dernier texte qui nous régit (1) avant le décret de 1895 actuellement en vigueur.

Mais ces organes doivent-ils être multipliés, ou bien au contraire, ne doit-il y avoir qu'un bureau centralisant tous les fonds de la charité. En d'autres termes, faut-il que la répartition des crédits soit territoriale ou bien que la masse des secours soit mise aux mains d'une administration unique distribuant les secours sans distinction d'arrondissement ou de quartier ? Telle est la première question qui se pose, c'est celle de l'*Unité ou de la pluralité des bureaux*. D'autre part, si l'on admet la pluralité et dans ce cas seulement, — car si l'on se rapporte au principe de l'Unité le bureau de bienfaisance ne serait qu'un service de l'Assistance et l'on retomberait dans la question que nous avons examinée plus haut : l'Assistance publique

---

(1) En premier lieu il avait été question de donner aux bureaux le nom de « Bureaux d'Assistance » au lieu de « Bureaux de Bienfaisance », la nouvelle expression, disait le rapporteur, ayant l'avantage de rendre mieux l'idée de solidarité qui caractérise l'intervention des établissements publics en matière de secours » (Rapp. de M. Fleury-Ravarin, *op. cit.*, p. 15).

Cette modification ne fut pas admise dans la rédaction définitive du décret. On craignit, en effet, d'établir une confusion avec les « Bureaux d'Assistance », organisés par la loi de 1893, et destinés à assurer le service de l'Assistance médicale gratuite.

doit-elle être autonome ou au contraire être rattachée à un organe administratif, — quel doit être le caractère de ces organes ; faut-il en faire des organismes autonomes ou au contraire de simples agences de secours sous l'entière dépendance de l'Administration centrale ? C'est la seconde question, — liée comme on le voit intimement à la première, — celle de l'autonomie ou de la non-autonomie des bureaux.

§ 1. — Unité ou pluralité des bureaux.

Et d'abord doit-on adopter *l'unité ou la pluralité des Bureaux* ? Historiquement et d'après les lois qui successivement ont régi la matière, il est à remarquer que toujours il y a eu, en nombre variable, il est vrai, plusieurs bureaux (1).

Pratiquement, puisque cette solution a toujours été adoptée, il semble bien qu'elle réponde le mieux aux nécessités de l'assistance. Il faut en effet que les organes chargés de distribuer les secours soient rapprochés le plus possible des personnes à secourir, c'est de cette façon seulement que la répartition pourra présenter toutes les garanties désirables. Jamais on n'a varié sur ce point. Mais il est permis de se demander si le nombre actuel des bureaux, un par arrondissement d'après le décret de 1895, est assez élevé. La population d'un arrondissement est souvent fort considérable, quelques-uns ont plus de 200.000 habitants. Est-ce qu'un organe unique est suffi-

(1) En l'an IX ce qu'on appelle aujourd'hui bureau se nommait alors Comité central. Sous la dépendance de chaque comité central il y avait 4 bureaux. En tous cas dans chaque arrondissement il y avait un organe spécial.

sant dans une aussi vaste agglomération ? La réponse n'est pas douteuse, les administrateurs sont dans l'impossibilité à peu près absolue de connaître leurs pauvres et certainement la multiplicité des bureaux favoriserait la marche du service des enquêtes. Nous croyons donc nécessaire d'augmenter le nombre des bureaux, par exemple d'en instituer un par quartier. Ce ne serait d'ailleurs pas là une conception nouvelle puisque l'arrêté du 16 floréal an IV avait, nous l'avons déjà dit, divisé Paris en 48 bureaux correspondant aux 48 sections urbaines, organisation qui avait été maintenue en ce qui touche le nombre des bureaux par le règlement du 8 prairial an IX et qui subsista jusqu'en 1816.

De plus, si nous jetons un coup d'œil sur les législations étrangères, nous voyons que partout le nombre des organes de la bienfaisance est plus considérable que chez nous.

En Belgique, en vertu de la loi d'organisation communale, les bureaux de bienfaisance, créés par la loi française du 7 frimaire an V, sont obligés, dans les communes de plus de 2.000 habitants, d'organiser des *comités de charité* chargés de remettre directement les secours aux indigents assistés à domicile. A Bruxelles, pour 300.000 habitants, il y a 8 comités, 6 à Haselt (14.000 habitants) ; 10 à Anvers (250.000 habitants).

En Allemagne, dans la plupart des villes, — c'est là un effet du système d'Elberfeld, application directe de cette idée : les organes de secours rapprochés le plus possible des pauvres qu'ils ont la charge de secourir, — ceux-ci sont beaucoup plus nombreux qu'à Paris. Il existe 250 comités à Berlin, 62 à Cologne, 31 à Elberfeld, 105 à Hambourg. Notons que toutes ces villes ont une popula-

lation indigente infiniment moins considérable que celle
de Paris qui ne compte que 20 bureaux de bienfaisance.

En tous cas, il est évident que la pluralité des bureaux
s'impose pour que la distribution des secours soit plus
efficace et de plus qu'à Paris il serait désirable que le
nombre des organes de secours fût augmenté dans une
large proportion.

§ 2. — Autonomie des bureaux.

Reste la seconde question ? Il est nécessaire qu'il y ait
plusieurs bureaux ; c'est là un fait acquis. Mais doivent-ils
être des organes autonomes ou seulement les succursales
d'une administration inique ?

La première conception paraît préférable au point de
vue rationnel. Il semble en effet que rien ne soit plus
régulier que le droit pour chaque arrondissement de subvenir aux besoins de ses pauvres et de constituer un bureau spécialement chargé de ce service. C'était là le système du décret de 1886 : chaque bureau évoluait dans les
limites de l'arrondissement, devenu ainsi pour la distribution des secours, une véritable municipalité locale,
ayant sa caisse, ses ressources propres et répartissant à
son gré les secours dont il réglait même la nature. Et
pourtant, si l'on se place au point de vue des résultats, ce
système qui apparaît comme rationnel ne présente que
des inconvénients.

Les arrondissements du centre contenant beaucoup de
riches et peu de pauvres ont à leur disposition des ressources importantes, les secours y sont abondants ; ceux
de la périphérie au contraire habités pour beaucoup au

moins, par des personnes moins fortunées, ne peuvent que donner aux pauvres des allocations insuffisantes. Inégalité choquante dans la répartition des secours, tel était le premier inconvénient. Cette diversité se retrouvait dans la forme même du secours : Ici c'était le secours en nature, là le secours en argent, l'un augmentait la part de l'indigent, l'autre celle du nécessiteux, tout variait selon les arrondissements (1). De telle sorte que ces circonscriptions purement administratives qui, en réalité, ne sont que des groupements entre lesquels n'existe aucun lien réel étaient devenues ainsi des municipalités au petit pied dans l'agglomération parisienne, ce qui n'existait pour aucun autre service, ni pour la voirie, ni pour les finances, ni pour l'instruction publique.

Au surplus était-ce là l'esprit de la loi de 1849? Evidemment non. « L'administration générale de l'Assistance publique, lit-on dans l'article 1ᵉʳ, § 2, est confiée à un Directeur responsable » et l'article 3, énumérant les pouvoirs du directeur porte dans son paragraphe 1ᵉʳ : « Il exerce son autorité sur les services intérieurs et extérieurs. » Or cette autorité réelle en ce qui concernait les établissements hospitaliers n'était plus que nominale pour les bureaux de bienfaisance, en fait ces derniers étaient illégalement, indépendants. Le décret de 1886 pouvait bien, en vertu de l'article 8 de la loi de 1849, organiser le service des secours à domicile, mais ce décret, rendu par délégation du législateur aurait dû s'inspirer de l'esprit de la loi : c'est-à-dire faire prévaloir l'autorité du Directeur sur les bureaux.

Tout au contraire les auteurs du décret avaient donné

(1) Rapport sur le projet de révision du décret du 12 août 1886 présenté par M. Bonthoux. *Op. cit.*, p. 5.

à l'assemblée des membres du bureau de bienfaisance de
Paris, le nom de *commission administrative*. Cette déno-
mination, qui rappelait l'organisation des bureaux de province d'après la loi du 5 août 1879 a certainement exercé
une notable influence (1). Les noms étaient les mêmes,
on en avait conclu à l'analogie des pouvoirs. Et c'est ainsi
qu'on avait attribué aux commissions administratives le
droit de présentation à certains emplois. Mais surtout on
avait abouti à faire de ces commissions des organes presque aussi indépendants en fait que le sont dans le droit
commun les commissions administratives des bureaux de
bienfaisance de province, qui elles, exercent des pouvoirs
propres et prennent en certains cas des délibérations ré-
glementaires. A Paris les commissions devinrent des
centres de résistance aux prescriptions de l'administration,
des assemblées imbues de leur indépendance, où se for-
mèrent des tendances bientôt devenues des traditions et
qui opposèrent la force de l'inertie aux réformes proposées
par l'administration (2). Aussi devant les inconvénients
multiples de cette décentralisation excessive proposa-t-on,
lors de la discussion du projet de décret de 1895, d'a-
dopter le système inverse et de revenir à la centralisation
absolue. On aurait confié à une administration unique le
secours pour toute la ville de Paris, sans distinction d'arrondissement. Les fonds affectés au service des secours
n'auraient plus formé ainsi qu'une masse commune et
auraient été distribués au même titre à tous les pauvres.
Au lieu d'être répartis d'avance entre tous les arrondissements, ils auraient été partagés entre différents arti-

(1) Gory, *Les secours à domicile dans Paris*, *Op. cit.*
(2) *Bulletin municipal officiel*. Séance du 25 décembre 1887. Séance du
30 juillet 1887.

cles : dépenses d'administration, secours aux indigents, aux nécessiteux, etc. (1). La répartition des crédits aurait cessé d'être territoriale pour se faire désormais entre les différentes catégories de secours.

Ce système fut trouvé trop absolu, par le Conseil d'Etat. Sans doute il favorisait davantage l'égalité du secours et assurait partout l'application des mêmes méthodes, mais il entraînait fatalement une conséquence qui devait le faire repousser : la responsabilité excessive du Directeur qui se serait trouvé dans l'impossibilité absolue d'exercer des attributions dans lesquelles les moindres détails ont un rôle prépondérant (2-3).

On adopta donc un système mixte que le rapporteur résumait ainsi : « *Centraliser le contrôle et les ressources ; décentraliser l'emploi* (4) ». On voulait mettre les bureaux de bienfaisance en tutelle, en donnant au Directeur de l'Assistance publique des moyens d'action assez énergiques pour qu'il devienne effectivement responsable de la marche du service. Actuellement le bureau n'est pas indépendant, mais d'autre part ce n'est pas une simple agence de distribution, succursale de l'administration centrale, chaque bureau gardant sous l'autorité du Directeur une sorte d'autonomie et dans une certaine mesure un budget spécial.

Cette disposition conforme à la loi de 1849, était nettement exprimée par l'article 1er du projet de décret ; qui l'énonçait : « Le Directeur général de l'administration de

---

(1) Nielly, *L'assistance à domicile dans Paris*, p. 64.

(2) Rapp. de M. Fleury-Ravarin. *Op. cit.*

(3) Rapp. de M. de Villeneuve sur la revision du projet de Décret de 1886 devant le Conseil d'Etat.

(4) Rapp. de M. Fleury-Ravarin, *op. cit.*, p. 14.

l'Assistance publique exerce sur le service des secours à domicile l'autorité qui lui est dévolue par la loi du 10 janvier 1849 ».

Le décret de 1895 a moins nettement posé le principe, mais il n'est pas douteux qu'il ne l'ait adopté dans son article 1ᵉʳ en le formulant ainsi : « (Dans chacun des arrondissements de Paris un bureau de bienfaisance est chargé) *sous l'autorité du Directeur de l'administration générale de l'Assistance publique* » (du service des secours à domicile).

Les bureaux n'ont donc pas à proprement parler d'existence propre, et ne sont pas des personnes civiles ; ils ne peuvent acquérir, vendre, contracter, c'est l'administration de l'Assistance publique, qui accepte les libéralités qui leur sont faites ; ils sont représentés en justice par le Directeur de l'Assistance en vertu de l'article 3 de la loi de 1849. On ne saurait donc établir aucune analogie entre les bureaux de bienfaisance de Paris et ceux de province.

Cependant un avis du Conseil d'Etat du 18 mars 1890 leur a reconnu une personnalité civile distincte de l'administration de l'Assistance, et la conséquence de cet avis est que si les dons et legs qui leur sont faits doivent être acceptés par le Directeur de l'administration, c'est en leur nom que les fonds doivent être placés.

Voici le texte de cet avis que nous citons *in extenso* : « La section de l'intérieur :... Vu la loi du 7 frimaire an V, la loi du 10 janvier 1849, le décret du 12 août 1886. Considérant que les lois et décrets susvisés ont formellement reconnu aux bureaux de bienfaisance de la ville de Paris la faculté d'accepter des dons et legs qu'ils peuvent ainsi se constituer un patrimoine propre sur lequel ils ont des droits privatifs et que les ressources en provenant ne sauraient être confondues avec les fonds mis à leur disposition par l'administration générale de l'Assistance publique qu'il suit de là que les dits bureaux de bienfaisance *ont une personnalité civile distincte de cette administration,* que si en vertu de l'article 3 de la loi du 10 janvier 1849 les dons et legs faits aux bureaux de bienfaisance doivent être acceptés par le Directeur général de l'administration de l'Assistance publique, qui est ainsi désigné comme leur représentant légal, cette acceptation doit être faite par celle-ci au nom de ces établissements ; que dès lors l'immatriculation du titre de rente provenant des dons et legs doit avoir lieu au nom de l'établissement légataire ou donataire. »

En résumé, on peut dire aujourd'hui que le système légal est celui de la pluralité des bureaux, et qu'il admet pour chacun d'eux une demi-autonomie.

§ 3. — Composition des bureaux.

Etudions maintenant la composition des bureaux ; elle est réglée par l'article 2 du décret de 1895 qui est ainsi conçu :

Chaque bureau de bienfaisance se compose :

1° Du maire de l'arrondissement ;

2° Des adjoints ;

3° Des conseillers municipaux de l'arrondissement ;

4° D'administrateurs au nombre de quatre au moins par quartier ;

5° D'un secrétaire-trésorier ayant voix consultative.

Le maire préside le bureau ; en son absence la présidence appartient à l'un des adjoints :

Remarquons tout d'abord que le décret de 1895 ne

parle plus des commissions administratives, désormais la réunion des administrateurs est désignée sous le nom *de bureau de bienfaisance*.

1° *Maires et adjoints*. — Nous ne dirons rien du maire et des adjoints. Fonctionnaires de l'arrondissement leur présence était indiquée, les bureaux ayant chacun comme territoire un arrondissement entier. C'est à eux, comme sous le régime de 1886, qu'est attribuée la présidence du bureau.

2° *Conseillers municipaux*. — Mais nous sommes obligé d'insister quelque peu sur la présence dans les bureaux des conseillers municipaux de l'arrondissement. C'était l'une des réformes que demandait le plus vivement le Conseil municipal.

Le décret de 1886, n'avait accordé à ce dernier aucun représentant dans les bureaux. La commission chargée de préparer ce décret avait écarté cette idée « comme incompatible avec la responsabilité de l'administration ».

La loi de 1849, avait-on dit, fait de l'Assistance publique à Paris une institution d'État placée sous l'action directe et immédiate du ministre de l'Intérieur. L'introduction des représentants élus de la ville ne tendrait-elle pas à faire de ce service une administration purement communale? De plus la présence des conseillers municipaux dans les bureaux ne donnerait-elle pas à ces assemblées un caractère politique qui aurait pour effet d'éveiller la défiance ou la susceptibilité de certaines personnes bienfaisantes et de tarir ainsi la source des libéralités? Dans ces conditions la distribution des secours ne deviendrait-elle pas un moyen d'action électorale.

Mais, si la politique doit rester complètement étrangère à la bienfaisance, ce n'est pas la présence de quatre conseillers dans une assemblée composée au minimum de 16 membres qui suffira pour y faire donner les préoccupations électorales. Et si l'on objecte que leur pouvoir en matière de distribution de secours deviendra un instrument de récompense pour services rendus et un moyen de propagande pour l'avenir on peut répondre qu'actuellement les administrateurs n'ont plus comme en 1886 le droit d'accorder directement des secours. On a donc pensé que dans un régime de liberté municipale comme le nôtre, alors que toutes nos assemblées puisent plus ou moins leur mandat dans l'élection, puisque les administrateurs du bien des pauvres tiennent leur pouvoir de la désignation de l'administration, il était nécessaire de faire dans les bureaux une place aux représentants des contribuables (1).

« Comment, a dit M. Bompard, pourraient-ils se désintéresser du fonctionnement de la plus importante des commissions qui siègent à la mairie ? Appelés à voter près de 20 millions qui sont affectés chaque année aux secours à domicile dans Paris n'est-il pas légitime qu'ils puissent en surveiller l'application. Les administrateurs et les conseillers municipaux collaborent à une même tâche, quel avantage y a-t-il à séparer ces deux éléments au lieu de les réunir et de les rapprocher ? N'est-ce pas au contraire perpétuer comme à plaisir les antagonismes et les conflits ? »

Le décret de 1895 a cédé aux sollicitations du Conseil municipal, comme nous venons de l'indiquer. Seulement les conseillers municipaux ne peuvent faire partie de la

____

(1) Evidemment dans le système qui consisterait à faire de l'assistance un service communal, la présence des conseillers municipaux s'impose nécessairement,

délégation permanente chargée de distribuer les secours temporaires (1).

3° *Administrateurs*. — Continuons à suivre l'énumération donnée par l'article 2 : il mentionne dans la composition du bureau comme second élément les administrateurs au nombre de quatre au moins par quartier.

Si l'on examine d'abord leur mode de nomination il n'est peut-être pas de question où l'on puisse constater autant de variations depuis le commencement du siècle. A toutes les époques on a proclamé bien haut que la bienfaisance devait être absolument étrangère à la politique, que les administrateurs manqueraient à tous leurs devoirs s'ils usaient de leur influence pour favoriser une opinion au détriment d'une autre, « s'ils subordonnaient l'octroi d'un secours à une profession de foi religieuse », et pourtant nous voyons à chaque changement de régime les gouvernements essayer de mettre la main sur les bureaux de bienfaisance, en changeant le mode de nomination des administrateurs. Il semblerait aussi que les gouvernements n'ont jamais vu dans la bienfaisance qu'un moyen d'accroître leur influence. A Paris encore plus qu'ailleurs, cet inconvénient se faisait sentir : il était important de mettre les secours publics dans la main de l'autorité pour éviter les éléments de désordre, si nombreux dans la capitale d'un pays centralisé comme le nôtre.

Ces tendances du gouvernement n'ont pas peu contribué à rendre presqu'insoluble cette question à savoir : quel est le meilleur mode de nomination des administrateurs à Paris ?

D'après le règlement de prairial an IX les administra-

(1) Discours de M. Bompard : Conseil supérieur de l'Assistance, 1893.

-teurs étaient nommés par le président du Conseil d'administration des hôpitaux et confirmés par le ministre de l'intérieur.

Sous le premier Empire, le ministre ne confirme plus, il nomme directement les administrateurs. Ce mode de nomination est maintenu par la Restauration ; mais l'ordonnance du 2 juillet 1816 appelle comme membres de droit du bureau le curé de la paroisse et le desservant de la succursale. Après 1830 (1) les curés cessent de faire partie du bureau. Sous l'Empire, le décret de décentralisation du 25 mars 1852 ayant été déclaré applicable au département de la Seine, le droit de nommer les administrateurs passe du ministre au préfet. Il en est de même jusqu'en 1879, mais à cette époque, ils ne peuvent plus être choisis que sur trois listes présentées : l'une par le Directeur de l'Assistance, l'autre par le maire, les adjoints, les conseillers municipaux et la dernière par le bureau de bienfaisance.

Vint ensuite le décret du 12 août 1886, qui portait : « Les administrateurs sont nommés par le préfet de la Seine sur la proposition du directeur de l'Assistance publique, ils sont choisis sur une liste triple des candidats présentés par le maire de l'arrondissement. »

D'un côté, le Conseil municipal restait complètement étranger à ces nominations, de l'autre, le Directeur de l'Assistance n'y participait pas davantage. De cette façon, outre que le Conseil municipal ne cessait de protester contre son élimination des bureaux, l'indépendance de ces derniers devenait presque complète. En réalité, leurs commissions administratives se recrutaient elles-mêmes.

(1) Ordonnance du 29 avril 1831.

« Elles ne rencontraient le plus souvent, dit M. Fleury-Ravarin (1), de la part de l'autorité qu'une sorte de courtoisie administrative, peut-être un soupçon de calcul basé sur l'échange des bons procédés, qui font que le préfet respecte le choix et l'ordre de présentation fait par le maire, qui lui-même s'incline entièrement devant l'expression des vœux du bureau. » Aussi proposa-t-on, lors de la discussion du projet de décret de 1895 tout en maintenant au préfet le droit de nomination, de retirer au maire le droit exclusif de présentation, pour faire dresser la liste par une commission, constituée en dehors des bureaux, mais représentant les divers intérêts en présence.

C'est ce système qui fut adopté par l'article 4 (par. 1) du décret de 1895 : « Les administrateurs sont nommés pour 4 ans par le préfet de la Seine et choisis sur une liste double de candidats proposés par une commission spéciale comprenant le maire, les adjoints, les conseillers municipaux de l'arrondissement et 4 habitants désignés par le Directeur de l'Assistance publique (2). »

Ce mode de nomination est d'ailleurs la reproduction à peu près intégrale d'une délibération du Conseil municipal du 23 novembre 1888. Il donne satisfaction au désir exprimé par ce dernier auquel il laisse une part prépondérante dans la nomination des administrateurs.

Les administrateurs sont répartis en 4 séries, par voie de tirage au sort ; chaque année, il est procédé au renouvellement d'une série. Ils peuvent être indéfiniment réinvestis (3).

(1) Rapport de M. Fleury-Ravarin, *op. cit.*, p. 22 et 23.
(2) Art. 4, § 5.
(3) Ce système de nomination rappelle le mode suivi pour les commissions des bureaux de bienfaisance de province. Voir la loi du 5 août 1879 (art. 1er).

Si un administrateur est remplacé avant l'expiration de
son mandat, le nouvel administrateur ne reste en exercice
que jusqu'à l'époque où aurait eu lieu le renouvellement
de celui qu'il remplace (art. 4, § 6).

Le nouveau décret s'est préoccupé d'augmenter le nombre des administrateurs : « En principe, ils sont au nombre
de 4 par quartier, mais leur nombre peut être augmenté,
s'il y a lieu, par arrêté du préfet de la Seine sur la proposition du directeur. »

En fixant le nombre par quartiers, on a voulu que les
administrateurs fussent répartis entre les divers quartiers,
de façon à ce que des rapports directs puissent s'établir
entre les pauvres et leurs patrons légaux et empêcher que
tous ceux d'un même arrondissement ne se trouvassent
groupés dans la même circonscription. C'est là l'un des
premiers principes en matière d'assistance que le pauvre
doit être secouru par des personnes habitant près de lui.
Ce chiffre de 4 est naturellement un minimum. Il a
paru désirable d'augmenter dans la plus large mesure le
nombre des citoyens destinés à s'occuper des œuvres de
bienfaisance. Les fonctions des administrateurs étant très
absorbantes on a pensé qu'il fallait autant que possible
multiplier le nombre de ceux qui les remplissent. Sous
le régime du décret de 1886, en 1894, il y avait 257 administrateurs, en 1896, 414, et en 1897 on en comptait 447.
Le nouveau cadre a donc été fort étendu, ainsi qu'on le
voit (1).

Le décret de 1895 renferme une innovation importante :
*l'admission des femmes aux fonctions d'administrateurs
des bureaux.* C'est là une concession aux idées féministes

(1) Voici quel était l'état du personnel des administrateurs en 1896 et 1897

actuelles et en même temps un moyen d'augmenter le nombre des administrateurs de bonne volonté.

On s'est cependant élevé assez vivement contre cette mesure. Les femmes ne savent pas, a-t-on dit, faire de l'administration, elles se plient difficilement aux règlements, n'apportent dans les discussions que des raisons de sentiment sans s'occuper des considérations financières, si importantes pour la gestion du bien des pauvres. Qu'elles puissent visiter les indigents, cela va de soi, mais n'est-il pas imprudent de leur donner d'autres fonctions (1).

N'était-il pas à craindre que l'introduction des femmes

(Rapport sur le fonctionnement des 20 bureaux de bienfaisance en 1896 et 1897).

Arr.	En 1896.	En 1897.	Administratrices en 1897
1er	20	20	»
2e	16	20	»
3e	32	32	»
4e	16	24	1
5e	16	16	»
6e	18	20	2
7e	16	16	»
8e	16	16	»
9e	22	22	3
10e	16	16	»
11e	24	24	»
12e	32	24	1
13e	16	24	»
14e	20	26	»
15e	24	24	»
16e	16	29	»
17e	27	27	4
18e	30	30	»
19e	21	21	»
20e	16	16	»
Totaux	414	447	11

(1) Procès-verbaux de la commission de révision du décret du 12 août 1886, p. 7.

dans les bureaux n'amenât des désordres dans la gestion?

On a répondu assez justement, à notre avis, qu'il était désirable d'accepter toutes bonnes volontés pour une fonction aussi ingrate que celle d'administrateur. Les questions d'assistance d'ailleurs comportent toujours une part de sentiment et alors le concours de la femme devient précieux. Sans vouloir systématiquement approuver la participation des femmes à l'œuvre des bureaux, il faut reconnaître que, dans bien des cas, une femme par ses qualités, par sa position sociale peut rendre des services considérables. C'est d'ailleurs ce qui en fait s'est produit en 1897, on ne comptait que 10 femmes parmi les administrateurs des bureaux.

Les administrateurs assurent la distribution des secours, chacun dans la circonscription, qui lui est spécialement confiée. Chaque arrondissement est, à cet effet, divisé en un certain nombre de circonscriptions, appelées divisions. A la tête de chacune d'elles est un administrateur.

Les administrateurs portent au domicile des indigents et des nécessiteux les titres de secours, et enfin ils font fréquemment des enquêtes sur la situation des malheureux qui sollicitent des secours (1).

Dans chaque bureau, l'un des administrateurs a le titre d'administrateur contrôleur. Il est élu par ses collègues et s'occupe de suivre l'exécution des décisions du bureau, il a en plus la surveillance des procès-verbaux et de la comptabilité. Ses attributions assez complexes sont réglées par

(1) Art. 10.

l'article 12 du décret de 1895, auquel nous nous contentons de renvoyer.

Après 20 ans de service, le ministre de l'Intérieur peut nommer les administrateurs des bureaux de bienfaisance, administrateurs honoraires (1).

Il se peut qu'un administrateur se rende coupable de fautes graves, dans ce cas, la révocation s'impose. Mais il était nécessaire d'entourer de formalités protectrices une aussi sérieuse mesure ; aussi la révocation ne peut-elle être prononcée que par le ministre de l'Intérieur, après avis du Conseil de surveillance et du directeur.

Dans les cas urgents, la suspension est prononcée par le préfet (2).

En principe, on ne devrait jamais révoquer un administrateur ; en cas de faute grave en effet, on obtiendrait facilement la démission du coupable. De cette façon on éviterait de faire retomber sur le corps tout entier des suspicions que les indigents n'ont que trop de tendance à exploiter.

4° *Secrétaires-trésoriers*. — A chaque bureau, nous l'avons déjà dit, est attaché un secrétaire-trésorier, qui assiste à toutes les réunions des bureaux où il a seulement voix consultative. Ses attributions sont énoncées par l'article 12 : « Le secrétaire-trésorier rédige les procès-verbaux, tient les registres, prépare la correspondance. Il dirige le travail des employés, veille à l'exécution des règlements intérieurs, reçoit les fournitures et signe les ordres de livraison des marchandises. Il est exclusivement chargé de la garde des magasins et de la caisse, il est régisseur des recettes et dépenses dans les conditions prévues par

(1) Art. 5.
(2) Art. 4, par. 7 et 8.

les règlements » (paragraphes 4 et 5 de l'article 15 et paragraphe 4 de l'article 18).

Depuis 1895, il n'est plus justiciable de la Cour des comptes et il est sous les ordres du receveur général de l'Assistance publique. Enfin les secrétaires-trésoriers sont astreints à déposer un cautionnement (1).

Il est en outre attaché à chaque bureau, pour le service des enquêtes, des visites et des quêtes, *des commissaires et dames patronnesses* dont les fonctions sont gratuites et au besoin des agents salariés. Les cadres du personnel administratif sont fixés pour chaque bureau par arrêté du Directeur, approuvé par le préfet de la Seine. Les commissaires, les dames patronnesses, les employés de tout grade sont nommés par le préfet de la Seine sur une liste de trois candidats présentés par le Directeur de l'Assistance publique. C'est ce dernier qui nomme les surveillants et les gens de service.

Les révocations sont prononcées par l'autorité qui nomme aux emplois (2).

Disons quelques mots de chacun de ces agents :

5° *Commissaires*. — Les commissaires sont en quelque sorte les seconds des administrateurs qu'ils assistent dans toutes leurs fonctions, ils sont surtout chargés du service des enquêtes. En général c'est parmi eux que se recrutent les administrateurs.

6° *Dames patronnesses*. — Leur rôle se borne aujourd'hui à prêter leur concours aux administrateurs et commissaires (3).

(1) Art. 18, par. 4.
(2) Art. 8.
(3) Autrefois il y avait chaque année une assemblée composée de la

Avant la laïcisation des maisons de secours, des dames patronnesses étaient attachées à chacune d'elles. Elles étaient chargées de recueillir des dons pour les pauvres, et s'occupaient notamment des orphelinats, qui se trouvaient dans chaque maison de secours. Depuis 1881, époque où la laïcisation des maisons de secours fut décidée, la plupart des dames patronnesses abandonnèrent leurs fonctions. Actuellement il n'y en a plus que 81 (1).

7° *Agents salariés.* — Mentionnons seulement les agents salariés, chargés d'une partie des enquêtes dans la plupart des bureaux.

réunion des administrateurs, des commissaires et des dames patronnesses dans laquelle on rendait compte des travaux charitables de l'année précédente. En 1895 ces assemblées ont été supprimées. Il paraît en effet qu'elles étaient des occasions de désordre où les dissentiments qui existaient entre les membres des bureaux éclataient publiquement ; enfin les discussions avaient pris parfois un caractère si violent que l'administration centrale avait été obligée d'intervenir.

(1) Voici le cadre des commissaires et dames patronnesses en 1896 et 1897 (Rapp. sur le fonct. des 20 bur. de bienf. en 1896 et 1897).

Arr.	En 1896.	En 1897.	Dames patronnesses en 1897.
1er	10	11	»
2e	32	41	»
3e	44	59	»
4e	33	35	2
5e	88	101	10
6e	17	35	»
7e	35	35	»
8e	16	22	»
9e	25	33	5
10e	80	91	2
11e	136	165	5
12e	27	33	»
13e	59	78	4
14e	25	48	»
15e	87	114	»
16e	10	24	15
17e	40	57	7
18e	170	235	13
19e	60	75	13
20e	79	100	5
Totaux	1073	1392	81

Ils se recrutent au concours et font une sorte de stage avant d'être nommés agents titulaires.

En 1897 il y avait :

64 commis principaux, commis, rédacteurs expéditionnaires employés dans les secrétariats des bureaux.

50 auxiliaires permanents et stagiaires ;
20 visiteurs ;
27 auxiliaires à la journée ;
15 visiteuses ;
42 garçons de bureaux.

Personnel chargé des enquêtes et des visites.

§ 4. — Attributions des bureaux.

Arrivons aux attributions des bureaux :

En outre de la distribution des secours aux indigents et nécessiteux qui constitue leurs fonctions propres, les bureaux ont encore certaines attributions spéciales. En premier lieu, ils font emploi des ressources de toute nature dont ils ont la disposition, et donnent leur avis sur les comptes et budgets spéciaux à chacun d'eux. Ils préparent la liste des indigents et enfin adressent tous les ans au Directeur un rapport sur la marche de l'assistance à domicile de l'arrondissement et sur leurs besoins particuliers (1).

Les bureaux se réunissent soit en *réunions plénières* auxquelles tous les membres assistent, soit en commission composée de quelques membres : c'est ce que l'on appelle « *la délégation permanente* » dont nous verrons plus loin le fonctionnement et les pouvoirs. Les réunions plénières

(1) Art. 9.

ont lieu au moins deux fois par mois, les délibérations qui y sont prises ne sont valables que si la majorité des membres est présente. On y discute toutes les questions qui intéressent le bureau et notamment (1) on y prépare la liste des indigents. En fait, ces réunions n'ont lieu qu'une fois par mois. C'est que depuis l'institution de la *délégation permanente*, cette dernière est chargée de l'allocation des secours temporaires, d'autre part, le budget est établi par l'administration et la nature des secours est tranchée réglementairement, dans ces conditions, les attributions des bureaux étant plus restreintes, on a jugé que les réunions plénières pouvaient être moins fréquentées que par le passé (2).

SECTION II. — Secours aux malades. — Y a-t-il un organisme spécial ?

Nous avons vu qu'à côté de l'assistance à domicile aux indigents et nécessiteux, il y avait l'assistance médicale à domicile. Quel organe administratif sera en ce qui concerne cette dernière chargé de la distribution des secours ? Rationnellement trois solutions sont possibles : donner aux bureaux de bienfaisance déjà chargés des secours aux indigents et nécessiteux la distribution des secours aux malades; — ou bien, puisqu'actuellement le secours collectif à l'hôpital existe à côté du secours individuel à domicile, attribuer l'assistance médicale à une même organisation : l'Administration hospitalière ; — ou bien enfin créer

(1) Art. 6.

(2) Rapport sur le fonctionnement des 20 bureaux de bienfaisance en 1896 et 1897, *op. cit.*, p. 8.

à côté de ces rouages déjà existants un organisme nouveau chargé spécialement de ce service. En fait si l'on consulte les lois et les décrets deux de ces solutions, la première et la dernière, paraissent seules avoir été appliquées. L'arrêté du Directeur de l'Assistance publique du 20 avril 1853 qui (1) organisa pour la première fois le service de l'assistance médicale à Paris, adoptait en effet l'idée de la dualité des services : administration hospitalière pour le secours collectif, bureau de bienfaisance pour le secours individuel. Et si au contraire l'on se reporte à la loi du 15 juillet 1893, sur l'assistance médicale gratuite nous trouvons, fonctionnant dans chaque commune, un nouvel organe « *le bureau d'assistance* », dont la commission administrative est formée par les commissions administratives réunies de l'hôpital ou hospice et du bureau de bienfaisance ou par cette dernière seulement quand il n'existe pas d'établissement hospitalier dans la commune. Nulle part nous ne trouvons nettement indiqué le rattachement de l'assistance médicale à domicile au service hospitalier.

Tels sont les documents que nous fournissent les textes et nous ne saurions pour la solution rationnelle de la question recourir aux exemples que nous fournissent les législations étrangères; car il y a là une question purement administrative liée à l'organisation générale de l'assistance, variable suivant les pays.

Quel est le système qui peut réaliser la meilleure distribution des secours, la meilleure organisation de l'assistance médicale ? Voilà la question que nous devons résoudre ?

(1) Voir plus haut page 99.

Le système de la dualité soulève de nombreuses critiques. C'est d'abord une conception contraire aux règles de
l'assistance, c'est aussi une idée irrationnelle ramenant
des complications inutiles. Les personnes qui peuvent
être obligées de recourir aux secours publics sont : les
enfants, les vieillards, les infirmes, les aliénés, les indigents valides et les malades. Or, à chacune de ces catégories correspond une organisation particulière : les enfants sont recueillis par un service départemental : celui
des enfants assistés ; les vieillards et les infirmes sont
confiés à l'hospice ; le fou au service départemental des
aliénés ; l'indigent dépend du bureau de bienfaisance.
Partout il y a unité de service. Au contraire, en ce qui
concerne les malades, à l'inverse de toutes les règles admises en France en matière d'assistance, on fait reposer
sur une simple modalité du secours, alors qu'il s'agit des
mêmes personnes, la division des services administratifs : le traitement à domicile effectué par le bureau de
bienfaisance, l'assistance collective confiée à l'administration hospitalière.

Si tout au moins cette séparation des organes administratifs avait l'avantage de mieux assurer la distribution
des secours, on pourrait admettre une exception aux règles que nous venons de signaler, mais sur ce point le
dualisme des deux services est inférieur à l'unité. Est-il
besoin en effet d'insister pour montrer comment il entrave
le bon fonctionnement de l'assistance aux malades ? Nous
croyons, — nous l'avons déjà dit, — à la supériorité du
traitement à l'hôpital, le traitement à domicile ne devant
qu'être exceptionnel, mais pour que la ligne de démarcation entre ces deux modes de secours soit bien nettement tracée, pour que l'on n'envoie pas à l'hôpital les

malades qui pourraient être traités à domicile, ne faut-il pas que le secours collectif et que le secours individuel soient rattachés au même service ?

L'indigent malade est avec le dualisme à la fois tributaire de l'hôpital et du bureau de bienfaisance. Les deux services empiètent l'un sur l'autre, et le médecin du bureau de bienfaisance appelé au domicile du malade, qui malgré une affection relativement sérieuse pourrait être traité chez lui, aura souvent une tendance, évidemment regrettable en pareil cas, à l'envoyer à l'hôpital pour s'éviter plusieurs visites successives (1). Et c'est ainsi peut-être qu'on arrive à l'encombrement des hôpitaux si vivement invoqué, — sans que pourtant ce soit là une objection suffisante, — par les partisans du traitement à domicile. « Il y a actuellement, a dit M. Peyron (2), antagonisme entre les secours à domicile et l'hôpital. Le bureau de bienfaisance a une tendance à se décharger de ses indigents, en les envoyant à l'hôpital. Si c'était le même directeur qui fût chargé de l'hôpital et des secours à domicile, la répartition serait plus équitable et beaucoup de malheureux qui encombrent les hôpitaux seraient soignés chez eux. » La démarcation entre les deux modes de secours ne peut arriver à une certaine netteté que si l'on s'en tient à l'unité de service. C'est-là la solution qui seule peut, à notre avis, assurer le bon fonctionnement de l'assistance médicale, et qui a en outre l'avantage d'être conforme aux règles qui dominent en matière d'assistance dans notre pays.

Depuis 1895, cette critique est moins pressante, un

(1) V. rapp. Fleury-Ravarin, *op. cit.*, p. 104.
(2) *Bull. municip. officiel*, 12 mai 1888.

.arrêté du 2 mars (1) faisant prononcer l'admission à l'hôpital par des médecins des hôpitaux et non plus par ceux des bureaux de bienfaisance : l'antagonisme signalé par M. Peyron paraît moins nettement établi. Ces médecins dépendent, en effet, d'administrations diverses et alors il n'y a plus possibilité pour le médecin du bureau de bienfaisance d'envoyer le malade à l'hôpital. Actuellement la situation s'est donc un peu modifiée.

Donner des attributions différentes à des classes différentes de médecins, c'est une excellente mesure, c'est si l'on veut le dualisme poussé à l'extrême, puisque le rôle du médecin du bureau de bienfaisance cesse dès qu'il s'agit de prononcer l'admission à l'hôpital pour faire place à un médecin des hôpitaux. Il n'y a plus empiètement des services, mais séparation complète, ce qui pourrait d'ailleurs dans une certaine mesure faire cesser ou plutôt diminuer l'encombrement des hôpitaux. Mais ce système est-il vraiment conforme à l'intérêt des malades ? Nous ne le pensons pas. Avec l'empiètement des services le bureau de bienfaisance se décharge de ses malades pour éviter les ennuis du traitement à domicile et les envoie à l'hôpital ; mais si le médecin du bureau de bienfaisance ne peut pas prononcer l'admission, cela l'empêchera-t-il d'envoyer le malade à la consultation des hôpitaux (2), où l'admission est aujourd'hui prononcée. Supposons alors que le médecin des hôpitaux ne le trouve pas suffisamment malade pour l'admettre, il le renverra à son collègue du traitement à domicile, et il en résultera, — c'est nous le ver-

____

(1) Nous ne nous occupons ici que de la question de principe, nous entrerons longuement dans les détails quand nous nous occuperons de la distribution des secours aux malades.

(2) C'est, comme nous le verrons, ce qui se produit en fait assez souvent.

rons ce qui se produit quelquefois aujourd'hui, — que les médecins pourront ainsi se renvoyer plusieurs fois un malade et compromettre gravement son état de santé L'antagonisme entre les secours à domicile et l'hôpital qui paraissait moins nettement établi existerait, en réalité, à l'état aigu. Qu'il y ait deux classes de médecins, c'est bien ; mais faut-il encore que ces classes dépendent d'un même service. Aussi croyons-nous que dans ce cas l'unité de service s'impose.

Cette idée était au surplus fort réalisable, des précédents existaient. Jusqu'en 1882 le service des accouchements, fait chez les sages-femmes agréées, dépendait des bureaux de bienfaisance. Depuis cette époque il a été placé dans les attributions des directeurs d'hôpitaux (1). C'était là un premier pas. Le second consisterait à confier aux directeurs des hôpitaux, le service des accouchements à domicile, fait aujourd'hui encore par les sages-femmes des bureaux de bienfaisance, et l'on arriverait aussi complètement à la théorie : rattachement du service du traitement à domicile aux hôpitaux. Une expérience faite il y a quelques années à l'hôpital Lariboisière avait démontré l'intérêt qu'il y aurait à joindre les deux services. Dans cet hôpital on groupait à leur arrivée les malades en deux catégories : ceux dont l'admission s'imposait d'une part ; de l'autre ceux qui ne pouvaient être reçus faute de place ou qui étaient atteints moins gravement. Parmi ces derniers on recherchait ceux qui pouvaient être traités à domicile. A ceux qui acceptaient le directeur de l'hôpital accordait un léger secours en argent, qui leur permettait de rentrer chez eux et d'y attendre la visite du médecin

(1) Au moment de la préparation du décret de 1893.

du bureau de bienfaisance, chargé de le soigner à domicile.
Rien ne s'opposait donc à rendre légal le rattachement des
deux services. C'est le système qu'avait adopté le projet de
décret de 1895. Cependant cette nouvelle réforme imposait
une conséquence : avec la conception du service médical,
centralisé à l'hôpital, cet établissement devait nécessairement cesser, — comme cela se pratiquait alors,— d'ouvrir
ses portes sans distinction à tous les malades qui se présen-
taient et réserver ces secours aux indigents domiciliés
dans un rayon déterminé autour de lui. Le malade n'aurait plus le droit de s'adresser à tous les hôpitaux, pas
plus qu'aujourd'hui il n'a le droit de s'adresser à tous les
bureaux de bienfaisance. Il devenait donc nécessaire de
sectionner Paris en circonscriptions applicables à la fois
au traitement à l'hôpital et au traitement à domicile. A
côté de la division en arrondissements, conservée pour les
secours à domicile, on devait créer de nouvelles divisions,
superposées à celles-là et indépendantes d'elles, pour les
secours aux malades, que ces secours soient donnés à l'hôpital ou à domicile. Mais cette division était-elle possible ?
Si l'on jette un coup d'œil sur le plan de Paris et sur les
ressources hospitalières que chaque quartier présente, on
voit que les hôpitaux sont très inégalement répartis : nombreux dans l'agglomération, qui fut le vieux Paris, ils sont
fort rares dans beaucoup d'autres régions, et à l'heure
actuelle, en dehors du centre, Paris offre de vastes espaces,
« véritables déserts hospitaliers » (1), où il n'existe aucun
hôpital dépendant de l'administration. Le sectionnement
de Paris en circonscriptions d'assistance médicale présentait donc des difficultés au premier abord, mais malgré

(1) Nous empruntons cette expression à M. Louis Gallet dans son *Service du prompt secours*.

tout, était loin d'être impossible, les-quartiers-dépourvus d'hôpitaux étant généralement les plus riches. On pouvait donc sans trop de peine partager Paris en un certain nombre de circonscriptions, ayant chacune son « hôpital », centre de tout le service médical de la région. C'était ce que décidait l'article 29 du projet, posant seulement le principe du sectionnement et laissant à l'administration le soin de limiter les circonscriptions. Pour tout ce qui concerne la médecine générale, le malade aurait dépendu d'une circonscription nouvelle ayant comme centre, suivant l'expression de M. Fleury-Ravarin, *un hôpital chef-lieu*, — Paris restant sans divisions pour tout ce qui touche les affections spéciales. Le système du rattachement des services était donc complet dans le projet de décret et tout semblait devoir conduire à son adoption. Il est vrai que ce système aurait dépouillé les bureaux de bienfaisance, alors chargés des malades, d'une partie de leurs attributions. Mais on reconnaissait qu'à part quelques exceptions, le traitement des malades était mal exécuté dans la plupart d'entre eux; ceux-ci le plus souvent consacrant les fonds affectés aux malades, au service des indigents et des nécessiteux. D'ailleurs ce qu'on leur enlevait seulement c'était la partie technique du service, le soin de visiter et d'assister les malades leur était conservé. C'est qu'en effet, quand on parle du rattachement du traitement à domicile au service des hôpitaux, ce que l'on a en vue c'est d'organiser le traitement de la façon la plus efficace ; — tout ce qui a trait aux secours de maladie est en dehors.

En résumé ce que le projet admettait, — et nous voudrions le voir adopter —, c'était le rattachement du service médical à domicile au service du traitement collectif

dans les hôpitaux, les bureaux restant chargés de distribuer les secours de maladie.

Reste le système où un organe unique et spécial est
chargé de l'assistance médicale ; c'est celui de la loi de
1893 sur l'assistance médicale gratuite. Il est vrai que
cette loi n'a pas été appliquée à Paris. C'est là d'ailleurs
une anomalie, car un avis récent du Conseil d'État a reconnu qu'aucune exception n'avait été, lors de la rédaction, faite pour Paris (1). La question d'ailleurs, nous
l'avons déjà signalé, n'a d'importance qu'au point de vue
financier, car depuis longtemps, tous les malades pauvres
sont soignés à Paris gratuitement, de la façon la plus
large. Sans discuter plus longuement cette question, nous
ne croyons pas qu'il serait désirable de voir la loi de 1893,
appliquée intégralement à Paris : La création d'un nouvel
organe surtout nous paraîtrait inutile ; nécessaire en province, spécialement dans les communes où n'existe pas de
bureau de bienfaisance, *le bureau d'assistance*, rouage
spécial de l'assistance médicale, viendrait encore compli-
buer le service à Paris. C'est donc là un système qu'il faut
repousser.

Le décret de 1895 aurait pu choisir entre les trois systèmes que nous venons d'indiquer, en fait, il adopta une
disposition qui, sans rattacher le service de l'assistance
médicale aux hôpitaux, le retira pourtant aux bureaux :
c'est là le sens de l'article 30 : « L'organisation de l'assistance médicale et des services qui en dépendent est confiée au directeur de l'Assistance publique. Les bureaux de
bienfaisance concourent sous l'autorité du Directeur au
fonctionnement et à la surveillance de ces services et de-

____

(1) Rapport de M. Bompard sur les secours à domicile à Paris en 1895.

meurent chargés d'assister et de visiter les pauvres malades. » Le rôle des bureaux en matière d'assistance médicale actuellement, consiste seulement à faire les enquêtes sur les personnes demandant la gratuité et à distribuer les secours aux malades à domicile. La direction et le contrôle du service relèvent exclusivement du Directeur auquel, dans l'espèce, les bureaux sont absolument subordonnés.

Le traitement des malades comporte deux degrés suivant la gravité de leur état : la consultation et le traitement à domicile. Deux classes de médecins, ayant des attributions distinctes, mais placés sous l'autorité du Directeur de l'Assistance, donnent leurs soins aux malades, suivant qu'on leur applique l'un ou l'autre mode de traitement. Enfin l'admission à l'hôpital est prononcée par des médecins des hôpitaux uniquement chargés de ce service, les malades ne pouvant se présenter qu'à l'hôpital de leurs circonscriptions.

Nous n'entrons pas dans les détails de cette organisation, que nous traiterons longuement dans le chapitre de la distribution des secours ; ici nous ne nous occupons que de cette question d'ordre général : y a-t-il oui ou non un organisme spécial chargé de distribuer les secours aux malades ?

Ainsi qu'on le voit les termes du décret de 1895 sont sur ce point très ambigus. Établit-il l'unité de services ? Est-ce au contraire la dualité ? On ne saurait le dire. Le régime actuel est un régime transactionnel, qui peut amener de nombreux conflits entre l'administration et les bureaux, au grand détriment des intéressés, c'est-à-dire des malades. Nous croyons qu'il serait urgent de revenir à une conception nette et précise comme celle du projet de décret : Aux bureaux les secours aux indigents et néces-

siteux. à l'administration hospitalière les malades, chaque
service restant ainsi dans son domaine nettement déterminé, les médecins dépendraient d'une autorité unique et
de la sorte il n'y aurait plus à craindre de voir les malades
renvoyés du bureau de bienfaisance à l'hôpital, comme
cela se produit quelquefois aujourd'hui.

CHAPITRE II

SECTION I. — **Énumération des recettes et dépenses**.

Nous avons déterminé quels étaient les organes administratifs du service des secours à domicile, et nous arrivons à une deuxième question : quel est le montant des ressources qui doivent être distribuées ? Quelles sont les dépenses afférentes à cet actif ?

§ 1. — Recettes.

Les recettes des bureaux de bienfaisance comprennent deux parties très nettement distinctes : *les recettes propres et les recettes provenant de la part de la subvention municipale accordée par la ville de Paris.*

A. — *Ressources propres.*

Elles sont indiquées par l'article 15 du décret de 1895 et comprennent pour chaque bureau :

1° Le produit des dons, donations ou legs qui lui ont été faits ;

2° La part proportionnelle à la population indigente de l'arrondissement qui est attribuée au bureau dans le produit du bien des pauvres centralisé au budget de l'Assistance publique ;

3° Le produit des troncs, quêtes, collectes et fêtes de bienfaisance ;

4° Le produit de tous les dons recueillis par les maires, adjoints, commissaires, et dames patronnesses.

Reprenons successivement chacune de ces parties de l'actif du patrimoine des pauvres.

1° Le produit des dons, donations ou legs faits aux bureaux.

C'est là l'une des sources importantes des recettes des bureaux. Les legs surtout leur fournissent un appoint considérable, et cela se conçoit facilement, la générosité étant d'autant plus grande qu'elle coûte moins cher à celui qui la fait.

Pour éviter des entraînements irréfléchis, déjà sous l'Ancien Régime admettait-on la nécessité de soumettre les legs à un examen sérieux. Un édit de 1749 avait prohibé d'une façon absolue les dispositions faites « aux gens de mainmorte » et n'avait permis qu'à certaines conditions les donations entre vifs.

Depuis, l'article 910 du Code civil a décidé que « les dispositions entre vifs ou par testament n'auront leur effet qu'autant qu'elles seront autorisées par décret ». On justifie cette mesure par le désir de protéger la famille du disposant et de veiller à l'intérêt des établissements charitables, obligés parfois de remplir des charges onéreuses. L'intervention de l'autorité supérieure sous forme d'une autorisation préalable à l'acceptation, constitue une application particulière de la tutelle administrative, dans le but d'habiliter l'établissement à recevoir, sans préjuger en rien de la valeur juridique de celle-ci.

A qui appartient la compétence pour autoriser, conformément à l'article 910, les dons et legs faits aux établissements charitables ?

En droit commun c'est au préfet, lorsqu'il n'y a pas réclamation de la famille du disposant. Quand il y a réclamation des familles, un décret est nécessaire. En principe le décret est soumis à l'avis de la section de l'intérieur du Conseil d'État, mais si le legs est universel ou si le legs particulier atteint 50.000 francs, l'affaire vient à l'assemblée générale. La procédure à suivre pour la réglementation ou l'acceptation des dons et legs a été de nouveau modifiée par le décret du 1er février 1896, auquel nous nous contentons de renvoyer.

Mais par qui l'acceptation doit-elle être faite ? C'est par le représentant légal des pauvres, c'est-à-dire d'après le droit commun par le maire, à Paris par le Directeur de l'Assistance publique après avis du Conseil de surveillance, en vertu des articles 3 et 5 de la loi du 10 janvier 1849. C'est à lui qu'il appartient de revendiquer les libéralités faites aux pauvres de Paris en général, et aux pauvres d'un arrondissement dépendant d'un bureau de bienfaisance.

Nous ne saurions ici approfondir toutes les difficultés qui se sont élevées au sujet des dons et legs faits aux pauvres, mais nous croyons nécessaire de les passer en revue et d'indiquer dans quelle mesure en cette matière on peut suivre les intentions du disposant et quelles sont les limitations qui lui sont apportées.

Le donateur ou le testateur peut, ou bien avoir donné ou légué aux pauvres, sans indiquer l'établissement public auquel ce legs est attribué. En ce cas, c'est l'hypothèse normale que nous examinions tout à l'heure ; le Directeur de l'Assistance publique accepte avec les autorisations requises, en application de l'article 910 du Code civil. Et cependant, il semblerait que nous sommes en présence d'un legs fait à une personne incertaine, legs interdit puisque le testateur ne peut se faire une idée précise de la personne qu'il gratifie. Mais, en réalité, ce qui ressort des intentions du testateur, c'est qu'il a entendu léguer tout ou partie de ses biens à un intérêt général légalement représenté par un organe administratif : C'est à l'autorité d'où dépend cet organe à accepter après s'être fait autoriser. Les tribunaux décident en cas de doute et décident souverainement quel était l'intérêt général que le testateur avait en vue et par voie de conséquence l'établissement public qui doit recueillir les biens légués. Aucune difficulté sur ce point, le legs fait aux pauvres de Paris sera donc accepté après autorisation par le Directeur de l'Assistance publique et réparti ensuite entre les bureaux de bienfaisance ; le legs fait aux pauvres d'un arrondissement déterminé sera également accepté par lui et attribué au bureau bénéficiaire du legs.

Mais il peut arriver que le testateur, précisant sa volonté, indique un intermédiaire qui doit être l'exécuteur de ses volontés. Cet intermédiaire peut être soit un établissement public, soit un particulier. Si l'établissement public désigné est justement chargé de l'intérêt général qu'avait en vue le testateur, tout se passe simplement. Mais il arrive fréquemment qu'il en est autrement. Par exemple le legs est fait aux pauvres et l'on charge un conseil de fabrique de le distribuer. Quelle est la validité d'une semblable disposition ? Une distinction s'impose, tant d'après les principes généraux que d'après la jurisprudence désormais établie, de *la cause impulsive* (art. 900, C. civ.).

Evidemment aux termes de la loi il n'y a que le bureau

de bienfaisance qui puisse distribuer l'argent des pauvres. En ce cas de deux choses l'une : ou la désignation du Conseil de fabrique a été une simple modalité, une simple condition du legs, et alors c'est le legs sous condition illicite, la condition doit être effacée, — le legs reste donc valable, mais c'est le bureau de bienfaisance qui le recueille, — ou bien le testateur voulait que le Conseil de fabrique seul pût distribuer le montant du legs en faveur des pauvres. Donc cette idée est la cause impulsive qui a déterminé sa volonté, de telle sorte que s'il avait su que cette volonté ne pût se réaliser il n'aurait pas gratifié les pauvres. alors d'après la jurisprudence la libéralité tout entière doit être annulée. Il n'y a donc que dans le cas où l'on est en présence d'une véritable condition que le legs s'exécutera mais dans la mesure légale, c'est-à-dire qu'il sera recueilli par l'établissement public représentant l'intérêt général que le testateur (1) avait en vue et non par tout autre établissement qu'il aurait pu désigner.

Or, pour en revenir à notre hypothèse, la fabrique n'est pas instituée pour recueillir les legs faits aux pauvres. Et pourtant l'article 76 de la loi du 18 germinal an X, qui rétablit les Fabriques porte en effet qu'elles auront « *la charge de veiller à l'entrétien et à la conservation des temples et à l'administration des aumônes* ». Qu'entend-on par *aumônes*? Cela comprend-il ce que l'on donne aux pauvres par charité, — c'est là le sens vulgaire du mot? Faut-il y voir simplement les fondations faites en faveur de certaines églises pour l'entretien du culte. A première vue, le premier sens paraît s'imposer. C'est en effet ce qui résulte

(1) Dans toute cette question il est bien entendu que tout ce que nous disons du testateur s'applique au donateur,

d'un rapport adressé à l'Empereur par Portalis le 16 avril 1806, rapport où « il soutenait la liberté naturelle qu'ont les hommes, qui consacrent une partie de leur fortune à des aumônes, de choisir les agents d'exécution de leurs libéralités ». Ce serait l'exercice de cette liberté, que l'article 76 des lois organiques aurait pour objet d'assurer, les aumônes seraient les sommes données, non pour le culte, mais pour les pauvres. Et si l'on examine les textes relatifs aux autres cultes, il est facile de remarquer que le décret du 25 mai 1844 sur l'organisation du culte israélite a permis aux Consistoires de fonder des établissements de charité (art. 10, 19, 22) et que la loi du 1ᵉʳ août 1879 sur l'organisation du culte de la confession d'Augsbourg, a accordé aux Synodes particuliers le droit de statuer sur l'acceptation des dons et legs, qui lui seront faits. Il semblerait qu'on soit mal venu à discuter sur la portée du mot aumône. Un avis du Conseil d'Etat du 8 mai 1873 reconnaît en effet aux Fabriques le droit d'accepter les legs charitables, singulière innovation dans notre droit que cette création d'une personne morale investie d'une double fonction. Etait-il vrai que le texte de germinal mît cette fonction nouvelle dans les attributions des Fabriques ? Nous ne le croyons pas et sans aller jusqu'à dire que le mot aumône ne se rapporterait qu'aux sommes données pour l'entretien du culte, ce qui nous paraît contraire au sens naturel du mot (1), il nous semble que l'avis de 1873 lui donnait

____

(1) Cependant, on lit dans l'article 1ᵉʳ du décret du 30 décembre 1809 : « Les fabriques sont chargées de veiller à l'entretien et à la conservation des temples, d'administrer les aumônes, rentes et perceptions autorisées par les lois et règlements et généralement tous les fonds qui sont affectés à l'exercice du culte. » On pourrait voir dans la fin de l'article une interprétation du mot aumône. Mais nous pensons qu'il n'y a là qu'une indication générale qui ne détruit pas la portée de ce mot et est insuffisante pour lui donner un sens tellement contraire aux usages reçus.

une portée trop large et que cette expression ne désigne que les libéralités, données de la main à la main, et non les legs et donations faits aux pauvres. En tous cas, la jurisprudence du Conseil d'Etat considère aujourd'hui que les Fabriques ne sont pas légalement chargées de recueillir les legs faits aux pauvres et leur refuse cette capacité nouvelle, cette seconde fonction que l'avis de 1873 leur avait accordée. Les Fabriques n'étant pas instituées à cet effet, il faut donc leur refuser l'autorisation qu'elles pourraient solliciter, pour se conformer à l'article 910 du Code civil.

A Paris le Directeur de l'Assistance publique, en province les maires, seuls représentants des pauvres, doivent donc accepter les libéralités qui leur sont adressées (1). C'est le seul système juridiquement exact : en dehors de leurs attributions légales, les établissements publics n'existent plus et par conséquent la clause qui les charge de la distribution d'un legs ou d'une donation, alors qu'ils n'en sont pas chargés par les lois est certainement illicite : ou bien elle est la cause impulsive de la libéralité et alors en entraîne la nullité complète d'après la jurisprudence, ou bien elle n'est que l'expression d'une condition ordinaire, condition qui doit être effacée. Dans ce dernier cas c'est le représentant des pauvres qui accepte la libéralité.

Nous croyons même que les principes commandent d'aller plus loin, on pourrait en effet soutenir, — il y a des arrêts en ce sens (2), — que sans doute l'acceptation est réservée au représentant légal des pauvres, mais que la dis-

______

(1) En ce sens outre l'avis précité de 1881 l'avis du 15 janvier 1837. Signalons aussi le système transactionnel de l'avis de 1841 en vertu duquel l'acceptation était faite conjointement par la fabrique et le maire. Ce système ne fut pas maintenu.

(2) Voyez en ce sens : Limoges, 28 janvier 1889 ; Paris, 23 janvier 1891.

tribution doit être faite conformément à la volonté du testateur, par les membres de la fabrique, par exemple par le curé, il n'y aurait rien là d'illicite. C'est la solution qu'adopte un arrêt récent de la Cour de cassation du 21 avril 1898 : Le bureau de bienfaisance et le représentant des pauvres ne seraient que des intermédiaires chargés ensuite de faire distribuer le legs ou le montant de la donation pour l'établissement public ou le particulier désigné par le testateur. Nous estimons pour notre part, quelque regrettable que puisse être la solution au point de vue des pauvres, puisqu'elle pourra empêcher certaines personnes de faire des libéralités en leur faveur, que c'est la seule véritablement légale : la clause insérée doit donc être réputée non écrite.

Toutes les difficultés que nous venons de signaler se présentent dans des termes à peu près semblables lorsqu'au lieu d'un établissement public, c'est un particulier qui est bénéficiaire du legs fait aux pauvres. Nous croyons qu'on doit résoudre la question dans le même sens.

Signalons enfin un dernier point. Souvent les libéralités aux pauvres sont faites sous la forme de dons manuels : dans ce cas, faut-il l'autorisation de l'article 910 ? Les termes de cet article nous paraissent clairs à cet égard puisqu'ils mentionnent non pas seulement les actes portant donations, ce qui exclurait les dons manuels, mais aussi les dispositions entre vifs. Il y a là non pas une question de forme, mais une question de fonds, de capacité, applicable aux dons manuels comme à toutes les autres donations. Les motifs de l'article 910, que nous avons signalés plus haut conduisent du reste à rendre nécessaire cette autorisation dans tous les cas. Mais peut-être, et cela semble la tendance de la jurisprudence, faudrait-il faire exception, pour les dons de sommes minimes, ceci apprécié suivant la fortune du disposant. C'est là une solution qui ne nous paraît guère critiquable, mais qui laisse malheureusement aux tribunaux un pouvoir arbitraire tel qu'on peut arriver à soustraire de cette façon certains dons manuels à la règle de l'article 910, et déguiser sous le nom d'aumônes échappant au domaine de cet article, des libéralités en elles-mêmes très importantes, quoique minimes en fait relativement à la fortune du donateur ou du testateur (1).

2° *La part proportionnelle à la population indigente dans le produit du bien des pauvres centralisé au budget de l'Assistance publique* (article 15-2ᶜ).

L'Assistance publique possède des revenus provenant des dons et legs à elle faits, et dont l'ensemble profite à tous les services qui dépendent d'elle. Les bureaux de bienfaisance ont une part dans ces revenus et ils ont droit en outre à une part dans le produit de certains droits attribués. Ce sont ces deux éléments compris dans l'article 15-2° que nous allons rapidement étudier.

Nous ne faisons que signaler le premier d'entre eux : disons seulement que le départ des revenus des dons et legs entre les hospices et les bureaux de bienfaisance s'est effectué au fur et à mesure que ces biens étaient donnés ou légués (2). Ils sont partagés par moitié entre ces deux services et l'on suit quant à leur emploi les intentions des donateurs ou testateurs.

(1) Un arrêt de la Cour de Paris du 16 décembre 1864 qualifie de minime une somme de 24.000 francs et y voit une aumône.

(2) *Mémoire du Directeur de l'Assistance publique* adressé au Conseil de surveillance sur l'application du décret du 15 novembre 1895. — (Procès-verb. des séances du Cons. de surveillance, séance du 12 déc. 1895.)

Arrivons aux droits attribués.

Les bureaux de bienfaisance n'ont aucun droit à prétendre ni dans les bonis des Monts-de-Piété ni dans le produit des concessions de terrains appartenant à la ville de Paris (1). Il en est autrement du *Droit des pauvres*. Cet impôt, dont l'origine est fort ancienne a été réorganisé par la loi du 7 frimaire an V, qui rétablissait les bureaux de bienfaisance et qui leur en attribua le produit. Il est fixé à un dixième de la recette brute pour les théâtres et concerts périodiques, à 5 0/0 pour les concerts non quotidiens donnés par des artistes ou associations d'artistes, à un quart pour les autres fêtes. La jurisprudence a formulé la règle suivante : Le droit des pauvres est exigible sur toutes les fêtes ayant le caractère de spectacles, alors même qu'elles seraient données dans un but de bienfaisance (Conseil d'État, 7 mai 1857).

Par contre, certaines solennités en ont été exemptes par la pratique en raison de l'intérêt public qui s'y attache, notamment les expositions destinées à l'amélioration de l'industrie, et les courses de chevaux. Mais la loi du 2 juin 1891 qui a reconnu aux courses autorisées le caractère d'utilité publique, a prescrit sur le *pari mutuel* un

(1) Le règlement du 8 décembre 1829, approuvé par l'Ordonnance royale de 1829 relative aux concessions de terrains dans les cimetières de la ville de Paris, décide qu'une part du produit de la concession sera donnée à titre d'offrande pour les hospices. Cette disposition a été maintenue par le nouveau règlement du 21 décembre 1893 (arrêté du Préfet de la Seine) stipulant également le versement dans la caisse de l'Assistance publique « pour les hospices à titre d'offrande d'une somme représentant le cinquième du prix de chaque concession de taxe de seconde et ultérieure inhumation ». Les bureaux de bienfaisance n'ont donc aucun droit sur ces revenus.

Quant aux bonis du Mont-de-Piété le décret du 8 thermidor an XIII, les attribue à la caisse des hospices civils seulement,

prélèvement dont une partie est affectée à des œuvres de bienfaisance. Le décret du 7 juillet 1891 a fixé ce prélèvement à 3 0/0 dont 2 0/0 sont attribués à des œuvres de bienfaisance et 1 0/0 à l'élevage. Sans vouloir ici discuter le principe de l'institution du pari mutuel nous croyons qu'il serait désirable que le prélèvement fût fixé à un taux plus élevé, tout au moins à Paris. Le public voit, en effet, dans les courses, un mode de divertissement bien plus que le perfectionnement de la race chevaline. On aurait là, puisque le droit des pauvres ne s'y applique pas, une occasion de trouver des ressources considérables pour l'Assistance publique.

Le droit des pauvres est perçu, en général, au profit des établissements de bienfaisance, dans l'étendue de leurs circonscriptions. A Paris l'usage s'est établi de le percevoir pour le compte de l'Administration centrale. Il semble qu'il y ait là une légère atteinte à la loi de frimaire, mais elle se justifie aisément dans la pratique. Les endroits, cirques, théâtres, concerts, où il est perçu se trouvent le plus souvent situés dans les quartiers du centre. Il serait injuste, puisque les spectateurs viennent de tous les points de Paris, d'en attribuer exclusivement le produit aux arrondissements où ils se trouvent : les quartiers pauvres seraient dépouillés au profit des quartiers riches. La pratique suivie nous semble donc inattaquable en raison des avantages qu'elle présente.

Le droit des pauvres étant perçu au profit des établissements hospitaliers et des bureaux de bienfaisance, c'est au préfet qu'il appartient d'en régler le partage en vertu de la loi du 11 fructidor an VIII et d'une instruction ministérielle du 17 janvier 1855. On a décidé que le chiffre devait en être calculé proportionnellement aux totaux respectifs des deux services, couverts par leurs recettes propres (1).

3° *Le produit des troncs, quêtes et collectes* (art. 5-4°). « L'un des motifs, dit M. Fleury-Ravarin, qui justifient l'existence d'organes officiels de la charité, c'est, on le sait, d'offrir aux particuliers désireux de gratifier les pauvres un intermédiaire digne de toute confiance, recommandable par les moyens dont il dispose pour connaître leurs véritables besoins (2). » Parmi les recettes des bureaux de bienfaisance sont comptés les produits des troncs, quêtes et collectes. On distingue deux sortes de quêtes : *les quêtes à domicile*, ou *les quêtes faites dans une réunion*, dans ce cas on les appelle souvent *collectes*.

Occupons-nous d'abord des *quêtes à domicile*. Elles se font de deux façons, soit par des *quêteurs bénévoles* (3), soit par des *quêteurs salariés* qui vont à domicile recueillir les aumônes, soit dans deux arrondissements le 8ᵉ et le 9ᵉ par lettres dans lesquelles le maire fait appel à la générosité des habitants.

Mais ce sont surtout *les quêtes dans les réunions* notamment dans les églises et temples qui donnent le produit le plus considérable. L'arrêté du 5 prairial an XI permet aux administrateurs du bureau de bienfaisance : « de faire quêter dans les temples consacrés au culte, de placer des troncs dans les églises, dans les édifices affectés à la tenue des corps civils, militaires et judiciaires, dans les établis-

____

(1) Mém. du Dir. de l'Ass. adressé au Cons. de surveillance, sur l'application du D. de 1895. *Op. cit.*

(2) Fleury-Ravarin, *L'Ass. communale en France*, p. 227.

(3) En 1898, les quêtes étaient faites par des quêteurs bénévoles dans les 18ᵉ et 19ᵉ arr. ; par un personnel mixte dans les 16ᵉ, 6ᵉ, 7ᵉ, 11ᵉ, 12ᵉ, 14ᵉ, 20ᵉ, 15ᵉ et 17ᵉ ; par un personnel salarié, dans les 2ᵉ, 3ᵉ, 10ᵉ, 13, 4ᵉ et 5ᵉ. Le personnel salarié reçoit 10 0/0 du montant des quêtes.

sements d'humanité, enfin de faire procéder tous les trois mois à des collectes dans leurs arrondissements respectifs. »

Le seul point intéressant est celui qui concerne le droit de quêter dans les églises, car l'on se trouve en présence de trois autorités : le curé, la Fabrique, le bureau ; ce qui peut amener des conflits. Le décret du 30 décembre 1809 réglemente la matière et confie aux administrateurs le soin de faire par eux-mêmes des quêtes dans les églises, après entente avec l'autorité ecclésiastique. L'article 75 après avoir parlé des quêtes faites dans les églises par les Fabriques, dans l'intérêt du culte, ajoute ces mots : « Sans préjudice des quêtes faites pour les pauvres, lesquelles devront toujours avoir lieu dans les églises toutes les fois que le bureau de bienfaisance le jugera convenable ». De ces termes très larges on pourrait conclure que les bureaux de bienfaisance auraient le droit, s'ils le voulaient, de faire des quêtes tous les jours ; mais la limitation résultant du décret du 18 septembre 1806, qui faisait fixer le nombre et l'époque des quêtes par l'évêque sous l'approbation du ministre des cultes, était par là même supprimée.

En tous les cas les bureaux de bienfaisance ont certainement le droit de quêter pour les pauvres, mais résulte-t-il de là que toute autre personne ne puisse quêter dans ce but, à l'intérieur de l'église. Les Fabriques, d'abord n'ont pas ce droit en vertu du principe de la spécialité qui domine notre organisation administrative : des établissements institués pour s'occuper des intérêts du culte ne sauraient prendre part à des œuvres de charité qui les feraient sortir de leurs attributions. Mais que dire du curé ? Sur ce point la jurisprudence a beaucoup varié ?

Un avis du Conseil d'Etat du 6 juillet 1831 le lui a refusé (1). Au contraire le droit exclusif pour les bureaux de bienfaisance de concentrer dans leurs caisses les sommes recueillies par des particuliers au profit des pauvres, a été dénié par un avis du Conseil d'Etat du 24 mars 1880, qui reconnaissait pour le curé comme pour tout citoyen le droit de quêter pour les indigents. Ce droit peut s'exercer à l'église concurremment avec celui du bureau de bienfaisance. Seulement l'administration de l'Assistance pourra toujours, comme représentant légal des pauvres, veiller à ce que l'ecclésiastique ne détourne pas l'argent de son affectation. En pratique, les administrateurs doivent faire les quêtes eux-mêmes ou se faire remplacer par une personne agréée par le curé.

En 1898, un avis de la section de l'intérieur et des cultes est venu décider à nouveau que les Fabriques, Consistoires et clergés des différents cultes n'avaient pas le droit de quêter pour les pauvres. Qu'il en soit ainsi pour les Fabriques et Consistoires, nous l'avons admis, c'est la conséquence du principe de la spécialité, mais pourquoi enlever ce droit au clergé des différents cultes, aux curés dans leurs églises, où ils semblent si bien chez eux. Nous espérons que dans l'intérêt bien compris des pauvres, qui seraient les premiers à supporter les conséquences d'une pareille mesure, l'assemblée générale du Conseil d'État n'adoptera pas l'avis de la section de l'intérieur.

Peut-être cet avis a-t-il été suggéré par les résultats de

____

(1) M. Fleury-Ravarin cite un curieux arrêté du Conseil de préfecture de l'Indre en date du 9 mars 1866 qui déclare comptable occulte un père qui avait quêté pour les pauvres à la messe de mariage de sa fille, et avait, sur le refus du curé de recevoir le produit, procédé lui-même à sa distribution (*De l'Ass. communale en France*, p. 229).

plus en plus mauvais des quêtes des bureaux de bienfaisance notamment à Paris, mais croit-on remplir par de pareilles mesures la caisse des bureaux ? Tout au contraire on découragera les personnes religieuses, qui finiront par ne plus rien donner du tout. Sans doute on peut invoquer dans le sens du droit exclusif des bureaux en la matière, les termes du décret de 1809 ? cependant l'usage nous semble avoir abrogé tacitement ces dispositions, contredites d'ailleurs, par les mœurs et les besoins du temps.

En ce qui concerne les *troncs,* on a l'habitude dans les églises de Paris de placer dans un endroit apparent celui du bureau de bienfaisance, ordinairement à côté de celui qui est destiné aux pauvres du curé.

4° Citons encore parmi les ressources intérieures des bureaux le *produit de tous les dons recueillis par les maires, adjoints, administrateurs et dames patronnesses.* Nous ne faisons que signaler cette sorte de ressources.

B. — *Subventions.*

Les ressources propres des bureaux de bienfaisance s'élèvent à 1.634.537 fr. 36, leurs dépenses à 6.936.515 fr. (1). C'est donc à l'administration de l'Assistance publique à combler le déficit. De là, la nécessité d'une subvention, prévue par le paragraphe 3 de l'article 15 du décret :

« *La part* (2) *attribuée au bureau dans la subvention votée par le Conseil municipal et inscrite au budget de l'Assistance publique.* »

______

(1) Budget des recettes et dépenses de l'Assistance publique pour l'exercice 1898.

(2) La part des bureaux dans cette subvention s'est élevée à 4.817.378 fr. En outre une subvention municipale de 100.000 francs est donnée chaque année pour le 14 juillet.

Les revenus de l'Assistance publique, quoique considérables, sont eux-mêmes insuffisants et cette administration est obligée de recourir, elle aussi, aux finances de la ville qui fournit une subvention. L'administration de l'Assistance publique ne saurait s'en passer, car ses ressources propres s'élèvent à 16 millions environ et ses dépenses à 40 millions (1). Aussi la subvention va-t-elle sans cesse en croissant, de 5 millions en 1849, elle s'est élevée à 11.370.000 francs en 1879 et à 23.636.510 fr. 50 en 1897. Mais quel est le caractère de cette subvention? Est-elle *obligatoire* ou *facultative*? Nous sommes donc amenés de la sorte à examiner cette question qui semble, au premier abord, n'avoir d'intérêt que pour l'Assistance publique tout entière, mais qui concerne aussi les bureaux de bienfaisance : ceux-ci ne pouvant subsister que grâce au concours financier de l'Administration centrale.

A Paris, la question est réglée par la loi municipale du 18 juillet 1837, encore en vigueur, de laquelle semble résulter le caractère purement facultatif de la subvention. L'administration de l'Assistance publique soutient une autre thèse : la loi du 27 vendémiaire an VII rétablissant l'octroi portait : « Il sera perçu par la commune de Paris un octroi municipal de bienfaisance, spécialement destiné à l'acquit des dépenses des hospices et des secours à domicile. » Ce texte, du reste, est corroboré par la loi de 1837 dont l'article 37 porte : « Il n'est pas dérogé aux dis-

____

(1) Y compris les recettes et les dépenses des bureaux, ces chiffres sont approximatifs, nous en avons donné le détail plus haut. Les dépenses de l'assistance publique se montent à un chiffre plus élevé, mais nous ne nous occupons ici que de ce qui concerne la ville de Paris et nous défalquons du montant des dépenses, par exemple, celles du service des Enfants assistés, service départemental, etc.

positions spéciales concernant l'organisation de l'Assistance publique, du Mont-de-Piété et de l'octroi de Paris. » L'administration de l'Assistance publique s'appuyant sur ces textes, a toujours déclaré, avec raison, à notre avis, que la subvention était obligatoire, d'où plus d'indépendance pour elle vis-à-vis du Conseil municipal. Si, au contraire, elle est facultative, le Conseil aura la haute main sur tout le service, puisqu'il est impossible de se passer de sa subvention. En tous cas, l'article précité de la loi de vendémiaire ne fixant aucun chiffre, le montant de la subvention est fixé par le Conseil municipal, ce qui implique pour lui un certain examen de son affectation.

Depuis 1831, on avait pris l'habitude de la diviser en deux parties, l'une ordinaire, l'autre extraordinaire. La première correspondait aux dépenses se présentant chaque année, la seconde aux travaux et aménagements neufs ; et tandis que l'emploi de celle-ci était subordonné aux conditions que fixait le Conseil, l'usage de celle-là était libre entre les mains de l'Assistance.

Dans la discussion du projet de décret de 1895 devant le Conseil de surveillance, plusieurs membres de cette assemblée proposèrent (1) d'affirmer les droits de l'Assistance sur la subvention municipale. Mais on fit remarquer avec raison que si la subvention était obligatoire, il était inutile de rien mettre dans le décret et que si elle était facultative ce n'était pas une disposition d'un décret qui pourrait modifier une loi. Rien, d'ailleurs, n'a été inséré à ce sujet dans le décret de 1895.

Nous devons ajouter que depuis 1895 le Conseil municipal n'accorde plus de subvention extraordinaire ; mais

____

(1) Procès-verbaux de la Commission de révision du décret de 1886, p. 30.

depuis 1894, il donne une subvention annuelle pour secours de grossesse, destinée à être distribuée par les bureaux. De plus, depuis 1880, il accorde une subvention
extraordinaire, pour la fête du 14 juillet. Toutes ces subventions ont une affectation spéciale (1).

Subvention départementale.

Enfin depuis 1893, le Conseil général de la Seine fait
distribuer une somme de 191.000 francs, par les bureaux
pour secours d'allaitement et pour secours aux femmes
accouchées. Cette subvention a donc une affectation spéciale.

Voici quelle a été la nomenclature des recettes des bureaux de bienfaisance au cours de l'exercice 1898 (2).

A. — Ressources propres.

I. — REVENUS MOBILIERS ET IMMOBILIERS.

Loyers des maisons	285.000	francs
Rentes sur l'Etat	552.125	—
Intérêts d'action.	26.310	—
Total	863.435	—

II. — RECETTES INTÉRIEURES ÉVENTUELLES.

Produit des troncs, quêtes et collectes.	422.848	francs
Dons recueillis par les bureaux.	304.362	—
Total	727.210	—

(1) Voir ce que nous avons dit à ce sujet quand nous avons donné l'énumération des secours actuellement distribués, p. 53 et 54.

(2) Budget des recettes et dépenses de l'Assistance publique pour l'exercice 1898.

III. — Droit des pauvres.

Total . . . . 313.912 francs

Ces différentes ressources sont ce que l'on appelle les *ressources propres* des bureaux, ce sont celles qui doivent toujours être conservées à chaque bureau.

En 1897, elles se sont élevées à. . 1.648.077 francs.

B. — Subventions.

I. La subvention municipale pour secours à l'occasion de la fête du 14 juillet. . . . . 100.000 francs.

II. La subvention départementale pour secours d'allaitement. . . . 217.000 francs.

III. La subvention municipale ordinaire . . . . 4.817.378 francs.

On sait que les recettes de l'Assistance publique étant insuffisantes pour assurer la marche du service, tous les ans le déficit est comblé par une subvention municipale, dont nous avons défini le caractère plus haut. Or les recettes des bureaux de bienfaisance ne pouvant pas couvrir les dépenses de ces établissements, c'est sur la subvention municipale accordée à l'Assistance publique qu'est prélevée la somme nécessaire à équilibrer le budget des bureaux. Cette somme est ensuite répartie entre tous les bureaux.

En 1897 : les recettes des bureaux se sont élevées à 6.937 000 francs, dont seulement 1.648.077 francs provenaient de leurs ressources propres.

§ 2. — Dépenses.

C'est avec ces ressources que les bureaux de bienfaisance font face aux dépenses suivantes qui leur incombent :

Les dépenses des bureaux de bienfaisance sont réglées par l'article 17 du décret de 1895. « Les dépenses des bureaux de bienfaisance s'appliquent en dehors des frais d'administration :

1° Aux secours aux indigents ;

2° Aux secours aux nécessiteux. »

Les crédits mis actuellement à la disposition des bureaux pour faire face à ces dépenses sont répartis de la façon suivante :

Ils forment 20 sous-chapitres du budget général de l'Assistance et se décomposent ainsi :

```
I.   — Frais d'administration (1) . . . . . . .   752.825  francs
II.  — Secours annuels aux indigents (2) . . .  3.867.424    —
III. — Secours temporaires aux nécessiteux (3). 2.316.266    —
Dépenses totales des bureaux (4). . . . . . .   6.936.515    —
```

Nous devons ajouter à ces crédits *le fonds commun de Réserve*. Ce fonds qui ne fait pas partie du budget des bureaux, est consacré aux dépenses pour lesquelles des crédits n'ont pas été inscrits au budget, et dont on vient à reconnaître le besoin en cours d'exercice. En 1897 : le fonds commun de réserve s'est élevé à 180.000 francs.

(1) Les crédits de l'article 1er sont inscrits au sous chapitre de chaque bureau.

(2) Ces crédits sont répartis entre les 20 arrondissements au prorata du nombre des indigents inscrits.

(3) Ils sont répartis également entre tous les arrondissements.

(4) Rappelons que les sommes restant libres sur les ressources dont dispose chaque bureau, sont consacrées aux secours individuels.

Tels sont actuellement les crédits affectés aux dépenses des bureaux.

Avant 1895, les bureaux étaient chargés de l'*Assistance médicale*, l'article 20 du décret, leur a enlevé la direction de ce service et la disposition des crédits qui y étaient affectés. Le décret de 1895 leur a retiré également la disposition de certains fonds, qui aujourd'hui sont rattachés au budget de l'Administration centrale. Il est nécessaire d'en donner la nomenclature, car tous ces crédits sont affectés à l'*Assistance à domicile*.

Ces dépenses forment le sous-chapitre 21 du budget général de l'Assistance publique. Ce sont (1) :

Art. 1er. — Secours et frais divers.	1.192.035 fr. 50
— 2. — Service des accouchements chez les sages-femmes dans la ville et les hôpitaux	446.289 francs
— 3. — Secours représentatif de séjour à l'hospice.	1.472.000 —
— 4. — Secours de maladie	1.000.000 —
— 5. — Contribution de la ville dans les dépenses des secours pour prévenir les abandons.	618.140 —
— 6. — Secours aux anciens enfants assistés infirmes	650.000 —
— 7. — Fonds à la disposition des curés, fabriques et consistoires (2) . . .	333.375 —
Total des crédits destinés à l'assistance à domicile, à la disposition de l'administration centrale de l'Assistance publique.	5.711.839 fr. 50

(1) Budget des recettes et des dépenses de l'Assistance publique pour l'exercice 1898.

(2) C'est le montant des legs faits aux pauvres à la charge d'être distribués par les curés, consistoires et fabriques. L'Assistance publique, représentant légal des pauvres à Paris, accepte ces dons et legs et les distribue chaque année aux destinataires, selon les intentions des donataires et testateurs.

§ 3. — Budget de l'assistance médicale.

Nous venons de voir que les bureaux de bienfaisance n'étaient plus, depuis 1895, chargés de l'*Assistance médicale*, confiée au Directeur de l'Assistance publique. Il était donc conforme à la logique qu'on leur enlevât les ressources qui y étaient affectées. C'est ce que décide l'article 40 : « Les dépenses afférentes au service de l'assistance médicale forment un chapitre spécial du budget de l'assistance publique. Les fonds alloués actuellement aux bureaux de bienfaisance pour le traitement des malades et des accouchées font retour au budget général de l'Assistance publique. »

Désormais les bureaux n'ont plus à leur disposition que les fonds destinés à l'allocation des secours de maladie.

Ces dépenses forment le sous-chapitre 22 du budget général de l'Assistance publique (1).

En voici le détail en 1898 :

Art. 1er. — Indemnité aux médecins et sages-femmes	511.000	francs
— 2. — Service de vaccination	22.000	—
— 3. — Médicaments et bonis.	450.000	—
— 4. — Dépenses des dispensaires.	312.000	—
Le total de ces dépenses s'élevait à	1.295.000	—

Enfin disons pour terminer cette étude du régime financier des bureaux que tous les crédits affectés au *service*

(1) Budget des recettes et des dépenses de l'administration générale de l'Assistance publique pour l'exercice 1898.

de l'assistance à domicile à Paris se sont élevés en 1898 à 11.657.000 francs (1).

SECTION II. — Système financier. — Unité ou pluralité des caisses.

Mais ces ressources et ces dépenses une fois indiquées notre tâche est loin d'être achevée, il nous reste à nous demander comment, au point de vue financier fonctionnera le service des secours? Faut-il admettre la localisation par arrondissement des ressources charitables? faut-il au contraire réunir le tout dans une masse commune, sauf à répartir les fonds entre les divers arrondissements. C'est la très importante question de *l'unité ou de la pluralité des caisses* à laquelle nous arrivons. Le décret de 1886 avait adopté le système de la pluralité (2).

Les fonds consacrés à l'assistance à domicile étaient dépensés en partie par l'Administration centrale, en partie par les bureaux : la plus grosse part de la dépense était faite par les bureaux. Certaines dépenses étaient payées par l'Administration centrale sur un fonds commun, mais par l'intermédiaire des bureaux. Si l'un d'eux n'avait pas dépassé entièrement la part qui lui était allouée, l'excédent était annulé. C'était les dépenses fixes.

De plus le budget de l'Administration prévoyait pour les bureaux certaines subventions, réparties d'avance entre eux. Si un bureau ne faisait pas emploi de la part qui lui

---

(1) Nous comprenons dans ce chiffre les crédits qui sont à la disposition des bureaux et ceux qui sont à la disposition de l'Administration centrale.

(2) Décret du 12 août 1886, de l'article 63 à l'article 78 exclusivement.

était allouée, l'excédent lui appartenait. Les dépenses auxquelles ces subventions faisaient face s'appelaient dépenses variables.

Chaque bureau jouissait d'autre part des rentes qui lui avaient été faites, et enfin il avait le droit de s'approprier les ressources provenant des quêtes et des fêtes organisées par ses soins.

En un mot chaque bureau avait sa caisse propre et jouissait d'une grande autonomie financière puisque, si une partie des fonds qui y entraient avait un emploi déterminé, d'autres pouvaient recevoir l'affectation qu'il plaisait au bureau de leur donner.

Fallait-il maintenir ce système ? Fallait-il le remplacer par l'*unité de caisse* ? La question se présente tout naturellement à notre étude, comme elle se présenta aux auteurs du décret de 1895 ?

Nous croyons qu'il y avait contre *le système de la pluralité des caisses* plusieurs objections.

Tout d'abord, il avait pour résultat de créer entre les différents bureaux de bienfaisance à Paris, au point de vue de leurs ressources et de la quotité des secours qu'ils peuvent attribuer, une inégalité choquante : tel arrondissement (1), le 8ᵉ par exemple, a de grandes ressources et peu d'indigents à secourir, tel autre au contraire, des ressources insignifiantes et de très nombreux clients. Aussi en 1895, la moyenne des secours qui, dans le 16ᵉ arrondissement était par indigent de 125 francs, tombait à 21 francs dans le 20ᵉ. Ces inégalités provenaient de ce fait que chaque bureau profitait de ses recettes intérieures exclusivement ainsi que des rentes qui lui avaient été attribuées (2),

(1) *Répartition des fonds subventionnels pour l'exercice* 1892.
(2) « A ce propos, disait M. Napias au conseil supérieur de l'Assistance

.or il se trouvait que ses rentes et ses recettes étaient toujours inversement proportionnelles à la pauvreté de l'arrondissement. On trouvait dans les arrondissements du centre beaucoup de riches et peu de pauvres, en conséquence des ressources importantes à leur disposition ; dans les arrondissements de la périphérie, au contraire, on ne recueillait que des sommes insignifiantes, l'aisance générale étant peu considérable, et c'était justement là que les pauvres étaient le plus nombreux. Cette inégalité était d'autant plus sensible que la charité privée s'exerce plus vivement dans les quartiers riches que dans les quartiers pauvres, une infinité d'œuvres privées existe dans les uns, tandis que dans les autres, on ne trouve presque rien. Convenait-il (1) à l'assistance officielle de venir encore aggraver cette situation ? « Les impôts, a-t-on dit (2), sont les mêmes pour tous et le bénéfice qui résulte pour chacun de l'entretien général de la ville est le même aussi. Tous les habitants jouissent également du bon entretien de la voie publique, de l'éclairage des rues, de leur sécurité ? Pourquoi les secours publics feraient-ils exception à la règle ? Chaque arrondissement était devenu une véritable municipalité locale pour la distribution des secours, ce qu'il n'est pour aucun autre service. De telle

publique en 1894, on peut dire que dans certains quartiers riches où il n'y a pas de petits appartements, il existe des courettes et des taudis qui sont mis aux enchères. Il y a aux Batignolles des pauvres qui attendent le moment où ils pourront venir habiter le VIIIe arrondissement. Des agents spéciaux les préviennent. En effet, avec l'aide de la bienfaisance privée, les familles qui habitent ces quartiers reçoivent assez pour vivre avec un certain confortable. Il y a donc dans certains arrondissements des rentiers de la misère qui ne sont pas intéressants et qu'il faudrait mieux faire disparaître. »

(1) Procès-verbaux des séances de la commission de révision du décret du 12 août 1886, *op. cit.*

(2) Rapp. Fleury-Ravarin, *op. cit.*, p. 43.

sorte qu'on avait pu dire au Conseil municipal : Il est
possible d'assister à ce spectacle, de voir un indigent recevoir des secours plus ou moins importants suivant
qu'il habite les numéros pairs ou impairs d'une même
rue (1). »

A la suite du décret de 1886, l'administration s'était si
bien rendu compte des inconvénients que présentait *la
pluralité des caisses*, qu'elle avait pris toute une série de
mesures pour atténuer les différences, existant au point
de vue de la quotité des secours entre les arrondissements
riches et les quartiers pauvres (2).

Enfin le système de *l'unité de caisse* fonctionnait à Lyon
depuis longtemps avec succès, et, en 1883 le Conseil municipal de Paris s'était prononcé en sa faveur, à la suite
d'un rapport de M. Fiaux (3).

Quoi qu'il en soit, le grave défaut du système de la pluralité était d'amener l'inégalité des secours entre les différents arrondissements, mais cette inégalité n'était-elle pas
rationnelle ! Sans doute les pauvres du VIIIe arrondissement étaient mieux traités que ceux du XXe, mais n'était-il
pas nécessaire que les pauvres du VIIIe arrondissement,
qualifié de riche ne touchassent des secours plus abondants que ceux des quartiers de la périphérie. Dans les
arrondissements du centre, la vie, le logement, la nourriture, sont en effet d'un prix plus élevé que dans les autres
quartiers, il semble que l'on doive tenir compte de cette
différence.

(1) V. Gory, *Les secours à domicile dans Paris, op. cit.*, Nieilly, *L'Assistance publique dans Paris, op. cit.*
(2) Rapport, Fleury-Ravarin, *op. cit.*
(3) Rapport de M. Fiaux sur l'organisation de l'assistance à domicile,
adressé au Conseil municipal en 1883.

De plus, la centralisation des recettes, peut-on dire, constitue un vol en enlevant aux pauvres d'un arrondissement les ressources qui leur ont été spécialement attribuées, puisque, en donnant leur part dans la répartition des sommes prélevées sur l'impôt, on annule indirectement les libéralités dont ils ont été l'objet. En faisant sa donation, chaque donateur n'a-t-il pas simplement voulu ajouter un supplément aux secours déjà donnés aux indigents d'un bureau déterminé. « Il n'est pas douteux, a-t-on dit (1) au Conseil de surveillance, que tous les pauvres doivent recevoir également les secours qui sont le produit de l'impôt et que si des dons particuliers sont faits à certains d'entre eux, ils doivent les recevoir en supplément. »

Enfin cette centralisation complète aurait donné aux bureaux de bienfaisance le même régime financier qu'aux hôpitaux. On sait qu'à Paris, ces établissements n'ont aucune autonomie financière et que les ressources dont ils disposent leur sont distribuées chaque année en proportion de leurs besoins. Or, on avait constaté que ce régime favorise le gaspillage et que chaque année le budget de l'assistance hospitalière se solde par un déficit. Si le système donnait de mauvais résultats pour les hôpitaux et hospices, pourquoi l'appliquer aux bureaux de bienfaisance. Il n'y aurait plus de frein dans la dépense, personne n'ayant intérêt à ménager les fonds, et la ville de Paris serait chaque année obligée de combler le déficit.

A Lyon, si ce système donne de bons résultats, cela tient à des conditions particulières, qui ne sauraient être invoquées en faveur d'une pareille mesure à Paris.

(1) Procès-verbaux de la Commission de révision du décret du 12 août 1886, *op. cit.*, p. 21.

Après de vives discussions les trois assemblées auxquelles fut soumis le projet de décret de 1895 : le Conseil supérieur de l'Assistance publique, le Conseil de surveillance et le Conseil municipal, tombèrent d'accord pour décider que les indigents de Paris devaient être tous traités de la même façon, et proposèrent d'établir *l'Unité de caisse, c'est-à-dire la mise en commun de toutes les ressources des bureaux.* Le gouvernement se rangea à leur avis et l'on décida que l'unité de caisse serait réalisée par le procédé suivant (1) : Toutes les ressources de l'assistance à domicile formeraient une masse commune : les recettes et les dépenses de ce service constitueraient un sous-chapitre du budget de l'Assistance publique. Les budgets des bureaux disparaissaient et ceux-ci se seraient trouvés assimilés aux hôpitaux et hospices.

Le Conseil d'Etat modifia notablement ce projet et le texte définitif, tout en adoptant *l'unité de caisse* l'admit avec certains tempéraments (2).

Chaque bureau conserve son budget, qui comprend les recettes et les dépenses que nous avons énumérées plus haut. Ce budget, dressé chaque année par l'Administration centrale, est soumis pour avis aux membres du bureau : il forme un sous-chapitre spécial au budget de l'Assistance publique (3). L'égalité de secours est obtenue par le jeu de la répartition de la subvention municipale, attribuée à l'ensemble des bureaux (4). Toutefois cette égalité n'est point réalisée d'une façon absolue : car aucun bureau ne

(1) *Mémoire du directeur de l'Assistance publique* adressé au Conseil de surveillance sur l'application du décret du 15 novembre 1895, *op. cit.*
(2) Art. 18, § 1.
(3) Art. 15, décret de 1895.
(4) Ceci s'est produit dans le VIIIe arrondissement.

saurait être dépossédé de ses ressources propres, de telle sorte qu'il peut arriver qu'un bureau sans participer à la subvention municipale dispose encore par unité indigente, au moyen de ses seules ressources propres, d'une somme plus forte que les bureaux des autres arrondissements (1).

Pratiquement l'unité de caisse est réalisée de la façon suivante : toutes les recettes des bureaux doivent être versées par chaque secrétaire-trésorier dans la caisse de l'Administration. C'est le receveur de l'Assistance publique qui centralise toutes les recettes et pourvoit à toutes les dépenses (2). En ce qui concerne ces dernières : « Il est autorisé à faire aux secrétaires-trésoriers, sur mandat du Directeur de l'Assistance publique, une avance de fonds qui ne pourra excéder le douzième des sommes figurant au crédit budgétaire du bureau de bienfaisance à charge par le secrétaire-trésorier de produire à l'Administration centrale, dans le délai d'un mois, les pièces justificatives des sommes par lui payées (3). » Autrefois les secrétaires-trésoriers étaient justiciables de la Cour des comptes, aujourd'hui c'est le receveur général de l'Assistance publique qui en devient seul justiciable (4).

C'est là l'un des points les plus importants du décret de 1895. En effet, dans ces conditions, le receveur reçoit toutes les pièces comptables et désormais aucune dépense ne peut être engagée sans qu'elle lui soit soumise. L'Administration centrale peut exercer un contrôle efficace sur tous les actes des bureaux.

L'égalité de secours étant obtenue, ainsi que nous l'avons

(1) Art. 15 du décret de 1895, dernier paragraphe.
(2) Art. 18, § 2.
(3) Art. 18, § 3.
(4) Art. 18, § 2.

dit, par le jeu de la subvention municipale, il faut maintenant nous demander quel sera le mode de répartition des fonds subventionnels. Cette question en comprend elle-même deux autres : 1° la somme attribuée à chaque bureau lui sera-t-elle donnée en bloc ou avec une affectation déterminée ? 2° Sur quelle base fera-t-on la répartition entre les arrondissements ?

Première question. — En 1886, les bureaux avaient été laissés libres de disposer à leur guise d'une partie de la subvention qui leur était accordée, ainsi que nous l'avons dit plus haut. Il était résulté de cette liberté de nombreux abus (1) : les bureaux consacraient leurs ressources à une catégorie de malheureux et secouraient insuffisamment les autres. Notamment ils avaient une tendance à négliger les malades, dont ils étaient alors chargés, au profit des indigents, ce fut là l'une des causes du rattachement financier de l'assistance médicale à l'administration centrale.

Aujourd'hui en vertu de l'article 18 (paragraphes 2 et 3) le chapitre des dépenses des bureaux indique le chiffre des crédits ouverts à chacune des branches du service. Ce travail est fait par le Directeur de l'Assistance après avis du Conseil de surveillance.

Seconde question. — Sur quelles bases aura lieu la répartition des fonds réunis dans la caisse de l'Administration centrale ?

Voici les diverses solutions données à cette question dans le passé : En 1816 les sommes allouées pour le service des secours étaient réparties entre les « *bureaux de charité* » (2). Ce système fut maintenu par le règlement de

(1) Rapp. Fleury-Ravarin, *op. cit.*, p. 58.
(2) Article 38 du règlement du 19 juillet 1816.

1860 et l'arrêté du 23 février 1877 (1). Il avait le très grand désavantage de permettre aux administrateurs d'augmenter à leur volonté, — puisqu'alors c'était à eux qu'incombait le soin d'arrêter la liste des indigents — le nombre de ceux-ci de façon à obtenir une quote-part plus élevée. Aussi, la Commission chargée de préparer le décret de 1886 dut-elle imaginer une base de répartition soustraite à l'action des administrateurs. Elle crut avoir atteint ce but par l'article 73 ainsi conçu : « Les subventions pour les dépenses variables sont réparties chaque année, entre les bureaux de bienfaisance pour un cinquième proportionnellement à la population de chaque arrondissement, et pour deux autres cinquièmes en raison inverse du montant de la contribution personnelle-mobilière de chaque arrondissement divisé par le nombre d'habitants formant la population générale de cet arrondissement. Les deux derniers cinquièmes sont répartis entre les bureaux de bienfaisance des arrondissements les plus pauvres de Paris par le budget de l'administration de l'Assistance publique après avis des délégués des bureaux de bienfaisance. »

Quand fut discuté le projet de décret de 1895 devant le Conseil d'État, on reconnut que les bases de répartition adoptées par le décret de 1886 étaient inacceptables et qu'elles avaient donné des résultats incohérents.

D'abord, a-t-on dit, il est évident que le nombre des pauvres n'est aucunement proportionnel à la population des arrondissements.

---

(1) En 1877 on ajouta ceci : « lequel nombre (des ménages inscrits) sera augmenté d'autant de fois une unité qu'il y aura d'enfants ou infirmes en excédent du minimum de personnes fixé pour l'admission par l'article 37 du règlement » (art. 35 du règlement du 23 février 1877).

Quant à la seconde base, elle avait donné des résultats excessifs, indiquant qu'elle était mauvaise. En effet, le chiffre de la contribution mobilière est influencé par des éléments qui n'ont absolument aucun rapport avec le nombre plus ou moins grand des indigents.

La troisième base, celle des indigents, était plus rationnelle, mais ne pouvait-on pas lui reprocher de laisser de côté la catégorie si nombreuse des nécessiteux.

Ces bases étant reconnues défectueuses, on chercha à en trouver d'autres. On pouvait prendre le nombre des petits loyers dans chaque arrondissement, en faisant varier suivant les arrondissements le chiffre pris comme petit loyer: il y aurait un taux pour les arrondissements riches, un autre pour les arrondissements pauvres. Mais cette base serait-elle exacte : le petit loyer d'un célibataire n'est pas celui d'un petit ménage? Il faudrait, pour être juste, tenir compte tout au moins du nombre des individus habitant le logement. Restait la base tirée du chiffre des nécessiteux, mais elle aussi dépendrait de la volonté des administrateurs qui auraient certainement une tendance à augmenter le nombre des nécessiteux pour avoir une quote-part plus forte dans la répartition. Sans doute, on aurait pu prendre comme base le chiffre des indigents ou des nécessiteux pris à une époque antérieure, mais cette solution aurait conduit rapidement à de choquantes anomalies. Rien n'est plus variable, en effet, que la population indigente et nécessiteuse, soumise à des fluctuations périodiques. Les faits sont là pour le prouver. En 1885 (1), lors du percement de la rue Lagrange 600 indigents du Vᵉ arrondisse-

(1) Procès-verbaux de la Commission de révision du décret de 1886, *op. cit.*, p. 32.

ment ont émigré vers le XIIIe, de telle sorte que ce dernier a vu le nombre de ses indigents augmenter brusquement de plus de 600. Même constatation à l'ouverture de la rue Réaumur: un grand nombre d'indigents ont quitté ce quartier pour le XIe arrondissement. En adoptant une pareille base de répartition, on aboutirait de suite à des résultats faux.

Après bien des tergiversations, le Conseil d'Etat résolut d'écarter la base tirée du nombre des nécessiteux, c'est-à-dire de l'élément mobile et variable et d'adopter le chiffre de la population indigente. Pour éviter le danger d'un grossissement des listes d'indigents, on donna au Directeur le droit exclusif d'en arrêter la liste.

Ce nouveau mode de répartition est formulé par l'article 16 du décret de 1895 : « La subvention prévue par le paragraphe 3 de l'article 15 est répartie annuellement entre les 20 bureaux de bienfaisance, par arrêté du Préfet de la Seine rendu après avis du Conseil de surveillance et du Conseil municipal, en tenant compte pour chaque bureau du nombre d'indigents qu'il a à secourir et des ressources permanentes ou variables dont il dispose, de façon à assurer une répartition aussi égale que possible des secours publics entre tous les indigents de Paris. »

Tel est le régime actuel. Quels ont été ses résultats ? Faut-il l'approuver ou le repousser ?

Le système financier du décret de 1895 semble avoir réalisé deux progrès, dus aux deux idées sur lesquelles il repose : idée de centralisation, idée d'égalité des secours. Centralisation : Aujourd'hui en effet toutes les recettes et dépenses des bureaux sont contrôlées par l'Administration.

Égalité des secours : les pauvres d'un arrondissement
ne sont plus, nous l'avons vu, moins bien traités que ceux
de l'arrondissement voisin. Il paraît donc avoir supprimé
les abus antérieurs, dus au manque de surveillance sur la
gestion financière des bureaux et aux inégalités choquantes
existant entre les pauvres.

Il y a là, semble-t-il, deux avantages qui auraient dû
faire admettre sans conteste le nouveau régime financier,
et cependant les critiques, qui s'étaient déjà manifestées
au moment de la préparation du décret de 1895, s'élevè-
rent de nouveau après sa mise en vigueur.

D'abord théoriquement, on a prétendu que cette nouvelle organisation, sous prétexte d'égaliser les secours enlevait aux pauvres d'un arrondissement des fonds qui
leur avaient été spécialement attribués. Sans doute, il n'y
aurait rien à objecter à cette critique si les pauvres d'un
arrondissement étaient dépouillés d'un legs qui leur aurait été spécialement fait et que son montant profitât à
tous les pauvres de Paris. Mais, l'article 15 du décret main-
tient formellement qu'aucun bureau ne saurait être dépouillé de ses recettes intérieures, à tel point, et le cas
s'est produit, que par le seul fait de ses ressources un bureau peut jouir d'une moyenne de secours supérieure à
celle des autres arrondissements. Où est le vol ? Nous ne
le voyons pas.

C'est violer, a-t-on dit, la volonté des testateurs qui ont
entendu que leurs libéralités vinssent s'ajouter aux allocations de l'Assistance. Mais quelle a été au juste la volonté du testateur ? Disposer en faveur de certains pauvres
désignés par lui et rien de plus (1). Il nous paraît que ja-

(1) Rapp. sur le projet de révision du décret du 12 août 1886, présenté
par M. Bonthoux, *op. cit.*, p. 20.

mais les testateurs n'ont entendu subordonner leurs libéralités à la condition que l'Administration continuât aux pauvres qu'ils avaient en vue, les mêmes ressources que par le passé. Le devoir de l'Administration est de soulager les misères de la façon la plus équitable : or elle ne s'écarte pas de cette règle, quand, se trouvant en présence d'un arrondissement assez riche pour allouer un secours important à un indigent, elle songe, avant d'augmenter ses ressources par une subvention, à assurer aux arrondissements déshérités une contribution plus large. « Quand vous donnez (1), dit M. Fleury-Ravarin, aux pauvres du VIIIe arrondissement, vous en faites en quelque sorte vos héritiers et si le produit de vos libéralités suffit à les secourir, ils n'ont rien à demander à l'Assistance publique qui ne vit, elle, que du produit de l'impôt. » Il est donc faux de prétendre que les pauvres des divers arrondissements aient une aptitude égale aux subventions provenant de l'impôt. Nous ne pouvons donc qu'approuver au nom de l'égalité des secours une mesure qui tient compte des facultés de chaque bureau pour la répartition de la subvention : plus ces facultés sont élevées moins la subvention doit être considérable.

Dans la discussion, nous l'avons déjà signalé, on avait prétendu que pratiquement une pareille organisation diminuerait le nombre des libéralités et conduirait les administrateurs et les maires à se désintéresser de plus en plus des quêtes, source importante de revenus. Or examinons ces résultats.

Parmi les cinq sources de recettes qui alimentent les bureaux, il en est quatre sur le produit desquelles ceux-ci

____

(1) Rapp. de M. Fleury-Ravarin, *op. cit.*, p. 45.

sont sans action et dont les produits ne peuvent différer
sensiblement des prévisions budgétaires. La cinquième,
celle des ressources dites intérieures, donne un produit
variable, puisqu'elle se compose des dons et legs faits
aux bureaux et des quêtes. En 1896 ces recettes intérieures s'étaient élevées pour les 20 bureaux de bienfaisance
à 732,875 fr. 53, en 1897 elles ont atteint seulement
714,381 fr. 91 (1), soit une diminution de près de 20.000 fr.
Est-ce là une conséquence de l'unité de caisse?

Le montant des dons et legs a toujours été soumis à des
fluctuations qui dépendent de causes diverses. Pourquoi
la diminution constatée en 1897 ne proviendrait-elle pas
d'une de ces causes ?

En ce qui concerne le produit des quêtes, il est encore
moins certain que leur baisse soit imputable au nouveau
régime ? Depuis longtemps à Paris, les quêtes vont sans
cesse en diminuant : le tableau suivant en fait foi :

QUÊTES A DOMICILE.

En 1880 elles ont donné :	427.212	fr.
» 1881 —	499.915	»
» 1882 —	384.592	»
» 1883 —	491.953	»
» 1884 —	425.529	»
» 1885 —	474.499	»
» 1886 —	401.193	»
» 1887 —	333.642	»
» 1888 —	341.230	»

(1) Budget des recettes et des dépenses de l'Assistance publique pour
l'exercice 1898.

En 1889 elles ont donné : 332.736 fr.
  » 1890   —   334.788 »
  » 1891   —   386.870 »
  » 1892   —   366.484 »
  » 1893   —   432.349 »
  » 1894   —   372.070 »
  » 1895   —   349.323 »

Pendant toute cette période, le produit de l'année moyenne a été de 390.000 francs, or en 1897, les quêtes à domicile ont produit 340.000 francs environ, soit près de 40.000 francs en moins que la moyenne des dernières années.

La véritable cause est dans le recrutement actuel des administrateurs. Autrefois l'administrateur était la personne riche, aisée, ayant ses entrées dans le monde où l'on donne et pouvant par son influence personnelle réaliser des recettes fructueuses. Aujourd'hui d'une façon générale, le milieu social des administrateurs a changé, ils ne se recrutent plus uniquement dans la bourgeoisie, et cette transformation a eu pour résultat de faire fléchir les quêtes, les nouveaux administrateurs n'ayant pas de relations directes avec le milieu où l'on donne à bourse ouverte (1). Il est tellement vrai que l'influence des administrateurs sur les quêtes est nulle, qu'on a constaté que les quêteurs salariés faisaient des quêtes plus abondantes que les quêteurs bénévoles, les premiers se dérangeant peu pour faire des quêtes à domicile. Ce n'est donc certainement pas l'unité de caisse qui a diminué le zèle des administrateurs ; il faut attribuer la baisse des quêtes à domicile aux causes que nous venons de signaler.

(1) Rapp. Fleury-Ravarin, *op. cit.*, p. 52.

Cependant nous reconnaissons que les administrateurs n'ont plus dans une certaine mesure autant d'intérêt que par le passé à faire produire à leurs quêtes le maximum de ce qu'elles peuvent donner. Pour être fructueuses, les quêtes à domicile demandent beaucoup de zèle de la part de ceux qui en sont chargés, étant donné surtout l'hostilité que rencontrent les bureaux de bienfaisance dans les milieux aisés. Il faudrait donc tout au moins que les administrateurs n'eussent pas à craindre que leurs efforts ne produisent qu'un maigre résultat pour leurs bureaux : en tous cas s'ils montrent moins de zèle, ils risquent bien de voir leur budget en déficit, mais l'année suivante il se trouvera comblé par une subvention spéciale plus abondante.

Mais ce n'est là qu'un point de détail, et comme nous l'avons déjà dit, la baisse des quêtes est due à d'autres causes. A ce sujet, on lit dans un *Rapport sur les budgets et comptes adressé au Conseil de surveillance* (1) : « La vérité, c'est que le nombre des œuvres privées et surtout confessionnelles s'accroît tous les ans dans Paris. Ces œuvres soutenues par tous ceux qui ne veulent pas connaître les institutions laïques, prospèrent au détriment des bureaux de bienfaisance sans cesse décriés. Autrefois aussi, la quête officielle à domicile en faveur des pauvres était considérée comme un monopole accordé aux bureaux de bienfaisance. Avant bien d'autres moins justifiés, ce monopole a aujourd'hui disparu. Lorsque les quêteurs d'un bureau procèdent à leur mission, ils croisent dans leurs visites de longues théories de sœurs et dames de charité, qui ont épuisé partout, avant qu'ils soient reçus, la bourse

---

(1) En 1898, le rapporteur était M. Risler.

des œuvres charitables. »-Devant la difficulté de ce que M. Risler a appelé si heureusement « la lutte pour l'offrande » (1), ne conviendrait-il pas, pour stimuler l'action propre de chaque bureau, de fixer d'un commun accord une moyenne de recettes intérieures. Cette moyenne serait établie pour 5 ans par exemple et si par les efforts personnels des membres d'un bureau de bienfaisance elle devait être dépassée, la différence resterait acquise aux bureaux. Ce serait là une légère violation du principe de l'unité de caisse, mais peut-être serait-ce un moyen de relever les ressources intérieures des bureaux. Cette baisse a été générale en 1897, à tel point que deux bureaux, pour remédier à l'insuffisance de leurs ressources, ont obtenu du Conseil municipal une subvention spéciale (2). Nous pensons de plus qu'en présence des sommes beaucoup plus abondantes, recueillies par les quêteurs salariés, il serait utile de les substituer presque partout aux quêteurs bénévoles.

Sauf ces réformes, d'une façon générale la supériorité du régime financier nous semble certaine sur tous ces points.

Mais reste la répartition de la subvention municipale. On sait qu'elle a pour base le nombre des indigents, or depuis la mise en vigueur du nouveau décret quelques bureaux (3) ont réclamé contre elle, en faisant observer qu'elle ne tenait aucun compte de la population nécessiteuse. Nous croyons, à ce sujet, que le dénombrement de

(1) Rapport précité, p. 45.
(2) Les bureaux des XIᵉ et IIᵉ arrondissements ont obtenu respective·ment en 1897 une subvention extraordinaire du Conseil municipal : l'un de 20.000 francs, l'autre de 8.000 francs.
(3) Les bureaux des XIᵉ, XVᵉ et XVIIᵉ arrondissements (Rapp. sur le fonctionnement des 20 bureaux de bienfaisance pendant l'année 1897).

la population nécessiteuse présenterait de grandes difficultés, et surtout que cette population constitue un élément trop variable. Il vaut donc mieux conserver l'unité
indigente comme base de la répartition, à cause de sa composition stable et de son caractère de permanence, qui
supprime tout arbitraire de la part des bureaux, la liste
des indigents étant arrêtée par le Directeur général.

Mais tout en approuvant l'idée qui sert de base à la répartition de la subvention nous croyons qu'il n'est pas
juste d'assimiler l'unité indigente de tous les arrondissements. En effet, il est certain que les conditions de la vie
sont loin d'être les mêmes à Paris, surtout au point de vue
du loyer, dans tous les quartiers. Si l'on identifie tous les
indigents au point de vue du secours, on risque de faire
refluer vers les quartiers de la périphérie les indigents
des quartiers du centre. Autrefois les classes étaient confondues dans la même maison : les premiers étages étaient
occupés par les familles riches, les derniers par les pauvres, tout cela n'est plus qu'un souvenir. Aujourd'hui les
propriétaires ne font plus de petits logements dans les
étages supérieurs. Cela a fait disparaître le mélange des
classes, mélange qui existait autrefois (1). Les pauvres
désertent les quartiers riches pour aller dans les quartiers
excentriques. Aussi pour éviter une égalité qui, au fond,
devient une inégalité, on avait pensé au Conseil d'Etat,
« qu'il fallait appliquer à l'effectif des unités indigentes
de chaque arrondissement, un coefficient qui tînt compte
de la cherté de la vie » (2). Mais comment trouver ce critérium ? On pouvait penser à recourir à l'observation directe

(1) Conseil supérieur de l'Ass. publique : Discussion du projet de décret
sur les secours à domicile : discours de M. Ferry.
(2) Rapp. Fleury-Ravarin, *op. cit.*, p. 63.

et interroger les faits eux-mêmes. C'est ce qu'avait proposé M. Cheysson (1), pendant la discussion du projet de décret de 1895 : « Quand il s'agit, disait M. Cheysson, de la population spéciale qui nous occupe, au lieu de recourir à des généralités statistiques, il faut étudier de près des types d'indigents, il faut se rendre compte de la façon dont ils vivent, dont ils s'habillent, dont ils se logent. C'est ce que l'on a fait à Elberfeld, où les curateurs des pauvres ont pensé qu'il était indispensable de se rendre compte des habitudes de ceux qui composent leur clientèle. L'efficacité de la monographie est manifeste non seulement à cause de ses résultats numériques, mais à cause des renseignements qui en découlent. Lorsqu'on a vécu dans l'intimité d'une famille, qu'on en a étudié tous les rouages, on la connaît de très près. Si les administrateurs se livraient à cette étude sur des types bien choisis, les renseignements qu'ils en tireraient seraient de la plus haute importance. »

On peut faire observer que cette méthode expérimentale a déjà été mise en pratique pour les ouvriers (2). On avait en vue l'intérêt qu'ils peuvent avoir à transporter leur travail dans tel ou tel endroit et dans ce but on a dressé des budgets comparatifs : d'un côté on plaçait les revenus de l'ouvrier, de l'autre les dépenses qu'il pouvait faire. Pourquoi ne pas faire de pareilles monographies pour les indigents (3) ?

(1) Conseil supérieur de l'Ass. publique : Discussion du projet de décret sur les secours à domicile : discours de M. Cheysson.

(2) *Les cent budgets de famille*, par M. Cheysson.

(3) Le département du travail aux Etats-Unis a, en 1880, envoyé des délégués dans différents pays pour établir les budgets comparatifs des familles ouvrières. Leurs travaux sur la Belgique, la France, ont été publiés.

Ce serait à l'autorité supérieure qu'incomberait le soin de dresser ces tableaux. On pourrait créer une commission qui choisirait un certain nombre de familles et chercherait à se rendre compte exactement de leurs besoins, en faisant un état comparatif de leurs recettes et de leurs dépenses. En 1894 M. Peyron, directeur de l'Assistance publique, s'était élevé contre cette méthode, prétendant que le coefficient serait impossible à trouver et ajoutant que « ces monographies si utiles de ville à ville, de pays à pays, ne donneraient aucun résultat, si on voulait les appliquer aux différents quartiers de Paris ». Nous ne saurions admettre ces raisons destinées surtout à maintenir, malgré tout, le régime existant. Au cas d'ailleurs bien peu probable où les conditions de la vie seraient identiques, le coefficient serait égal à 1 ; et rien, alors, ne serait changé ; mais, si ces conditions étaient reconnues différentes, les monographies comparées mettraient en évidence les coefficients respectifs qui conviendraient à chaque arrondissement.

Nous continuons à croire qu'une réforme en ce sens serait désirable et que l'égalité de secours serait plus complète si, pour la répartition de la subvention municipale, on avait égard au chiffre des indigents rectifié d'après un coefficient tenant compte de la cherté de la vie dans chaque arrondissement.

Avant de terminer l'étude du système financier des bureaux, il est nécessaire de dire quelques mots *des réserves*. On se souvient de la campagne entreprise dans la presse en 1897 contre les bureaux de bienfaisance, accusés de chercher à réaliser des économies au lieu de secourir les malheureux.

D'abord qu'est-ce que les *réserves* ? (1) Ce sont des produits accumulés, provenant des fonds non employés des différents exercices. Les réserves constituent un disponible remontant à une époque très lointaine que les bureaux avaient conservé en vue de parer soit à des besoins imprévus, soit à des moins-values de recettes. En principe, l'idée de mettre chaque année des fonds en réserve ne saurait être blâmée. Évidemment on ne peut pas comparer un établissement public, à un particulier maître de son patrimoine et libre de faire des économies, cependant il n'en est pas moins vrai que la prudence conseille de frapper d'une sorte de retenue les temps de moindre misère pour doubler les secours dans les temps plus difficiles. Mais n'avait-on pas été trop loin dans cette voie surtout lorsque l'on songe qu'en 1889 les réserves des bureaux avaient atteint 1.500.000 francs pour l'ensemble des arrondissements. Si les critiques de la presse ont comme toujours manqué de mesure, n'est-il pas excessif de voir des établissements charitables conserver 1.500.000 francs en réserve, alors que de leur avis même il restait tant de misères à soulager. C'était laisser croire à la population misérable que les administrateurs des bureaux étaient plus jaloux de thésauriser que de secourir. L'importance des réserves depuis cette époque a diminué progressivement. De 1.500.000 fr. chiffre qu'elles atteignaient en 1889, elles se sont abaissées à 818.895 fr. 34 en 1896. Dans cette proportion nous approuvons le principe des réserves. L'Administration d'ailleurs depuis 1897 a engagé les bureaux à employer leurs réserves dans une large mesure, peut-être même va-t-on aller trop vite dans cette voie, car

(1) Rapport sur le fonctionnement des 20 bureaux de bienfaisance pendant les années 1896 et 1897, *op. cit.*, p. 23.

il semble résulter du projet de budget de 1899, qu'à la fin de cette année les réserves des bureaux auront disparu (1).

Nous croyons nécessaire, en terminant cette étude du système financier des bureaux, de faire remarquer, qu'il ne faudrait pas croire que l'unité de caisse puisse amener un changement dans leur situation. Or actuellement celle-ci est fort critique.

Au budget de 1897 (2) les dépenses des bureaux s'élevaient à 7.293.035 fr. 51, leurs recettes à 6.964.549,53 d'où un excédent de dépenses de 346.684 francs, excédent couvert par l'emploi des réserves.

C'était là, un état de choses peu favorable ; mais pour 1899, la situation ne s'annonçait guère comme devant être plus satisfaisante. Dans son *Mémoire sur le projet de budget de* 1899 le Directeur de l'Assistance fait ressortir une différence de 64.124 francs entre les prévisions de ressources portées au budget de 1898 et de 1899 et il s'exprime ainsi :

« Au budget de 1898 la population indigente est de 47.884 inscrits et en 1899 elle s'élève à 49.055 ; donc les bureaux auront plus de malheureux à secourir et moins de ressources. » De telle sorte que la moyenne des secours qui, en 1897, était par indigent (en défalquant les secours donnés aux nécessiteux) de 80 fr. 54 s'abaissera à 78 fr.

A ces 49.055 indigents, ajoutons les 76.000 nécessiteux, qui, comme nous l'avons vu, sont tous appelés à recevoir les secours temporaires. En 1897, ces malheureux avaient

____

(1) Par suite des déficits constatés dans le budget des bureaux pendant l'exercice 1896 les réserves ne s'élevaient plus qu'à 483.964 fr. en 1897.

(2) Tous ces chiffres sont pris dans le *Rapport sur les budgets et comptes de l'Assistance publique* présenté au Conseil de surveillance par M. Risler en 1898.

reçu une moyenne de secours de 15 fr. 70, en 1897, ils n'auront que 8 fr. 33.

En un mot, il résulte des chiffres produits par l'Administration qu'en 1899, près d'un million fera défaut pour assurer aux indigents et nécessiteux les mêmes secours qu'en 1897. Notons qu'à la fin de cette année, les dernières réserves des bureaux seront épuisées et que nous ne parlons pas de l'insuffisance des secours représentatifs de séjour à l'hospice.

Ce n'est certes pas l'unité de caisse qui pourra changer sensiblement un pareil état de choses. La situation critique des bureaux existait avant elle, et quoi qu'on ait pu dire, elle lui est étrangère. Ce n'est pas le nouveau régime qu'il faut rendre responsable, mais de nombreuses causes que nous aurons successivement l'occasion de signaler ; quant au remède, il n'existe que dans l'augmentation notable de la subvention municipale (1).

(1) Voici ce que disait à ce propos M. Jules Legrand, sous-secrétaire d'État à l'Intérieur, dans le dernier ministère, dans une lettre adressée au Préfet de la Seine (décembre 1898) au sujet du budget de l'Assistance publique pour l'exercice 1899 : « Le fonds de réserve étant à peu près complètement épuisé, il ne sera plus possible d'y recourir pour couvrir les déficits qui se produisaient annuellement. Il est donc de toute nécessité que l'Assistance publique, pour établir des budgets sincères sans majorations de recettes, ni évaluations insuffisantes de dépenses, examine avec attention la situation très grave où elle va se trouver et indique les moyens auxquels elle compte recourir pour éviter tout déficit. Il est indispensable aussi qu'on se garde de créer de nouveaux services d'une manière imprévoyante et je tiens à ce que désormais l'Assistance publique n'ouvre plus un service nouveau, ne développe plus un service existant sans que je l'y aie autorisée formellement. »

TITRE II

DISTRIBUTION DES SECOURS.

SECTION I. — Indigents et nécessiteux.

On ne saurait distribuer des secours aux indigents sans
s'appuyer sur certains principes. L'assistance officielle
qui vit de l'impôt, doit s'inspirer de règles d'autant plus
sévères qu'il lui faut ménager les facultés des contribuables. De là, la nécessité de poser des principes en matière d'assistance, qui peuvent se résumer ainsi (1) :

1° *Toute attribution de secours doit être précédée d'une
enquête ;*

2° *Le droit de statuer sur la demande de secours ne doit
jamais être confié à une seule personne, et doit être attribué à une autre autorité que celle qui fait l'enquête.*

Tout d'abord la nécessité d'une enquête préalable à la
distribution des secours est manifeste. Cela est surtout
nécessaire dans une grande ville comme Paris, où l'on se
trouve en présence de tant de faux mendiants, « de professionnels » comme on les appelle. Les moyens employés
pour tromper l'Administration prennent les formes les
plus variées : les uns fraudent sur le nombre de leurs en-

(1) Rapp. Fleury-Ravarin, *op. cit.* ; Nielly, *L'assistance à domicile dans
Paris* ; Gory, *Les secours à domicile dans Paris* ; Congrès international
d'assistance de 1889 ; Procès-verbaux de la Commission de révision du
décret du 12 août 1886.

fants, déclarant qu'ils en ont trois ou quatre alors qu'ils n'en ont qu'un ou même pas du tout; d'autres sur leur état civil, en prenant des noms supposés, quelques-uns reçoivent des secours d'œuvres privées et viennent néanmoins réclamer le concours de l'Assistance publique. Tout ceci avec la complicité du concierge et des voisins, auxquels parfois on va jusqu'à promettre une part dans les secours reçus. Il est donc inutile d'insister pour montrer qu'un bon système d'enquête s'impose pour arriver à une organisation rationnelle des secours à domicile.

Quant au second principe il n'est pas moins nécessaire que le premier. « Il faut que la décision sur les secours à accorder n'appartienne pas à la même personne qui visite les pauvres et qui prend connaissance de leurs besoins. » Ainsi s'exprimait, en 1816, un membre du Conseil général des hospices dans un rapport adressé à cette assemblée. « Si l'enquêteur, dit M. Fleury-Ravarin (1), distribue lui-même les secours, il est à craindre que son jugement ne soit influencé par la vue directe des misères qu'il constate, qu'involontairement il ne soit entraîné à soulager plus largement certaines misères qui lui vont plus au cœur, mais qui en réalité ne sont pas les plus grandes. » Or on ne doit en cette matière jamais oublier que l'Assistance publique tire de l'impôt une grande partie de ses ressources, et par conséquent elle doit se garder de céder aux impulsions du sentiment. Il semble donc préférable de confier le droit de statuer à un tiers qui se prononcera après enquête. Connaissant l'âme plus ou moins sensible de ses enquêteurs, il se prononcera en connaissance de cause, car il saura apprécier le degré de confiance

____

(1) Rapport Fleury-Ravarin, *op. cit.*, p. 27.

de leurs rapports et fixera en conséquence la quotité de ses
allocations. Son jugement risquera moins d'être faussé
par des considérations étrangères au sujet et il répartira
plus équitablement les secours entre les plus dignes d'intérêt. »

Deux questions s'imposent donc à notre étude : 1° Comment est organisé le service des enquêtes ? 2° Comment
et par qui sont attribués les secours ?

Nous les étudierons dans deux paragraphes distincts.

§ 1. — Enquêtes.

Avant 1895, la première règle que nous avons énoncée
plus haut, à savoir que « toute distribution de secours
doit être précédée d'une enquête », était fréquemment vio-
lée. C'était la même personne qui faisait l'enquête et qui
allouait les secours, il en résultait que souvent on accordait des secours sans une enquête préalable.

Le décret de 1895 a cherché à réagir contre ces errements et à perfectionner le service des enquêtes. Désormais toute attribution de secours est précédée d'une enquête.

La nécessité de n'accorder des secours qu'après enquête
repose sur un principe tellement évident, que le décret
de 1895 n'a pas jugé nécessaire de le formuler. Si dans l'ancienne organisation, des secours étaient distribués sans
enquête, cela tenait à ce que les administrateurs avaient
en partie la libre disposition des fonds destinés à secourir
les malheureux et par là même une tendance à les distribuer trop facilement. Les enquêtes n'avaient pas lieu par
négligence, mais non pas parce qu'on en discutait le principe.

L'article 8 du décret de 1895 s'occupe de la question des enquêtes. « Il est attaché pour le service des enquêtes, des visites et des quêtes, à chaque bureau, des commissaires et des dames patronnesses, dont les fonctions sont gratuites et au besoin des agents salariés. » En fait, il faut ajouter à ce personnel spécial les administrateurs qui, chargés de la direction du service et d'assurer la distribution des secours, chacun dans leur circonscription, font par eux-mêmes un grand nombre d'enquêtes (1).

Pratiquement, comment fonctionne le service? Toute personne qui désire obtenir des secours s'adresse au bureau de bienfaisance de son arrondissement. Avant d'accéder à sa demande, on fait toujours une enquête. Chaque arrondissement est divisé en circonscriptions appelées divisions : à la tête de chacune d'elles est placé un administrateur auquel sont adjoints des commissaires et dames patronnesses en nombre variable. En principe, c'est ce personnel qui est chargé dans chaque division de faire l'enquête, mais si cependant, il n'est pas en nombre suffisant, on a recours subsidiairement à des enquêteurs salariés attachés à chaque bureau et dont le nombre n'est pas limité. En général, les enquêtes relatives aux indigents sont faites par le personnel bénévole, celles qui concernent les nécessiteux et les malades par le personnel salarié.

Les délais de la durée de l'enquête, c'est-à-dire depuis l'enregistrement de la demande à la mairie jusqu'au dépôt du rapport, varient de 2 à 4 jours dans 15 arrondissements, de 2 jours à 10 dans 2 et de 5 jours à 20 dans 3.

La façon dont se font les enquêtes change suivant les arrondissements : en principe, l'enquêteur doit se présen-

______

(1) Rapport sur le fonctionnement des 20 bureaux de bienfaisance en 1896 et 1897, *op. cit.*

ter au domicile du solliciteur et essayer d'obtenir soit de lui, soit de ses voisins, le plus de renseignements possible sur son état, sa situation, sa santé, le nombre de ses enfants, son honorabilité. Il doit rechercher s'il n'est pas un professionnel de la mendicité, s'il n'est secouru par aucune œuvre privée, et si personne n'est tenu à son égard de la dette alimentaire. Puis il doit joindre à tout ceci ses observations et son opinion personnelle. Les résultats consignés dans un rapport, sont alors transmis à l'autorité chargée de statuer sur l'attribution des secours : jamais actuellement, un enquêteur soit bénévole, soit salarié ne peut attribuer lui-même aucun secours (1).

Ce système doit-il être approuvé? Il semble mériter plusieurs critiques. Et d'abord en fait, quoiqu'on puisse citer certains arrondissements où le service des enquêtes fonctionne d'une façon satisfaisante, il en est nombre d'autres dans lesquels il est loin d'en être ainsi. Si l'on examine le personnel bénévole, les administrateurs et commissaires, les documents officiels nous apprennent que souvent les enquêtes sont faites par eux à la légère, que certains gardent des demandes de secours sans les instruire. On cite notamment un arrondissement où, dans ces conditions, les indigents et nécessiteux d'une division sont restés un mois sans secours ; le plus souvent ils renvoient les demandes de secours à la délégation permanente avec des avis favorables insuffisamment motivés. Certes, ce ne sont là heureusement que des cas exceptionnels, et qui peuvent à la rigueur s'expliquer quand on songe au nombre considérable de demandes et au petit nombre des administrateurs et commissaires. La plupart

(1) Rapport adressé au Conseil municipal sur les secours à domicile en 1896 par M. Bompard.

au surplus exercent une profession et ne peuvent se consacrer exclusivement aux pauvres.

Nous savons bien, qu'à côté d'eux, il existe des agents
salariés. Mais par économie on n'en a pas créé en nombre
suffisant de sorte que certains d'entre eux font 30 visites
par jour et n'ont pas ainsi le temps matériel de faire une
enquête sérieuse.

Si l'on passe aux délais de l'enquête, n'est-il pas scan-
daleux que, dans 3 arrondissements, ils varient de 5 à
20 jours. Comment un secours peut-il être efficace lorsqu'il
est distribué 20 jours après la demande qui en a été faite ?
Il y a là un abus criant, bien fait pour exaspérer les indigents et nécessiteux, qui en sont les victimes (1). Et même
en général la durée de 2 à 4 jours nous paraît trop longue :
jamais au maximum une enquête ne devrait en principe
durer plus de 48 heures. Cependant ces critiques ne s'appliquent qu'à la façon dont fonctionne en fait le service
des enquêtes et il semble que par un meilleur recrutement des administrateurs, par une augmentation du personnel salarié ces difficultés pourraient être résolues. Le
vice du système nous paraît venir de plus haut, de l'existence de deux personnels distincts et de la divergence de
vues qui en résulte.

A notre avis, il n'y a que deux solutions possibles, ou
recourir à un personnel d'*enquêteurs salariés* — ou n'admettre qu'un *personnel d'enquêteurs bénévoles* ? Lequel
adopterons-nous ?

Le système, consistant à choisir des enquêteurs gratuits, de simples citoyens, est pratiqué dans *le Système
dit d'Elberfeld*, nom de la ville allemande où il a été pour
la première fois appliqué.

____

(1) Rapport de M. Bompard, *op. cit.*

Les réformateurs d'Elberfeld sont partis de ce principe que chaque indigent doit être examiné à part, au point de vue de ses occupations, de ses habitudes d'existence, de ses capacités physiques et intellectuelles et que l'assistance doit pour lui correspondre aux circonstances spéciales qui constituent son individualité. Or, pour obtenir des informations précises sur la situation réelle des vrais indigents comme aussi pour se protéger contre les faux pauvres qui exploitent la charité de leurs concitoyens, il faut avoir le concours d'un grand nombre d'hommes de bonne volonté (1).

Mais avant de donner des détails plus complets sur l'organisation de la bienfaisance à Elberfeld, il est nécessaire de dire quelques mots sur la législation charitable allemande.

Il y a en Allemagne, à l'heure actuelle, trois législations régissant l'assistance publique : l'Alsace-Lorraine a conservé le système français, la Bavière a une législation particulière et enfin la Prusse et 26 États ont la loi dite du *libre domicile de l'assistance* votée le 4 juin 1870, qui se borne à poser des principes généraux et laisse en vertu de son article 8 à chaque État fédéral le soin d'en régler les détails par *une loi dite d'exécution*. Chaque État fédéral peut donc organiser à sa manière l'assistance publique, déterminant de quelle manière et dans quelle proportion l'assistance doit être donnée aux indigents, au moyen de quelles ressources les dépenses peuvent en être couvertes.

Aux termes de l'article 1er de la loi « tous les sujets allemands de la Confédération du Nord ont des droits à

____

(1) P. A. Leroy, L'assistance publique en Allemagne. *Revue d'administration*, 1889-90. Congrès international d'assistance de 1889.

l'assistance publique dans l'État confédéré quel qu'il soit, où ils se trouvent ».

L'assistance publique est locale ou régionale. Locale elle est à la charge de la commune ; — régionale, c'est à des « districts des pauvres » organisés par chaque loi particulière, qu'il appartient d'assister les pauvres qui n'ont pas de domicile de secours (1).

Nous n'entrerons pas dans tous les détails de cette loi, et nous nous contenterons de dire qu'en Prusse chaque commune forme un district de l'assistance, dont la direction est confiée aux autorités locales. Les communes en Prusse, dans des conditions qu'il serait trop long d'énumérer, jouissent de l'autonomie administrative la plus entière. Dans chaque commune, les autorités locales ont donc toute liberté pour organiser les services de la bienfaisance publique. Seulement, en vertu de la loi prussienne d'exécution du 8 mars 1871 tout membre de la commune jouissant de ses droits civiques est *tenu d'accepter des fonctions gratuites pendant trois années consécutives dans l'administration communale des pauvres*, de même que chez nous on est obligé d'accepter les fonctions de juré. On ne peut être affranchi de cette obligation que si l'on est malade, si l'on a des affaires obligeant à des déplacements prolongés ou que si l'on occupe un emploi public. Tout refus non justifié entraîne une amende et la perte des droits civiques pendant une durée de 3 ou de 6 années.

L'organisation d'Elberfeld date de la loi du 19 juillet 1862 revisée en 1861 et en 1876.

Cette dernière loi institue une députation qui porte le nom d'« *Administration municipale des pauvres* ». En outre

(1) Nous ne parlerons pas du domicile de secours en Allemagne, ce qui nous entraînerait beaucoup trop loin.

du bourgmestre, président de droit, elle compte 4 membres du Conseil municipal, et 4 citoyens élus pour 3 années par le Conseil. Cette administration est aidée dans sa tâche par 31 présidents de districts (*Bezirksvorsteher*) et 434 curateurs des pauvres (*Armenpfleger*) pour l'assistance à domicile.

Le président a la direction d'un district composé de 14 quartiers, chaque curateur a le soin d'un quartier indiqué par les numéros des maisons. En général, il n'a à s'occuper que de 5 ou 6 pauvres ou ménages de pauvres, pas davantage. Toute demande de secours doit être adressée au domicile du curateur du quartier, qui fait immédiatement une enquête sur la situation de l'indigent, s'informe si celui-ci a une famille, et, en cas d'affirmative, du nombre de ses enfants ; il évalue les ressources, que l'impétrant et ses enfants peuvent réunir par leur travail ou autrement. Le curateur doit rechercher aussi les pauvres honteux, aider les indigents à trouver du travail et les secourir aussi bien moralement que matériellement. En cas d'urgence, il est autorisé à accorder un secours de faible importance. Mais ce n'est là qu'une exception : la règle est que les demandes soient portées devant le président du district, dans la réunion des curateurs, qui décide, à la majorité des voix, s'il y a lieu oui ou non d'accorder un secours et qui en fixe la quotité.

Le système d'Elberfeld n'est ni impérieux, ni répressif : le curateur n'a souci que de relever le pauvre de la dégradation et doit par tous les moyens possibles lui procurer du travail et relever son moral. On ne peut pas dire non plus que ce système soit inquisitorial, parce que l'octroi de tout secours est précédé d'une enquête sur la situation de l'indigent.

Que résulte-t-il du système d'Elberfeld ? C'est que les curateurs connaissent parfaitement les pauvres qu'ils sont chargés de secourir, toutes les circonstances de leur vie, leurs besoins réels, etc. Aussi tout faux pauvre, tout parasite est écarté et les malheureux, vraiment dignes d'intérêt, sont seuls secourus.

A Elberfeld, grâce à l'application de ce système, les allocations aux vrais pauvres ont pu être doublées. Voici d'ailleurs les progrès qui y ont été réalisés par l'application du système. En 1853, Elberfeld comptait 4.000 pauvres sur 50.000 habitants. Depuis, voici le nombre des assistés : 2.950 en 1855, 1.285 en 1865. 1.096 en 1875, 1.000 en 1890 alors que la population passait de 50.000 à 110.000 habitants (1). Au début, la proportion était d'un indigent secouru sur 12 habitants, en 1875 elle était de 1 sur 172. La dépense qui s'élevait à 1.178.000 marks en 1865 tombait à 98.000 en 1875, soit de 3 marks 53 à 1 mark 52 par habitant.

Le système d'Elberfeld est adopté partout dans un grand nombre de villes d'Allemagne où il a donné d'excellents résultats.

A *Berlin*, l'administration de la bienfaisance est partagée entre deux grandes commissions : l'une, l' « *Armendirection* », s'occupe uniquement de la gestion des deniers communaux destinés à secourir les malheureux, du fonctionnement des services d'assistance alimentés par les fonds du budget de la ville. Cette commission se compose de 25 membres dont 16 sont nommés par l'assemblée municipale. Le premier bourgmestre désigne les neuf autres membres.

----

(1) P. A. Leroy, *L'assistance publique en Allemagne, op. cit.*

La seconde commission, *Stiftungs deputation*, est celle de l'assistance privée. Elle est nommée de la même façon que la précédente et a l'administration des dons et legs faits à la ville pour les pauvres.

Ces commissions ont un personnel distinct d'employés placés sous la haute direction du premier bourgmestre.

L'*Armendirection* est aidée dans sa tâche par de nombreux sous-comités (*Armencommission*) au nombre de 254, qui s'occupent chacun d'un district territorial. Ces comités sont formés de 10 à 12 citoyens élus par le corps municipal qui exercent gratuitement les fonctions de curateurs des pauvres.

La clientèle de chaque curateur varie quant au nombre; cependant d'une façon générale il s'occupe de 20 indigents au plus. Les curateurs vont voir les solliciteurs, et émettent dans les séances de l'*Armencommission* un avis sur les demandes qu'ils ont à instruire. La commission décide s'il y a lieu d'accorder ou de refuser un secours. Dans l'affirmative elle en fixe le chiffre. Jamais un employé salarié ne fait d'enquête, cette mission est exclusivement confiée aux curateurs.

Le système d'assistance de Berlin est donc le même que celui d'Elberfeld. Cependant si toutes les enquêtes sont faites par des citoyens, il faut noter qu'à Berlin les curateurs sont en nombre insuffisant puisqu'ils ont sous leur direction plus de 20 indigents ou familles d'indigents, alors qu'à Elberfeld un curateur est chargé tout au plus de 6 familles. C'est là une différence considérable entre le mode d'assistance des deux villes: à Berlin, où les pauvres forment un contingent considérable, le rapprochement entre le curateur et les indigents n'est forcément plus aussi étroit qu'à Elberfeld.

A *Cologne* nous retrouvons aussi le système d'Elberfeld avec quelques modifications. La ville forme 62 sections de bienfaisance, à la tête desquelles sont un président et « *des hommes d'honneur* », citoyens qui remplissent gratuitement les fonctions des curateurs des pauvres, et sont au nombre de 800. Chaque « *homme d'honneur* » n'a jamais plus de 5 pauvres sous ses ordres. Ils font les enquêtes, remettent les secours au domicile de l'intéressé, et les visitent au moins une fois par mois. A la suite de cette visite chaque « *homme d'honneur* » émet un avis sur la situation nouvelle du pauvre. Selon qu'elle s'est aggravée ou modifiée, l'allocation est supprimée ou maintenue. Jamais un « *homme d'honneur* », sauf le cas d'urgence, ne peut accorder un secours, l'attribution en est décidée par le comité tout entier.

Nous n'hésitons pas à placer Cologne parmi les villes allemandes qui ont adopté le système d'Elberfeld, et cependant on lui a fait subir des modifications fort graves. En effet, il existe dans cette ville un personnel rétribué chargé de faire les premières enquêtes. Il semblerait donc que ce soit là une mesure absolument contraire aux principes sur lesquels repose le système d'Elberfeld. Néanmoins on doit remarquer que ce personnel salarié n'est composé que de 10 agents, ensuite qu'il s'occupe exclusivement des indigents au point de vue administratif ; leur rôle se borne en effet à savoir si le solliciteur a des parents pour le soutenir, s'il a son domicile de secours à Cologne, s'il n'est pas secouru par d'autres œuvres. Dans ces conditions les véritables enquêtes à domicile étant faites par les citoyens bénévoles, qui d'ailleurs après la première enquête s'occupent uniquement des malheureux, on peut soutenir qu'à Cologne les principes essentiels du système d'Elberfeld sont bien respectés. Il y avait cependant là un fait à signaler.

A *Hambourg*, au contraire, on applique d'une façon absolue le système d'Elberfeld. La ville est divisée pour l'assistance aux pauvres en 105 divisions subdivisées en autant de sections qu'il y a de fois 70 familles pauvres. Le nombre des curateurs varie proportionnellement à la quantité des pauvres que renferme la section. En règle ordinaire jamais un curateur ne s'occupe de plus de 5 familles ; sauf en cas d'urgence, les secours sont fixés dans les réunions des comités. Aucun fonctionnaire salarié ne prend part aux enquêtes.

Nous pourrions citer encore un très grand nombre de villes allemandes dans lesquelles le système d'Elberfeld est appliqué intégralement, mais nous préférons montrer que dans d'autres pays, on l'a adopté avec succès, notamment en Belgique. Là même, nous sommes d'autant plus fondés à en parler que l'organisation de l'assistance belge est basée sur les mêmes principes qu'en France. Française pendant plus de vingt ans, nos lois du 24 vendémiaire an II, du 7 frimaire an V et du 27 vendémiaire an VII y furent successivement appliquées et n'ont pas été modifiées depuis, tout au moins dans leurs principes essentiels. Dans chaque commune, il existe comme en France un bureau de bienfaisance, dont les fonctions sont de distribuer et de répartir les secours à domicile. Seulement en Belgique, la loi d'organisation communale oblige les bureaux de bienfaisance des villes de plus de 2000 habitants à organiser des *comités de charité*, en nombre variable, véritables sections du bureau, qui sont chargés de remettre directement les secours aux indigents assistés à domicile. Or, nous voyons que, dans quelques villes belges, le système d'Elberfeld fonctionne d'une façon satisfaisante ; en insistant sur ce fait que là pas plus qu'en France, les fonctions de membres du bureau de bienfaisance ne sont obligatoires.

A *Hasell*, le bureau de bienfaisance est divisé en 6 sections comprenant chacune environ 10 membres. Chacun d'eux a 6 ou 7 ménages sous sa surveillance. Tout le service charitable est fait gratuitement par les membres des bureaux.

Même règle à Gand, où 150 citoyens de bonne volonté, désignés sous le nom de *maître des pauvres*, remplissent les fonctions de curateurs. Chaque « *maître des pauvres* » a la charge d'une quinzaine de ménages. En principe ce sont ces maîtres des pauvres, qui font toutes les enquêtes sur les malheureux de leur circonscription.

A Paris, d'ailleurs, il existe (1) actuellement un arrondissement dans lequel les principes du système d'Elberfeld sont mis en pratique. Nous voulons parler de l'*Œuvre de la curatelle des pauvres du IIIe arrondissement*. Fondée en 1885 par M. Toutée, maire de l'arrondissement, cette association eut à l'origine pour but de faciliter au maire la distribution des secours aux nécessiteux. L'arrondissement fut divisé en 45 ilots et 265 sections. On fit appel à un certain nombre d'habitants de bonne volonté, qui se chargèrent gratuitement des enquêtes et qui furent appelés « *curateurs* ». Il y en avait deux ou trois par ilot, de telle sorte qu'ils avaient sous leur direction 5 ou 6 familles malheureuses. Ces curateurs instruisaient toutes les demandes de secours, sur les personnes habitant leur cir-

____

(1) Rapport sur le fonctionnement du IIIe arrondissement en 1896 et 1897, *op. cit.*, p. 92.

conscription, le résultat des enquêtes était communiqué dans les 48 heures à la mairie.

Afin d'enlever tout caractère inquisitorial à la curatelle, on évita de confier aux curateurs les demandes de secours formées par les indigents de leur voisinage. Cette particularité constitue une différence avec le système allemand, d'après lequel « le curateur » est choisi dans le voisinage du pauvre dont il a la charge.

Depuis le décret de 1895 l'institution s'est forcément modifiée, *la délégation permanente* étant chargée désormais de tous les nécessiteux. A cette époque les membres de l'œuvre qui étaient administrateurs ou commissaires se rattachèrent au bureau, les autres se réunirent pour former une œuvre privée et restèrent chargés des secours de toutes sortes, mis par la ville de Paris à la disposition des maires (1). Les premiers font actuellement des enquêtes pour le bureau de bienfaisance, les seconds pour la nouvelle œuvre, qui a conservé le nom de *Curatelle des pauvres du IIIe arrondissement*.

Mais quoique séparés, les membres du bureau et de la curatelle ont encore de nombreux rapports et continuent comme par le passé à se fournir des renseignements. Aujourd'hui encore dans le IIIe arrondissement, on peut dire que le système d'Elberfeld fonctionne en fait : toutes les enquêtes étant faites par le personnel bénévole en 48 heures au plus, et chaque administrateur ou commissaire ayant fort peu de malheureux sous sa direction. Ajoutons que c'est l'arrondissement de Paris, où les enquêtes sont faites le plus rapidement et où les frais généraux sont le moins élevés. Excellents résultats, avantages évidents de

____

(1) Secours de loyers, de chômage, etc. Voir plus haut page 53.

la curatelle des pauvres, qui est l'application à Paris du système d'Elberfeld.

Un tel système pourrait-il être généralisé ? Pourrait-il être appliqué non pas seulement sur un point déterminé, mais dans tous les arrondissements, pour toutes les catégories de secours ? Nous ne le croyons pas. Tout d'abord le principe même du système d'Elberfeld réside dans cette idée qu'il est nécessaire pour secourir les indigents d'obtenir le concours du plus grand nombre possible de personnes, de telle sorte que chacune d'elles n'ait sous sa direction qu'un nombre très restreint de malheureux. Or, à Paris, trouverait-on le personnel suffisant? Il y a annuellement plus de 300.000 demandes de secours, chiffre officiel qu'on peut du reste considérer comme étant au-dessous de la vérité, et si l'on admet qu'un enquêteur puisse au grand maximum faire quatre enquêtes par jour, où trouverait-on le personnel suffisant, alors qu'aujourd'hui l'Administration n'arrive qu'avec peine à recruter ses administrateurs et ses commissaires en nombre pourtant fort restreint? Tandis que, à Berlin, 2.500 personnes s'occupent de 50.000 indigents, il y a à Paris à peine 2.000 administrateurs et commissaires pour une population misérable de plus de 125.000 individus (1).

Donc première critique : insuffisance du personnel bénévole qui s'explique par la difficulté du recrutement des administrateurs et commissaires. « Ce résultat, dit M. Fleury-Ravarin (2), découle de deux faits, l'un topographique, et l'autre politique. Depuis l'annexion des communes suburbaines, la population parisienne s'est groupée

(1) Rapp. de M. Bompard sur les secours à domicile, adressé au Conseil municipal en 1896.
(2) Rapp. de M. Fleury-Ravarin, *op. cit.*, p. 18.

suivant une loi des plus curieuses. Si l'on trace une ligne
nord-sud, suivant les boulevards de Strasbourg, Sébas-
topol et Saint-Michel, on constate que les quartiers situés
à l'est sont ceux où la population pauvre est la plus nombreuse, ceux de l'ouest, au contraire, se distinguent par leur
petit nombre d'indigents. Or, dans les premiers, on trouve
peu d'hommes qui par leur situation, par leurs loisirs,
par leur éducation, soient capables de devenir de bons
administrateurs. Dans les seconds, on en trouve assurément, mais ils se dérobent à la fonction, c'est ici qu'apparaît le fait politique dont nous parlons. Ce fait, c'est
la désertion regrettable de l'assistance publique par les
personnes de la classe riche qui préfèrent porter leurs
largesses aux œuvres privées, répondant mieux à leurs
goûts, à leurs opinions, à leurs tendances, aux œuvres
confessionnelles qui s'inspirent de leurs convictions religieuses. »

Mais supposons ce recrutement possible, trouvera-t-on
chez ce personnel toutes les qualités voulues ? Les enquêtes à Paris sont certainement plus difficiles que celles qui
peuvent se faire dans une ville de moyenne importance.
Le métier d'enquêteur est fort dur et fatigant. Continuellement les visiteurs sont mal accueillis, calomniés. Ces
fonctions d'ailleurs exigent un apprentissage sérieux.
Écoutons quel doit être le rôle du visiteur d'après le règlement d'Elberfeld : « Le visiteur, y lit-on, exerce une
fonction civique des plus importantes (1). Il faut pour la
bien remplir une charité active, une grande fermeté dans
le sentiment de la justice. La charité est nécessaire pour
écouter les requêtes des pauvres avec douceur et affection,

(1) Congrès international d'assistance de 1889.

la fermeté pour repousser les demandes injustifiées, pour
limiter, après un examen scrupuleux, les secours indis-
pensables afin d'empêcher que l'assistance ne soit un
moyen d'encourager la paresse et l'immoralité. » Il faut
savoir, en effet, démêler le faux du vrai, se mettre en
garde contre les mendiants professionnels, apprécier les
véritables misères. Or, il nous semble qu'un enquêteur volontaire n'acquerra que bien rarement les qualités qu'exige
une telle fonction.

En somme nous nous trouvons en présence de deux ordres de faits : insuffisance, manque d'éducation et d'expérience du personnel ; toutes deux dues surtout aux difficultés du recrutement et au milieu social dans lequel il
est choisi.

Autrefois, en effet, l'Administration ne choisissait les
administrateurs que parmi les gens riches et considérés.
Elle les déchargeait du soin de visiter et inspecter les
pauvres, inspection réservée à des commissaires visiteurs,
gens aisés acceptant de devenir les patrons de quelques
ménages indigents. Aujourd'hui les conditions sont chan-
gées : toutes les bonnes volontés sont acceptées. L'administrateur tout en restant la personne considérée, n'est
plus obligatoirement riche. L'aisance de vie des administrateurs et commissaires est une question sortie depuis
longtemps des préoccupations de l'Administration (1). Or,
avec l'organisation, avec le milieu social nouveau dans
lequel sont choisis les administrateurs et les commissaires, il est évident que l'on va se trouver en présence d'individus auxquels leurs occupations ne permettent pas,
comme autrefois aux gens aisés et riches, de se consacrer

(1) Nielly, *L'assistance publique à domicile dans Paris, op. cit.*, p. 35.

à la distribution des secours. Nous ne prétendons certes
pas que les administrateurs et les commissaires manquent
tous de dévouement dans l'exercice de leurs difficiles
fonctions ; ceux que nous avons signalés plus haut, et
qui gardent pendant des mois les demandes de secours
sans les instruire, sont heureusement des exceptions;
nous croyons même que leur zèle en général ne se dé-
ment pas un instant, mais, et ceci est encore une influence
du milieu social, nombre d'entre eux avec les meilleures
intentions sont occupés à leurs affaires personnelles, et
ne peuvent entièrement se donner aux soins de l'assistance. Quelques-uns traitent les indigents avec rudesse et
passent pour réserver leurs faveurs à certains pauvres.
D'autre part, la politique entre dans l'assistance, d'autant plus que souvent les fonctions d'administrateur ne
sont considérées que comme un échelon pour arriver aux
situations politiques ; les indigents sont des électeurs
qu'on cherche à ménager pour l'avenir, et sur lesquels la
pression est plus facile : la clientèle d'électeurs est formée, et l'administrateur devient conseiller municipal et
député. Et si ce n'est pas le but politique qu'on poursuit.
c'est souvent un but plus intéressé encore. L'administrateur ou le commissaire sont quelquefois commerçants,
marchands de vins, et l'on comprend alors facilement le
chemin suivi par l'argent destiné aux secours, parti de la
caisse du bureau, distribué par l'administrateur et rentrant
dans sa caisse propre.

Les qualités requises chez le personnel de l'assistance
ne se trouvent donc aujourd'hui que rarement, et sou ent
on confie la distribution des secours à des gens chez qui
les sentiments charitables ne comptent que fort peu et
qui ne voient dans leur nouveau titre que le moyen de se

créer une notoriété locale (1). Nous ne prétendons certes pas qu'il soit impossible de trouver un certain nombre de personnes capables de mener à bien la tâche qu'elles auraient acceptée puisque cela s'est réalisé dans le IIIe arrondissement, mais ce n'est dans tous les cas qu'en prenant les administrateurs parmi les personnes aisées, que l'on pourra arriver à une distribution satisfaisante des secours.

Mais comment trouver à Paris, parmi les catégories sociales dont nous parlons, assez d'administrateurs et de commissaires : leur nombre quoique bien augmenté depuis 1895 est encore bien insuffisant. A Berlin, il y a un curateur pour 20 pauvres, il faudrait avec cette proportion près de 6.000 administrateurs et commissaires à Paris, il n'y en a que 2.000 et pourtant le recrutement est fait dans toutes les classes de la société. Que sera-ce si l'on en revient au système d'autrefois? Et puis ces personnes riches auront-elles toutes les qualités désirables. Sans douter de leur zèle, croit-on qu'elles sacrifieront leurs habitudes de voyage, de plaisir, leurs affaires pour se tenir constamment à la disposition des pauvres, seront-elles assidues aux séances des bureaux, se mettront-elles directement en rapport avec les malheureux (2)? Même avec un personnel semblable, avec des gens qui peuvent mieux, à raison de leur situation sociale, se consacrer à leurs fonctions, la distribution des secours laisserait encore à désirer.

A notre avis, ces défauts plus ou moins graves suivant le milieu social où l'on recrute les administrateurs sub-

---

(1) V. Rapp. Fleury-Ravarin, *op. cit.*, p. 18.
(2) Vée, *Du paupérisme et des secours publics dans la Ville de Paris.*

sisteront tant que le personnel restera bénévole, tant qu'on
ne recourra pas aux enquêteurs salariés.

Dès 1834 M. Vée écrivait déjà (1) : « On a trop compté
sur les services administratifs gratuits, c'est surtout en
fait de secours que l'on a pu dire : rien n'est cher comme
le bon marché. » Si les administrateurs ne sont pas assi-
dus, s'ils ne remplissent pas leurs fonctions avec tout le
zèle désirable, c'est qu'on ne les paie pas. C'est alors avec
ce système que l'on pourrait ouvrir à toutes les classes
sociales les fonctions d'administrateurs et de commissaires, et qu'on obtiendrait plus d'assiduité aux séances des
bureaux. « L'assiduité, a dit M. Peyron (2), au Conseil
de surveillance n'est assurée que par des jetons de présence. Il est facile de s'en rendre compte en comparant
l'exactitude dont font preuve les membres des commissions où l'on donne des jetons de présence. Or l'assiduité
aux séances des bureaux étant une chose précieuse et à
peu près indispensable, je suis donc partisan d'accorder
aux bureaux la faculté d'accorder des jetons. » Mais d'une
part, si faibles que soient ces jetons de présence, leur
montant total n'en causera pas moins une brèche considérable au patrimoine des pauvres, et n'arrivera-t-on
pas ainsi à créer tous les inconvénients du fonctionnarisme
sans en avoir les avantages. Jamais ces fonctionnaires ne
pourront recevoir une rétribution suffisante, on aboutira
à créer ainsi une dépense supplémentaire et le service
n'en sera pas mieux assuré.

Ce qu'il faut donc, à notre avis, c'est opérer une transformation complète du service : *confier à un personnel*

(1) *Id.*
(2) Conseil supérieur de l'Assistance publique. Discussion du projet de
révision du décret de 1886.

bénévole la direction morale et la surveillance, à un person-
nel salarié les enquêtes et les visites (1).

Seul le concours d'agents salariés nous paraît efficace
pour le service des enquêtes. Nous voudrions voir généra-
liser une mesure qui n'existe qu'à l'état d'exception dans
le décret de 1895. Véritables fonctionnaires hiérarchisés,
soumis au contrôle de leurs chefs, les agents salariés
peuvent être astreints à un service régulier et assidu.
Stimulés par la perspective de l'avancement, ils montre-
raient plus de zèle que les enquêteurs bénévoles et seraient
surtout responsables de leur conduite. Ils ne pourraient,
sans de graves conséquences pour leur situation, donner
prise aux allégations de ceux qui prétendent qu'il existe
une classe de favorisés parmi les malheureux. Sans doute
ce système coûterait cher, mais qu'importe si le service
est mieux fait, et aboutit à des résultats plus pratiques !

Tous les secours émanant d'une même source, toutes
les enquêtes étant faites par un service unique de visiteurs, il serait possible de savoir très exactement le nombre de secours délivrés et de personnes secourues. En 1881,
l'administration de l'Assistance publique voulut (2) créer
un répertoire général des personnes secourues. Une fiche
était établie au nom de toute personne qui à un titre quelconque recevait l'aide donnée sous quelque forme qu'elle
l'eût été. Ces fiches permettaient de constituer un « *casier
d'assistance* » indiquant d'une façon claire pour chaque
personne secourue le nombre et la nature des secours reçus.
Cette tentative de création d'un casier d'assistance complet

----

(1) Vée, *Du paupérisme et des secours publics dans la ville de Paris. Op.
cit.*

(2) Par l'arrêté du 23 juin 1881, pris sur la proposition du Conseil de surveillance et du Conseil municipal.

échoua, parce que tous les administrateurs et commissaires ne fournissaient pas des renseignements exacts et réguliers. Avec le système d'enquêteurs salariés, que nous proposons, l'établissement d'un répertoire général pourra facilement être constitué, les enquêtes étant faites d'après les mêmes principes. Peu à peu en effet ces agents salariés s'exerceront comme par une sorte d'apprentissage à leurs difficiles fonctions. On pourra les laisser dans une même circonscription, où ils connaîtront les indigents, à la condition qu'on ne leur fixe pas par jour un maximum d'enquêtes trop élevé (1). Une semblable organisation permettrait, et ce serait un nouvel avantage, d'accroître la rapidité des enquêtes, que l'on ne verrait plus comme aujourd'hui durer 20 jours.

Toutes les demandes de secours, en effet, étant centralisées au bureau, les rapports à l'appui de ces demandes pourraient être produits le lendemain à l'autorité chargée de l'attribution des secours. Nous ne nous faisons pas cependant trop d'illusions, nous savons bien que des habitudes s'établiraient alors dans la conduite des enquêtes et que, grâce à la routine administrative, ces habitudes deviendraient ainsi des règles fixes dont on ne sortirait plus, faisant disparaître ainsi peu à peu l'esprit d'initiative, si excellent, de l'aveu de tous, en pareille matière. Nous voulons créer une nouvelle classe de fonctionnaires, cela aura beaucoup d'inconvénients ; mais ils nous paraissent largement compensés, par les avantages présentés par ce système. C'est devant l'impossibilité à peu près absolue où nous nous sommes trouvés d'assurer avec le personnel bénévole le service des enquêtes que nous n'avons pas hésité

(1) Gory, *Les secours à domicile dans Paris, op. cit.*, p. 82.

malgré toutes les graves objections qu'il soulève à adopter cette création d'enquêteurs salariés, fonctionnaires de l'Assistance.

Cette impossibilité avait été déjà signalée, pour la ville de Londres par M. Loch, au Congrès international d'Assistance de Paris en 1889. « Il faut remarquer, disait-il, que, dans les très grandes villes, l'Assistance publique risque de ne trouver qu'un faible concours auprès des citoyens. Désireux d'échapper à l'étroitesse de vue de l'esprit paroissial, et ne voulant pas s'en rapporter trop exclusivement à la bonne volonté des citoyens, les Anglais ont adopté dans l'Administration de la *poor law*, le système des enquêteurs et des distributeurs salariés. »

Au-dessus des enquêteurs salariés, et ayant le pouvoir de contrôle, seraient les administrateurs, chargés de l'attribution des secours. Ils resteraient en rapport avec les indigents, d'abord en continuant comme aujourd'hui à porter à domicile les titres de secours, ensuite en faisant eux-mêmes des enquêtes à l'improviste (1), enquêtes qui auraient le double but de contrôler la situation des personnes secourues d'une part, de l'autre l'exactitude des rapports des agents salariés. De cette façon, comme le dit si justement M. Nielly, « déchargés de l'assujettissement des détails dont ils abandonneraient l'exécution à des collaborateurs salariés, les administrateurs pourraient veiller de haut, quoique intimement, à la direction du service dont ils sont chargés » (2).

Le système, que nous désirerions voir adopter, a d'ailleurs été préconisé plusieurs fois tout au moins dans ses

---

(1) Analogue aux visites que font en Angleterre les *cross visitors*, visiteurs salariés à l'improviste. Ces enquêtes aident à découvrir bien des fraudes.

(2) Nielly, *L'assistance publique à domicile dans Paris, op. cit.*, p.40.

grandes lignes, notamment en 1896 dans un rapport de
M. Bompard (1) sur les secours à domicile, de plus il
fonctionne dans quelques villes étrangères.

En Angleterre les *Board of Guardians* qui sont chargés
de la surveillance de l'assistance dans chaque *Union* sont
des citoyens élus, mais ils s'occupent uniquement de la
direction du service et de l'attribution des secours. C'est
un employé rétribué, le *relieving officer*, qui est chargé de
faire les enquêtes et de distribuer les secours dont l'allocation a été décidée par le *Board of Guardians*. Les fonctions de cet agent sont fort lourdes en effet : il doit recevoir toutes les demandes émanant de son district, examiner
chaque cas qui se présente en visitant le domicile du
solliciteur et en prenant sur lui tous les renseignements
les plus variés. C'est lui qui produit les résultats de son
enquête devant les *Guardians* et qui distribue les secours
dont l'allocation est décidée. En présence de pareilles
obligations, comme le faisait remarquer M. Loch, les
Anglais ont pensé qu'on trouverait difficilement pour la
distribution des secours, et particulièrement pour l'accomplissement des formalités qui doivent la précéder, des
personnes agissant à titre gratuit (2).

De pareilles mesures ont encore été adoptées en Belgique : à *Bruxelles*, par exemple, les fonctions d'enquêteurs
sont remplies par des agents salariés. Dans chaque *comité
de charité*, deux inspecteurs visitent les pauvres, rédigent
pour chaque demande un rapport circonstancié sur ce qu'ils
ont vu et les renseignements qu'ils ont recueillis. Les rapports des enquêteurs sont soumis aux membres du *comité*

____

(1) Rapport de M. Bompard sur les secours publics à Paris en 1896,
adressé au Conseil municipal, *op. cit.*
(2) Chevallier, *La loi des pauvres en Angleterre*, *op. cit.*

de charité. L'enquête est-elle conforme aux déclarations des pauvres, les conclusions de l'inspecteur sont ratifiées. Au contraire, si elles sont contredites, un des membres du comité procède à une contre-enquête. Excellent système qui permet un contrôle sérieux et régulier des actes des employés salariés.

En Allemagne, même dans les villes qui ont adopté le système d'Elberfeld, comme *Cologne*, des employés salariés, incidemment il est vrai, sont chargés de la première enquête (1).

Enfin en France, *à Lyon*, il existe un personnel d'agents salariés, chargés des enquêtes. On avait remarqué, en 1891, que les secours à domicile étaient mal distribués, que les demandes augmentaient sans cesse, à tel point que la moyenne des secours mensuels s'était abaissée à 1 fr. 35 par indigent. Vingt inspecteurs salariés furent alors nommés pour toute la ville, et remplacèrent les administrateurs dans le service des enquêtes. On procéda à une révision générale de la liste des indigents (2), et dès le 15 janvier 1892, 1653 faux pauvres avaient été rayés, et la moyenne de secours mensuel relevée à 16 fr. 45 par indigent (3).

Ce sont là des exemples concluants.

(1) Voir plus haut ce que nous avons dit à ce sujet, p. 235.
(2) « Notre rôle, disait M. Schulz, à Lyon, est moins d'avoir des clients à titre perpétuel, que de savoir aider ceux que la maladie, le chômage ou d'autres causes fortuites plongent dans la misère. »
(3) Conseil supérieur de l'Assistance : Discussion du projet de révision du décret du 12 août 1886.

§ 2. — Attribution des secours.

En enlevant de la sorte aux administrateurs, toutes les
préoccupations de détail du service absorbant des enquêtes, on arriverait à respecter scrupuleusement le second
principe essentiel en matière de distribution de secours :
« Le droit de statuer sur la demande de secours et la distribution, doit appartenir à une autorité autre que celle
qui fait l'enquête. » On éviterait ainsi la partialité, le parti
pris involontaire qui peuvent se faire jour. Avec l'organisation actuelle, telle que nous l'avons signalée, il n'en est
pas ainsi, puisque les administrateurs qui s'occupent de
la distribution des secours, sont aussi en principe chargés
des enquêtes.

C'est, en tout cas, cette seconde face de la question qu'il
nous faut examiner maintenant.

Par quelles autorités et comment est-on admis à participer au secours ? et nous aurons à voir successivement
comment sont attribuées les diverses catégories de secours,
que nous avons envisagées dans la première partie de cette
étude.

Nous avons du reste à signaler la nécessité d'une troisième règle aujourd'hui unanimement adoptée, quelle que
soit la nature du secours, et qui a l'avantage de réaliser la
meilleure attribution possible des secours, le maximum
d'impartialité et d'équité, nous voulons dire que les secours doivent être attribués par un ensemble de personnes
et non par un seul individu.

A. — *Indigents (Secours mensuels en argent).*

Nous avons déjà indiqué quelles personnes pouvaient
être secourues comme indigents, mais parmi ces person-

nes, et une fois l'enquête effectuée, il est nécessaire de faire un choix et c'est le résultat de cet examen qui se traduit par l'établissement de la *liste des indigents*. C'est donc la confection de cette liste que nous allons étudier.

Sous le régime du décret de 1886 « la liste des indigents » était établie par les bureaux de bienfaisance eux-mêmes. Cette liste n'était pas limitée et pouvait s'accroître indéfiniment ; une fois par an seulement, l'Administration centrale concourait à sa révision de concert avec les bureaux.

Le décret de 1895 ne laisse plus aux bureaux que le soin de préparer la liste en vertu de son article 20, ainsi conçu : « Ne peuvent être admis à recevoir des secours annuels que les indigents inscrits sur la liste générale préparée chaque année par le bureau de bienfaisance et arrêtée par le directeur de l'Assistance publique. Les radiations en cours d'année sont opérées dans les mêmes formes que les inscriptions. »

Si l'on s'en était tenu rigoureusement à ce texte, il eût fallu attendre l'expiration de l'année pour opérer de nouvelles inscriptions, mais l'Administration, interprétant le décret plus libéralement, a autorisé les bureaux à combler au fur et à mesure les vacances se produisant sur la liste dans le cours de l'année par suite de décès, de déménagements, de radiations pour un motif quelconque.

En retirant aux bureaux, pour l'attribuer au Directeur, le droit d'arrêter la liste des indigents, le décret a voulu remédier aux inconvénients de l'ancien état de choses. Les bureaux n'apportaient pas une manière de voir uniforme dans l'examen des titres des candidats ; quelques-uns même cherchaient à grossir leur population indigente pour obtenir une quote-part plus forte dans la ré-

partition de la subvention municipale, faite au prorata
de cette population. Et puis en fait, l'inscription normale-
ment prononcée par la commission administrative était
en réalité laissée à la discrétion individuelle des administrateurs. Aussi actuellement, le Directeur ne se borne-
t-il pas à enregistrer simplement les propositions des
bureaux, toutes ses décisions sont précédées d'une contre-
enquête effectuée par les visiteurs de l'Administration
centrale.

Il importait, d'autre part, qu'un même esprit présidât à
la formation de la liste dans les divers arrondissements :
l'unité de vues étant d'autant plus nécessaire que le nouveau décret précise moins que l'ancien les conditions
d'inscription, la condition d'un âge déterminé notamment
n'existe plus (1).

Faisons remarquer qu'il y a là dans une certaine mesure une application de notre principe, puisque c'est en
définitive le Directeur qui arrête la liste des indigents ;
cependant remarquons que ce sont les administrateurs
chargés en principe par le décret du service des enquêtes,
qui font les propositions sur lesquelles le Directeur est
appelé à statuer.

Voici comment fonctionne ce système : L'indigent qui
désire être admis sur la liste adresse au maire sa demande.
Une enquête est faite sur son compte et soumise au bureau
de bienfaisance. A la première réunion plénière, le dos-
sier du solliciteur est présenté par l'administrateur divisionnaire et le bureau délibère sur la proposition à faire.
Chaque année la liste est arrêtée le 30 avril. Chacune
des inscriptions proposées par les bureaux est soumise à

____

(1) Rapp. sur le fonct. des 20 bureaux de bienf. en 1896 et 1897, p. 11.

une contre-enquête spéciale faite par les visiteurs de l'Administration centrale. Ceux-ci vérifient la situation des personnes présentées, s'assurent par tous les moyens possibles que ces personnes n'ont pas de parents tenus à leur égard de la dette alimentaire. Le chef du service des secours examine les dossiers pour que toutes les inscriptions soient prononcées d'après une même appréciation des conditions requises (1).

La distribution des secours aux indigents est réglée par l'article 25 du décret de 1895. Ils sont payés sur des cartes nominatives, et sur l'acquit de la partie prenante. Chaque mois avant le paiement, elles sont visées par l'administrateur. « Lors du paiement mensuel les cartes de secours restent entre les mains du secrétaire-trésorier : sur le vu de ces cartes, l'administrateur contrôleur établit un procès-verbal constatant leur rentrée régulière au bureau, et constituant un certificat de vie pour l'intéressé.» Les cartes sont ensuite remises aux administrateurs qui demeurent chargés de les faire parvenir aux indigents. Cette mesure permet aux administrateurs et commissaires, d'être sans cesse en contact avec les indigents dont ils sont chargés et empêche tout détournement des secours donnés par des personnes étrangères, à l'aide de procédés indélicats. Malheureusement, souvent les administrateurs et commissaires se contentent de déposer les cartes chez les concierges ; c'est là un fait absolument contraire à l'esprit du décret (2).

Ajoutons que, depuis 1897, les administrateurs sont autorisés à recevoir certains jours les indigents de leur cir-

---

(1) Voir plus haut pages 22-23.
(2) Rapp. de M. Bompard sur les secours à domicile adressé au Conseil municipal en 1896.

conscription, mais à la condition qu'aucune distribution de cartes ou de titres de secours ne puisse y être faite. Ces réceptions ont lieu dans les *dispensaires*, mais dans un local spécial (1).

Le système inauguré par le décret de 1895 pour l'inscription des indigents a soulevé les critiques des bureaux (2).

Ils se sont élevés en premier lieu contre le principe même de l'article 20, qui fait proposer les inscriptions par les bureaux, mais qui donne au Directeur seul le droit de prendre une décision. Il est cependant facile de répondre que, si on laisse les bureaux arrêter sans contrôle le nombre des indigents, alors que les fonds subventionnels sont répartis d'après ce nombre, ceux-ci auront intérêt à en grossir le chiffre pour obtenir une subvention plus forte. De plus ce serait revenir aux inconvénients du régime antérieur : à l'arbitraire du Directeur responsable on substituerait l'arbitraire des bureaux dont la responsabilité collective est illusoire, en tout cas moins efficace. L'application rigoureuse de ce système donnait il est vrai à craindre que quelques décisions ne fussent contestées par les bureaux intéressés. Dès les premiers jours on s'est préoccupé des moyens de prévenir cette éventualité (3).

(1) Ces réceptions existaient autrefois dans les maisons de secours avant 1895 : c'était là que se faisaient les distributions de secours en nature et même des secours en argent. Les secours en nature ayant été à peu près complètement supprimés par le décret de 1895, l'Administration avait fait cesser ces réceptions, dans la crainte que les administrateurs ne bornassent à ces entrevues leurs rapports avec les indigénts, et n'aillent plus porter les titres de secours à domicile. A la suite de nombreuses réclamations, ces réceptions ont été autorisées de nouveau en 1897.

(2) Rapp. de M. Bompard, *op. cit.*

(3) Rapport sur le fonctionnement des 20 bureaux de bienfaisance en 1896 et 1897, p. 11.

La question d'une *commission centrale* chargée de statuer sur les contestations-qui-pourraient se produire entre l'Administration et les bureaux avait été prévue pendant l'élaboration du décret de 1893 (1). Cette commission aurait eu un double rôle : en premier lieu comme tribunal d'appel, elle aurait eu à réformer les décisions des bureaux et à veiller à ce qu'aucun malheureux digne d'intérêt ne pût se trouver écarté ; en second lieu elle devait trancher les dissentiments qui auraient pu surgir entre le Directeur et les bureaux au sujet de la confection de la liste des indigents. Il n'avait pas paru possible au Conseil d'État que l'autorité chargée de l'attribution des secours aux indigents pût être, quelle qu'elle soit, investie d'un pouvoir sans contrôle. On pensa que sans même reconnaître un droit aux secours publics il était indispensable d'ouvrir une voie d'appel aux indigents qui se prétendraient victimes d'un refus injustifié de secours (2).

Les refus de secours auraient été notifiés par lettre motivée aux intéressés : ces derniers, dans un délai de huit jours à partir de la notification, auraient pu se pourvoir devant la commission qui aurait prononcé en dernier ressort sur toutes les réclamations. Ce projet ne fut pas maintenu dans la rédaction définitive. On craignit avec raison que cette commission n'éveillât l'idée d'un droit au secours, droit qui n'est pas encore reconnu par notre législation charitable. De plus on fit remarquer que le décret donnait aux indigents de nombreuses garanties. En effet, les propositions d'inscription, soumises d'abord à

(1) Rapport Fleury-Ravarin, *op. cit.*, p. 9.
(2) L'arrêté du 16 floréal an IV instituait un bureau général de 48 membres, pris dans les 48 comités de bienfaisance de Paris pour examiner les réclamations des indigents.

l'examen des administrateurs, discutées ensuite devant le bureau tout entier, sont enfin arrêtées par le Directeur, dont la décision constitue un dernier contrôle.

Depuis cependant, sur la proposition de M. Risler, au Conseil de surveillance, la question est revenue à l'ordre du jour. De nombreux bureaux demandaient que dans le cas où des dissentiments s'élèveraient entre eux et l'Administration centrale au sujet de l'inscription des indigents, on organisât une *commission d'appel*, chargée de statuer. Après examen, on reconnut qu'en présence du texte du décret, il ne pouvait être créé de commission d'appel, mais qu'on pouvait former une *commission consultative* devant laquelle seraient portés officieusement tous les cas où les bureaux se trouveraient en désaccord avec le Directeur. Nous devons ajouter que depuis 1899, époque où la commission a été formée, aucune contestation (1) ne lui a été soumise.

La nouvelle solution a l'avantage de respecter le principe de l'autorité directoriale, — la commission ne statuant qu'officieusement, — tout en donnant aux indigents toutes les garanties désirables.

B. — Secours aux vieillards (Secours représentatifs
de séjour à l'hospice).

La distribution des secours représentatifs de séjour à l'hospice en faveur des vieillards et infirmes est réglée par l'article 29 du décret. « Ils sont alloués par le Directeur de l'Assistance publique sur la proposition des bureaux de bienfaisance après avis de la *Commission de placement dans les hospices* et suivant les règles d'admission dans

____

(1) Rapport sur le fonctionnement des 20 bureaux de bienfaisance en 1896 et 1897, p. 12.

ces établissements.́ » Les propositions des bureaux sont
faites en assemblée plénière dans les mêmes formes que
pour les indigents.

Quant à la *Commission de placement dans les hospices*
constituée en 1860 (1), elle est composée de sept membres : un membre du Conseil de surveillance président, un
maire ou un adjoint, deux membres des bureaux de bienfaisance, un inspecteur de l'administration de l'Assistance
publique, les chefs de division des hôpitaux et hospices et
des secours. Cette commission se réunit tous les mois :
elle examine les demandes des personnes qui veulent être
admises à l'hospice et donne son avis sur les candidats à
la pension représentative proposés par les bureaux (2).

Le Directeur, en ce qui concerne ces secours, n'est nullement lié, soit par les propositions des bureaux, soit par
l'avis de la commission de placement, il statue souverainement. En plus, le dixième des secours représentatifs
peut être accordé par lui sans présentation des bureaux
de bienfaisance (3).

Aujourd'hui ces secours sont distribués sans distinction
d'arrondissement. C'est là une innovation : autrefois, les
secours représentatifs étaient répartis par arrondissement,
de telle sorte que dans un arrondissement un vieillard
pouvait être admis aux secours avant tel autre vieillard
infiniment plus malheureux.

Les secours représentatifs sont payés aux vieillards dans
la même forme que les secours mensuels aux indigents.

____

(1) Arrêté du 27 août.

(2) Mémoire sur les mesures à prendre pour l'assistance des vieillards
de plus de 70 ans, adressé au Conseil de surveillance par le Dr Napias,
op. cit., p. 34.

(3) D. de 1895 : art. 29, par. 2.

Nous ne croyons pas devoir insister sur cette seconde catégorie de secours, les règles qui la dominent et les critiques qui lui sont faites étant en tout semblables à celles que nous avons signalées quand nous nous sommes occupés de l'attribution des secours aux indigents.

C. — *Secours aux nécessiteux (Secours temporaires en argent. — Secours en nature).*

Lorsqu'il s'agit des nécessiteux, les difficultés pour l'admission aux secours sont particulièrement graves, en effet, on manque de critérium et c'est pourtant dans ce cas qu'il importe surtout de ne pas se tromper, car le secours refusé à l'un et donné à l'autre produit un double mal social. « Le véritable nécessiteux éconduit, dit M. Gory (1), est exposé à tomber dans un état d'indigence d'où l'aurait peut-être sauvé un secours donné à temps, et voilà une charge de plus pour la société ; le faux nécessiteux secouru s'enfonce davantage dans sa paresse puisqu'il sait pouvoir obtenir sans effort ce que le travail ne lui donnerait qu'au prix d'un dur labeur. C'est ainsi qu'une distribution aveugle des secours favorise la mendicité et peut devenir pour un pays une cause de décadence. » Quand il s'agit des nécessiteux, on peut dire dans une certaine mesure que ce qui importe c'est moins la profusion des secours qu'une distribution rationnelle dont il est nécessaire de préciser les règles. Or ce qui nous semble avant tout indispensable, c'est que chaque administrateur, même s'il a fait l'enquête lui-même, n'ait pas le pouvoir discrétionnaire d'attribuer ou de refuser des secours. Sans cela, attiré par le mirage d'une popularité facile. il sera incité

(1) Gory, *Les secours à domicile dans Paris*, op. cit., p. 47.

à une division infime des secours entre tous ceux qui se
présentent, division qui aura pour résultat d'enlever au secours toute son efficacité. C'est ce qui avait lieu sous le régime du décret de 1886. Ce décret réservait bien à la Commission administrative l'attribution de tous les secours
temporaires, mais son article 40 permettait d'ouvrir un
crédit au maire et à chacun des administrateurs pour accorder directement et individuellement des secours d'urgence. Par suite d'une pratique irrégulière l'exception
était devenue la règle : on établissait un partage entre le
maire et les administrateurs, non pas de tous les crédits
limités conformément à l'article 40, mais de tous les crédits disponibles. A l'aide de ces crédits les maires d'un
côté, les administrateurs de l'autre, secouraient les premiers plus spécialement les nécessiteux, les seconds les
indigents ayant besoin de secours exceptionnels. C'était
l'action personnelle de chacun des membres du bureau
substituée à l'action collective de la Commission administrative. Outre que la distribution des secours se faisait avec beaucoup trop de lenteur les postulants étaient
livrés à la merci d'un dispensateur unique et souverain.
Ce mode de distribution avait entraîné de nombreux inconvénients et parfois des abus, notamment l'inégalité et
la dissémination des secours. En effet si honnête et si bien
intentionné que soit un administrateur, il a cependant
ses sympathies, ses préventions. Aussi les fonds n'étaient-
ils peut-être pas consacrés au but qui leur était assigné.
On citait des administrateurs, distribuant uniquement
des secours aux pauvres de leur rue et ignorant ceux
de leur division, certains allouaient des secours unifor-
mes sans se préoccuper de la différence des situations,
quelques-uns épuisaient prématurément leurs crédits,

tandis que d'autres au contraire les ménageaient tellement qu'à la fin de l'année ils en distribuaient la presque totalité en 8 jours. Un certain nombre, avant de partir
pour la campagne, donnaient sans compter ou bien quelquefois réservaient tout pour leur retour (1).

En réalité ce système était celui de la souveraineté des
administrateurs et il était la violation manifeste des deux
règles, énoncées plus haut : une autorité spéciale doit
être chargée de l'attribution des secours, et cette autorité
doit être collective. Il était avant tout nécessaire ici,
comme en ce qui concerne les indigents, de séparer l'autorité chargée de l'enquête de celle qui devait statuer sur
ses résultats, et en même temps de confier à une collectivité l'attribution des secours jusque-là donnés en fait à
une seule personne. Mais à qui confierait-on le souci de
l'attribution des secours ?

On pouvait songer d'abord à l'Administration centrale,
et cela avait paru à l'origine une excellente mesure. Les
bureaux, disait-on, sont mal outillés pour s'occuper des
nécessiteux. Ils se défendent mal contre les mendiants
professionnels qui changent si souvent de quartier. En
chargeant de ce soin l'administration centrale, on pourrait créer un casier d'assistance, où seraient inscrits tous
les nécessiteux assistés, de cette façon le même individu
ne saurait plus toucher plusieurs secours. Les fraudes
deviendraient plus difficiles puisque l'on pourrait contrôler
tous les renseignements. Avant 1884 d'ailleurs les bureaux de bienfaisance n'intervenaient que partiellement
en faveur des nécessiteux, secourus alors par l'Adminis-

_____

(1) Rapp. de M. Bompard sur les *Secours à domicile à Paris* en 1896.
— Gory, *Les secours à domicile dans Paris*, p. 49. — Nielly, *L'assistance publique à Paris*, op. cit., p. 41.

tration centrale. Cette mesure avait donné de mauvais résultats et c'est à la suite de ces faits qu'on avait attribué tout le service aux bureaux. Les indigents et les nécessiteux ne forment pas deux catégories de malheureux absolument séparés : Le nécessiteux d'aujourd'hui pouvant devenir l'indigent de demain. Le fonctionnement d'un système charitable où les uns et les autres ressortiraient à des autorités différentes deviendrait donc très compliqué.

Enfin on objectait que constamment les malheureux seraient incités à se rendre au siège de l'Administration centrale. « Et alors de tous les points de Paris, les malheureux éparpillés aujourd'hui un peu partout se rendraient à l'avenue Victoria. On verrait alors de véritables cortèges de loqueteux, de misérables, assiéger l'Administration centrale de leurs sollicitations (1). » Cette solution, qui de plus avait le grave défaut de confier à une autorité unique la distribution des secours, fut repoussée, et l'on adopta une mesure qui donna à une délégation du bureau l'attribution des secours aux nécessiteux.

Ce fut la *délégation permanente*, l'une des innovations du décret de 1893. — En créant ce nouvel organe, on a voulu réaliser une sorte de permanence qui pût statuer immédiatement sur les demandes de secours présentant un caractère d'urgence, les réunions plénières des bureaux n'ayant lieu que tous les 15 jours, leur représentation ne devait pas dans l'intervalle s'effacer complètement. Enfin cette délégation étant composée de plusieurs membres, le droit de statuer individuellement était par là même enlevé aux maires et aux administrateurs. De la sorte, on respectait complètement les deux principes que

(1) Rapp. Fleury-Ravarin, *op. cit.*, p. 86.

nous avons formulés en matière d'attribution des secours.

Aux termes de l'article 7 du décret, *une délégation du bureau de bienfaisance* se réunit chaque jour à la mairie, sous la présidence du maire ou d'un adjoint désigné par lui. Elle se compose de 4 administrateurs, à raison de 1 par quartier, désignés chaque semaine à tour de rôle. En cas d'empêchement, les membres de la délégation se font remplacer par leurs collègues (1).

En vertu de l'article 13, *la délégation permanente* est spécialement chargée de l'attribution des secours aux nécessiteux et aux indigents qui ont besoin d'être secourus extraordinairement. De plus on lui a confié l'attribution des secours de maladie (2), des secours de grossesse, d'allaitement et des secours aux accouchées, en un mot de tous les secours temporaires. C'est encore elle qui attribue les secours en nature, dans les arrondissements où ils ont été conservés, et enfin c'est elle qui décide si l'admission à l'assistance médicale gratuite doit être accordée oui ou non (3).

Les secours en argent accordés par la délégation sont payés sur bons numérotés détachés de livrets à souche et signés par le maire ou son délégué. De plus ces bons ne

---

(1) Voici quels sont les secours distribués par la délégation (Voir plus plus haut, p. 46) :

1° Les secours de maladie,

2° Les secours de grossesse,

3° Les secours aux accouchées,

4° Les secours d'allaitement,

5° Les secours individuels,

qui se sont élevés à 2.869.000 fr. en 1897.

(2) De plus les délégations permanentes distribuent dans certains arrondissements les secours de la Ville de Paris, confiés aux maires : secours de loyer, de chômage, etc.

(3) Avant 1893, c'était une commission, *dite du service médical*, qui décidait si l'assistance médicale gratuite devait être accordée oui ou non.

peuvent plus, comme par le passé, être valables indéfiniment. Le secours accordé aux nécessiteux a en effet un
caractère d'urgence bien marqué, si celui qui le demande
ne le touche pas immédiatement, c'est la meilleure preuve
qu'il n'en a pas besoin. Désormais, les bons ne sont valables que pendant un mois ; sauf le cas de maladie, ils sont
touchés et acquittés au bureau par le porteur lui-même.

Quant aux objets en nature, ils sont délivrés contre reçu.

Dès avant sa création et pendant la discussion du projet
de décret, l'institution de la délégation permanente avait
été violemment critiquée. Son fonctionnement, avait-on
dit, serait complètement impossible : jamais les maires
et les administrateurs ne sauraient s'astreindre à venir
chaque jour à la mairie. Quelle situation, d'autre part,
allait-on faire aux administrateurs, en les dépouillant du
droit de statuer sur les secours ? Personne ne consentirait
à assumer une pareille charge.

Sur ce dernier point, il est cependant facile de voir que
la plus belle partie de leur tâche leur reste à accomplir,
car il leur appartient toujours de visiter les pauvres, de
leur porter des secours et de signaler à leurs collègues les
misères les plus intéressantes. Cette nouvelle situation
leur permet même de dégager leur responsabilité et de se
mettre au-dessus des soupçons qui, en présence des abus
commis, pouvaient atteindre les plus honorables, car le
pouvoir qui leur était donné de statuer individuellement
sur l'attribution des secours a été, à notre avis, l'une des
causes du discrédit des bureaux de bienfaisance devant
l'opinion publique et devant les indigents exaspérés quelquefois par des marques trop évidentes de favoritisme (1).

(1) Rapport de M. Bonthoux sur le projet de révision du décret du
12 août 1886, p. 13.

Et quant à la mise en pratique, les faits ont démenti en grande partie les critiques anticipées faites à l'institution nouvelle. Dès les premiers jours de 1896 *la délégation permanente* a fonctionné dans les 20 arrondissements. Le mode de fonctionnement a été généralement régulier et conforme à l'esprit du décret et l'assiduité des administrateurs a été presque partout satisfaisante. La distribution des secours a été accélérée, d'une façon très sensible (1). On peut même citer l'adoption par certaines délégations de quelques mesures importantes. Parmi ces dernières, nous devons mentionner l'établissement de dossiers ou de fiches au nom de tous les postulants, la rédaction d'un procès-verbal relatant pour chaque séance les allocations et les refus de secours, avec la quotité accordée.

La tâche remplie par les délégations permanentes est parfois fort considérable : dans quelques arrondissements, en 1897, le nombre des dossiers soumis s'est élevé jusqu'à 200 par jour. Ce sont là des points qu'il importe de mettre en lumière.

Certes, on peut signaler quelques errements défectueux, mais qui ne sont que très exceptionnels. En premier lieu, on constate que l'assiduité des administrateurs aux séances laisse parfois à désirer ; dans certains arrondissements les décisions ont été en moyenne prises par 2 administrateurs seulement. C'est là une pratique contraire à l'esprit du décret, et qui rend illusoire l'application de ce principe, « que la décision doit appartenir à une collectivité ».

De plus, dans quelques autres, il est arrivé que des se-

____

(1) Rapport sur le fonctionnement des 20 bureaux de bienfaisance en 1896 et 1897, p. 7.

cours ont été attribués sans propositions suffisamment
motivées, par leurs auteurs.

Enfin parfois le nouveau système du décret de 1895 a
été entièrement faussé ; et l'on en est revenu dans deux ou
trois arrondissements aux répartitions de crédits faites
entre les administrateurs. Ceux-ci dans la limite de ces
crédits proposent des secours dont ils fixent même la quotité, en ce qui regarde tout au moins les indigents, secourus comme nécessiteux; dans ce cas la délégation n'in-
tervient plus que pour la forme, se contentant de ratifier
purement et simplement les propositions dont il s'agit (1).
L'Administration s'est d'ailleurs efforcée d'enrayer cette
pratique, qui constitue un retour aux traditions antérieu-
res : c'est en effet l'administrateur divisionnaire redeve-
nant maître des crédits individuels, c'est avec la vaine
apparence d'un contrôle collectif, l'indigent replacé à la
merci d'un dispensateur unique.

En résumé l'expérience de 1896 est évidemment trop
nouvelle pour que l'on puisse porter sur elle un jugement
absolument définitif, mais dans son ensemble elle a donné
des résultats assez satisfaisants pour que l'on puisse espérer son maintien dans la législation charitable.

Dans la plupart des législations étrangères d'ailleurs on
admet un système analogue à celui qui a été mis en vigueur par le décret de 1895 à Paris.

Rappelons qu'à *Elberfeld*, sauf le cas d'urgence, jamais
un curateur ne peut attribuer individuellement un secours. C'est à la réunion des curateurs qu'on décide, à la
majorité des voix, s'il y a lieu d'allouer un secours et quel
sera le quantum.

(1) Rapport sur le fonctionnement des 20 bureaux de bienfaisance en
1896 et 1897, p. 7.

Même règle à *Berlin*, à *Cologne*, partout d'ailleurs où le système d'Elberfeld est appliqué.

A *Londres* les secours sont accordés dans chaque union en comité par le *Board of Guardians* composé de plusieurs membres.

A *Bruxelles*, avant 1870 les membres des *Comités de charité* accordaient individuellement des secours, les nombreux abris qui s'étaient produits firent renoncer à cette pratique. C'est actuellement à chaque réunion des *Comités de charité* que les secours sont attribués à la majorité des voix.

A *Gand*, c'est l'assemblée des *Maîtres des pauvres* qui décide s'il y a lieu d'allouer un secours.

Disons pour terminer, qu'en plus des secours temporaires accordés par la délégation aux nécessiteux, le décret de 1895 (article 27) donne au Directeur de l'Assistance publique le droit d'attribuer un secours d'urgence aux personnes nécessiteuses dont la demande lui paraît fondée. C'est là un droit qui a le véritable caractère d'une mesure de recours (1), pour toute personne nécessiteuse, qui croirait avoir à se plaindre d'un refus injustifié de secours de la part des bureaux (2). La dépense en est imputée sur le crédit ouvert annuellement à cet effet au budget de l'Assistance publique, mais il ne peut dépasser 3 pour 100 du total des crédits affectés annuellement aux nécessiteux.

(1) Nous avons vu plus haut qu'il avait été question de créer une commission centrale d'assistance, devant laquelle se pourvoiraient les indigents non inscrits ; primitivement, le directeur devait remplir le même rôle à l'égard des nécessiteux : toute personne nécessiteuse non secourue aurait pu en appeler au directeur. Le texte définitif du Décret n'a pas maintenu cette dernière disposition.

(2) En 1897 : La somme à la disposition du directeur s'est élevée à 73.000 francs.

Ajoutons que l'article 27 du décret a maintenu la mesure du décret de 1886, qui mettait à la disposition du préfet de la Seine un crédit de 30.000 francs, imputé sur le montant des allocations inscrites au budget pour secours à domicile. Cette somme est distribuée à titre de secours exceptionnels.

SECTION II. — Distribution des secours aux malades.

La distribution des secours (1), fournis par *l'assistance médicale à domicile*, comporte plusieurs modalités suivant que le malade est en état, oui ou non, d'aller chercher le médecin.

Nous désignerons le premier état sous le nom de *consultation*, le second sous le nom de *traitement à domicile*. Ce sont d'ailleurs des expressions correspondant à des formalités administratives, que nous allons étudier successivement.

La distribution des secours aux malades comporte une troisième modalité, *l'admission à l'hôpital*. Il semble au premier abord qu'en nous occupant de cette question, nous sortions des limites que nous avons tracées au début, mais nous avons cru qu'en faisant une étude complète du traitement à domicile, jusqu'au moment où le malade entre à l'hôpital, il fallait nécessairement faire connaître comment on quitte un mode de traitement pour être admis à l'autre. Ce sont là deux aspects d'une même question que nous avons cru impossible de séparer.

(1) Nous ne nous occupons ici absolument que de ce qui concerne la distribution des secours, nous ne reviendrons pas sur ce que nous avons dit sur la valeur du traitement à domicile.

§ 1. — Consultation.

C'est le premier échelon du traitement à domicile : il s'agit là, comme nous l'avons dit plus haut, du malade qui est en état d'aller chercher le médecin et des remèdes, qui peut sortir de chez lui sans inconvénient.

Pour expliquer l'organisation actuelle du service. il est nécessaire de remonter un peu en arrière. L'arrêté (1) du Directeur de l'Assistance publique, qui. nous l'avons vu, organisa à Paris le service de l'assistance médicale, décida que les médecins du bureau de bienfaisance donneraient des consultations et feraient des visites à domicile. Ces consultations étaient données dans les *maisons de secours* de chaque arrondissement. Or, peu à peu, l'organisation de ce service était devenue fort défectueuse. A la maison de secours, le médecin ne faisait que deux consultations par semaine, et parfois il voyait défiler devant lui plus de cent malades. Dans ces conditions, il ne pouvait s'occuper sérieusement de chacun d'eux, aussi la consultation était-elle devenue en fait « une distribution de médica-ments (2) ». Il existait bien des consultations gratuites, faites dans les hôpitaux (3) par les chefs de service, mais, quand ces derniers les faisaient sérieusement, c'était au détriment de leur service, car ils ne pouvaient y consacrer qu'un espace de temps dérisoire. Il en était résulté qu'un grand nombre de malades atteints d'affections légères, qu'ils auraient pu soigner chez eux, avec une bonne orga-

---

(1) L'arrêté du 20 avril 1853, dont nous avons parlé plus haut page 98.

(2) Rapp. Fleury-Ravarin, *op. cit.*

(3) Ces consultations qui existaient antérieurement avaient été conser-vées. C'était alors, nous le verrons plus loin, un des modes d'admission à l'hôpital.

nisation de la consultation, étaient réduits à entrer à -l'hôpital parce que là seulement-ils avaient chance d'être traités efficacement.

Le décret de 1886 ne modifia en rien cet état de choses, mais un arrêté du 2 octobre 1892, vint opérer une réforme importante, à la suite d'un essai tenté par M. Risler, maire du VIIe arrondissement. Ce dernier, en effet, depuis 1891, avait expérimenté une nouvelle organisation de l'assistance médicale dans son arrondissement, organisation ayant pour bases (1) :

1° La séparation du service du traitement à domicile de celui des consultations ;

2° La création de grandes circonscriptions médicales, avec faculté pour le malade de choisir son médecin.

Nous ne nous occuperons ici que de la première de ces mesures, la seconde concernant le traitement à domicile plus spécialement.

Cette nouvelle disposition présentait l'avantage de charger une partie du corps médical, uniquement du service de la consultation, ils pouvaient donc s'y consacrer entièrement. De plus, elle allégeait le service des médecins du traitement à domicile, qui ne devaient plus désormais que s'occuper des malades soignés à domicile. Enfin de la sorte on supprimait un abus, qui consistait pour les malades à envoyer une tierce personne chercher les médicaments dont ils avaient besoin. Cependant cette séparation donnait lieu à quelques critiques.

Avec l'ancien système beaucoup des malades des consultations étaient connus du médecin : c'étaient des phtisiques ou des vieillards pour la plupart venant seulement

(1) Rapport sur le traitement des malades à domicile pendant les années 1893, 1894, 1895.

réclamer des médicaments. Le médecin, qui les connaissait, ne perdait pas son temps à les examiner, il se bornait à prescrire les remèdes qui leur convenaient. Avec le système de la séparation des deux services, les malades dont nous venons de parler, lorsqu'ils ne peuvent sortir. sont obligés de faire venir le médecin du traitement à domicile qui se dérange seulement pour leur porter des médicaments, — car ce que veulent ces malades, c'est moins le médecin que les remèdes. N'est-ce pas multiplier en pure perte les visites à domicile ? Malgré ces inconvénients, cette organisation, ayant produit des résultats satisfaisants dans le VII⁰ arrondissement, fut mise en vigueur dans les 20 arrondissements à partir de 1893 (1).

Mais cette réforme accomplie restait à savoir où serait organisé le service de la consultation ? Dans *les maisons de secours*, elle était très défectueuse. Au surplus l'utilité de ces établissements, qui autrefois avaient eu une grande importance au point de vue de l'assistance médicale, était devenue très contestable. « Telle qu'elle existait jadis, dit M. Nielly (2), la maison de secours était logique. Desservie par les congréganistes qui remplissaient en réalité la mission dévolue aux administrateurs : *la visite du pauvre*, qui connaissaient pour ainsi dire, seuls, la situation réelle des indigents et guidaient entièrement les actes des membres du bureau, la maison de secours était le centre effectif de l'action charitable dans le quartier où l'on allait chercher consultation, médicaments, secours. »

(1) Ce projet avait été approuvé par le Conseil de surveillance et le Conseil municipal : Conseil de surveillance. procès-verbaux des séances des 20 et 27 décembre 1888 ; Rapport de M. Risler, maire du VII⁰ arrondissement ; Conseil municipal, séances des 11 mai 1888 et 20 mars 1889 ; Rapport de M. Georges Berry.

(2) Nielly, *L'assistance publique dans Paris, op. cit.*, p. 55.

La laïcisation modifia tout cela : les maisons de secours
devinrent de simples salles d'attente et de consultation,
c'est-à-dire qu'elles furent réduites à leur plus simple
expression. La commission d'études du décret de 1886,
s'était demandée ce qu'allait devenir les maisons dans la
nouvelle organisation. Fallait-il en étendre les attributions, fallait-il les transformer ? Ne devait-on pas les supprimer comme trop onéreuses ? Toutes ces questions furent posées, sans qu'on ait cru devoir les résoudre d'une
façon précise, et les maisons de secours restèrent à peu
près inutiles (1). Sans doute on aurait pu organiser les
services de la consultation à l'hôpital, mais à Paris ces
établissements sont bâtis sans plan préconçu, ils sont souvent fort éloignés les uns des autres. Dans ces conditions,
placer la consultation à l'hôpital, c'eût été obliger le malade à des déplacements très considérables. Le principe
qui domine quand il s'agit de secours à domicile c'est de
déplacer l'indigent le moins possible, or ce principe eût
été complètement violé, si l'on avait obligé l'indigent à
aller peut-être fort loin de son domicile réclamer la consultation. Ne valait-il pas mieux placer la consultation
dans un établissement nouveau à créer ? « Il manque en
effet, disait M. Fleury-Ravarin à cette époque, un rouage
intermédiaire entre l'hôpital et le bureau de bienfaisance,
c'est *le dispensaire*, où le malade, dont l'hospitalisation
n'est pas nécessaire, devrait trouver les soulagements qu'il
va chercher souvent fort loin dans les hôpitaux... où l'individu, atteint de plaies, de contusions, d'affections internes
ne le condamnant pas au repos absolu, trouverait les soins,
les pansements que son état réclame sans déplacement

(1) Rapport Fleury-Ravarin, *op. cit.*, p. 118. Procès-verbaux des séances de la commission de révision du décret de 1886, p. 86.

exagéré. » En un mot, ce qu'il aurait fallu créer, c'était *des dispensaires*, c'est-à-dire des établissements ouverts du matin au soir, possédant toutes les ressources que le malade doit avoir sous la main et où chaque jour une consultation aurait lieu (1).

A Paris d'ailleurs, de semblables établissements existaient fondés par l'initiative. Sans parler des nombreuses cliniques, la Société philanthropique (2) avait créé depuis longtemps des dispensaires d'adultes, établissements où l'on donnait gratuitement des consultations et des médicaments. En 1892, elle avait dans ses 28 dispensaires soigné 2.463 malades. Pour les enfants elle avait fondé quatre dispensaires, où pendant le même exercice avaient été données plus de 20.000 consultations.

A l'Étranger, on trouvait partout des exemples intéressants qui prouvaient les immenses services que peut rendre à la population un système de consultation bien organisé.

En Angleterre (3), le service de la consultation externe a pris un développement considérable, aussi bien pour les adultes que pour les enfants. A *Londres*, il y a deux ou trois dispensaires par *Unions*, auxquels sont adjoints des pharmacies. On y donne des consultations et des médicaments aux pauvres. Mais de plus, aux hôpitaux qui sont la plu-

---

(1) Nielly, *L'Assistance publique à Paris, op. cit.*, p. 56.

(2) Fondée en 1780, la Société philanthropique secourait en 1789 plus de 1500 indigents, elle disparut pendant la Révolution. Réorganisée en 1800, elle a aujourd'hui 28 dispensaires d'adultes, 4 d'enfants et des fourneaux économiques dans tous les arrondissements. Elle vient de créer récemment (1896) un dispensaire chirurgical. Ses dépenses, qui étaient de 27.615 fr. en 1801, en 1896 se sont élevées à 967.502 francs. C'est la plus ancienne des sociétés charitables de Paris, et l'une des plus importantes par la multiplicité des moyens de secours qu'elle emploie.

(3) Chevalier, *La loi des pauvres en Angleterre, op. cit.*

part du temps des fondations privées, sont annexés des dispensaires, où l'on donne aussi quotidiennement, des consultations de médecine et de chirurgie.

A *Bruxelles*, les maisons de secours renferment des salles de consultation, dans lesquelles on peut faire de petits pansements. Des consultations y sont données tous les jours. A *Anvers*, la ville renferme également cinq dispensaires très perfectionnés (1).

En Russie, chaque hôpital a son dispensaire, comprenant une chambre d'attente, un cabinet médical, outillé de telle sorte qu'on peut y faire des opérations chirurgicales. A *Moscou* en 1888 on a donné à l'hôpital St-Georges 148.758 consultations dans l'année, soit près de 435 malades par jour. Ces consultations ont lieu presque toute la journée, et sont faites par 45 médecins, uniquement chargés de ce service, et attachés à chaque catégorie de malades.

Pourquoi l'Assistance publique à Paris n'aurait-elle pas cherché à réaliser ce que l'on avait fait si heureusement à l'étranger, ce que même à Paris l'initiative privée avait accompli avec tant de succès? La création des dispensaires fut accueillie avec faveur devant les différentes assemblées auxquelles fut soumis le projet de décret de 1895. Aussi l'article 31 du projet définitif décida-t-il : « que l'assistance médicale assure aux malades.., la *consultation et le traitement au dispensaire* ». L'article 32 en organise le fonctionnement: « Un ou plusieurs dispensaires sont affectés aux malades de chacun des arrondissements. Les dispensaires peuvent être installés dans les bâtiments affectés aux hôpitaux mais à la condition

____

(1) E. Montheuil, *L'assistance publique à l'étranger.*

d'être absolument distincts des services hospitaliers. »

Le principe posé, comment allait-on le mettre à exécution? Ne pouvait-on profiter de l'occasion qui se présentait pour donner une affectation aux maisons de secours dont l'utilité, nous l'avons dit plus haut, était devenue fort discutable? C'est ce que l'on résolut de faire, et l'on prit le parti de transformer les maisons de secours en dispensaires. Il existait environ 50 maisons de secours, mais quelques-unes ne semblaient pas aptes à se prêter à cette nouvelle destination. « Un dispensaire, dit M. Peyron au Conseil de surveillance, doit se composer d'une salle d'attente permettant de séparer les malades contagieux ou suspects, d'un cabinet pour le médecin, d'une salle d'examen où peuvent se faire de petites opérations, enfin d'une pharmacie. » Or certaines maisons de secours étaient situées dans des immeubles malsains et ne pouvaient être utilisées, d'autres installées dans des locaux plus salubres avaient besoin d'améliorations considérables pour remplir leur nouveau rôle. Cependant on ne pouvait songer, pour des raisons financières, à procéder par voie d'ensemble, aussi décida-t-on d'agir peu à peu au fur et à mesure des ressources disponibles.

Actuellement il y a 38 dispensaires, mais 15 seulement sont organisés complètement, les autres sont d'anciennes maisons de secours dont on a simplement changé le nom. En attendant que l'Administration puisse installer convenablement les dispensaires, soit avec ses propres ressources, soit à l'aide de la somme de 300.000 francs, mise à sa disposition par le Conseil municipal, ces anciennes maisons de secours servent de lieu de consultation, comme par le passé. Les nouveaux établissements ont une affectation purement médicale. Les malades indigents et nécessiteux y reçoivent des consultations, et de plus. les soins que les médecins consultants ont l'habitude de donner dans leur cabinet qui consistent notamment en petites opérations chirurgicales et en pansements.

L'article 34, nous venons de le voir, décide que l'assistance médicale assure la consultation et le traitement au dispensaire. Examinons comment, en premier lieu, on obtient la consultation.

Il était important que personne ne pût y être admis sans un certificat constatant sa situation. Aussi seuls peuvent recevoir des consultations gratuites les individus dont l'indigence est reconnue. Pratiquement, c'est sur la présentation d'une fiche délivrée après enquête par le secrétariat du bureau de bienfaisance (1).

Les consultations sont faites par un personnel de médecins au nombre de 66, uniquement chargés de ce service et dont nous examinerons plus loin le recrutement.

Chaque médecin donne trois consultations par semaine. Les jours et heures des consultations sont fixés de telle sorte qu'il y a au moins une consultation tous les deux jours dans chaque dispensaire. Le nouveau règlement de 1892 a fait cesser un abus, qui se produisait auparavant. Il était d'usage que si un malade ne pouvait se rendre à la consultation, il envoyât à sa place un ami, un parent auquel on donnait des remèdes en son nom. Désormais on n'accorde des médicaments qu'aux personnes qui se présentent elles-mêmes.

En plus des consultations, l'assistance médicale assure aux malades, qui y sont admis. une distribution gratuite des médicaments. Comment se fait cette distribution ?

____

(1) Rapport sur le fonctionnement des 20 bureaux de bienfaisance en 1896 et 1897.

Primitivement les médicaments étaient délivrés par le personnel congréganiste des maisons de secours. Ce système avait l'inconvénient d'être illégal (1), puis de donner lieu à un gaspillage effroyable de médicaments. Avec la laïcisation, cet état de choses ne pouvait être maintenu (2), aussi le décret de 1886 (3) accomplit-il une transformation complète en décidant que la fourniture des médicaments serait faite par les pharmaciens de la ville. Cet état de choses devait-il être maintenu par le décret de 1895 ? Depuis la mise en vigueur du système, un membre du Conseil municipal, M. Cattiaux, en appréciait les résultats en ces termes (4) : « Une expérience de près de trois années, disait-il, prouve que ce système, partout où il a été appliqué, a déterminé un accroissement sensible de dépenses en médicaments. La valeur des fournitures faites par les pharmaciens de la ville dépasse de plus du double, celle des fournitures similaires faites par la pharmacie centrale des hôpitaux. »

Quant aux fraudes elles étaient de toute nature : tantôt, c'était la substitution d'un médicament à celui qui avait été prescrit : si le médecin ordonnait de l'huile de foie de morue, le pharmacien donnait du quinquina sur la demande de l'indigent alléguant que le premier remède n'était pas de son goût. Tantôt c'étaient des tromperies sur la qualité et la quantité des marchandises : il existait chez certains pharmaciens, une petite pharmacie à l'usage des

(1) Arrêté des Consuls du 29 germinal an IV.
(2) La loi de germinal an XI, combinée avec un avis de l'École de médecine de Paris de 1802, ne permet aux particuliers de délivrer des médicaments, qu'à la condition que ce soient des médicaments simples dont le maniement ne présente aucun danger.
(3) D. de 1886, art. 62.
(4) *Bulletin municipal officiel*, séance du 29 novembre 1889.

malades des bureaux de bienfaisance et nous n'avons pas besoin d'ajouter que les médicaments ainsi distribués n'étaient pas de qualité supérieure (1).

En présence de ces faits, — et nous ne citons là que les fraudes les plus communes, — on résolut de créer dans les dispensaires *des pharmacies* approvisionnées par la *pharmacie centrale des hôpitaux*. Des essais avaient été tentés dans certains arrondissements, notamment dans les Ve et XIe, et ce nouveau système avait donné d'excellents résultats et produit surtout une notable économie (2). Aussi l'article 38 du décret de 1895 vint-il décider « Qu'il est créé dans un ou plusieurs dispensaires par arrondissement, une pharmacie spéciale approvisionnée par la pharmacie centrale des hôpitaux ». Toutefois il est des cas où il est plus avantageux de se fournir chez les pharmaciens de la ville. Dans ce cas, le Directeur, après avis du Conseil de surveillance, peut autoriser exceptionnellement la délivrance de médicaments par ces derniers.

Inutile d'ajouter que, sauf le cas d'urgence, les médicaments sont donnés gratuitement aux indigents et nécessiteux, exclusivement (3).

Il était nécessaire d'organiser le personnel chargé des pharmacies des dispensaires. Ce point est réglé par l'article 39, que nous citons sans commentaires : « Les pharmaciens sont nommés par le Directeur de l'Assistance pu-

(1) Rapport Fleury-Ravarin. *op. cit* . p. 147.

(2) Dans le bureau du XIe arrondissement, il avait été dépensé avec l'ancien système : 183.000 francs de médicaments de 1886 à 1888, avec le nouveau régime : 99.535 francs de 1890 à 1892, soit une économie de 53 0/0.

(3) Il importait que l'Assistance publique ne fît pas concurrence aux pharmacies privées.

blique. Ils reçoivent un traitement fixe, et doivent habiter le dispensaire de façon à assurer constamment le service. »

A l'heure actuelle il n'y a que 16 arrondissements renfermant des pharmacies spéciales ; approvisionnées par la pharmacie centrale des hôpitaux, dans les autres arrondissements, la fourniture des médicaments est faite par les pharmaciens de la ville (1).

En plus des pharmaciens, chaque dispensaire renferme un personnel spécial (article 33), comprenant :

1° Un personnel médical. Ce sont les médecins chargés de donner des consultations, dont nous avons déjà parlé et dont nous verrons plus loin le recrutement ;

2° Un personnel administratif, composé d'employés chargés des différentes formalités nécessitées par le service de la consultation ;

3° Un personnel auxiliaire fort peu nombreux, pouvant comprendre des dames chargées d'assister les malades traités à domicile.

Nous n'insisterons pas davantage sur ce personnel et nous nous contenterons de reproduire le paragraphe de l'article 33 qui le concerne : « Les employés qui ont droit à une pension de retraite sont nommés par le Préfet de la Seine, sur une liste de trois candidats, présentés par le Directeur de l'Assistance publique.

Le Directeur nomme et révoque les surveillants et gens de service. Les révocations sont prononcées par l'autorité qui nomme aux emplois. »

Le personnel des dispensaires est exclusivement laïque.

(1) Rapport de M. Faillet sur les bureaux de bienfaisance en 1896. Rapport sur le fonctionnement des 20 bureaux de bienfaisance en 1897.

Consultations de médecine générale données dans les hô-pitaux. — En plus des consultations données dans les dispensaires il existe dans les hôpitaux, *un service de consultations gratuites. dites de médecine générale.* On avait d'abord eu l'intention de le supprimer, mais on pensa, dans l'intérêt des malades, qu'il était nécessaire de le maintenir, après la réforme de 1895. Ce service de consultations est réglementé par l'arrêté du Directeur de l'Assistance publique du 2 mars 1895 : « Il est institué, dit l'article 14, des consultations de médecine gratuite dans les hôpitaux, désignés par le Directeur de l'Assistance publique. » Ces consultations sont données par des médecins des hôpitaux, qui ne peuvent avoir d'autres attributions. Aussi, nous le verrons plus loin. c'est à ces consultations que doivent se présenter les malades qui veulent être admis à l'hôpital.

Il existe en outre dans les hôpitaux spéciaux des consultations gratuites pour les maladies qu'on y traite (1).

Il nous reste maintenant à examiner quel résultat a produit le fonctionnement du service des consultations depuis les réformes de 1892 et de 1895. Le fonctionnement des dispensaires semble d'une façon générale avoir été satisfaisant, cependant il est impossible actuellement d'émettre à cet égard une appréciation sérieuse. En effet, la création des dispensaires est trop récente, et surtout trop incomplète, — 15 seulement sont entièrement organisés — pour que l'on puisse se prononcer catégoriquement, sur ces nouveaux établissements :

En ce qui concerne la marche générale du service, tout

____

(1) En 1895, il a été donné dans tous les hôpitaux : 642.226 consultations dont 276.685 de chirurgie.

d'abord nous nous trouvons en face d'un résultat satisfaisant : il y a eu dans la dernière période triennale une diminution du chiffre des consultations et une augmentation du chiffre des malades qui viennent à la consultation. Cela prouve que le service est mieux organisé, et que la consultation n'est plus uniquement une distribution de médicaments.

Ceci résulte du tableau suivant (1) :

En 1893 : 82.712 malades se sont présentés à la consultation.

En 1894 : 83.776 ;

En 1895 : 84.267 ;

Le nombre total de consultations données à ces personnes a été de :

274.313 : en 1893.

273.739 : en 1894.

239.140 : en 1895.

Pendant la période antérieure au contraire, les consultations avaient augmenté progressivement ; elles s'étaient élevées :

En 1890 à 309.938 ;

En 1891 à 324.985 ;

En 1892 à 337.099 ;

La moyenne des consultations par rapport au chiffre des malades avait été de :

3,21 0/0 : en 1893.

3,26 0/0 : en 1894.

3,68 0/0 : en 1895.

Un autre point semble appeler une réforme : dans certains dispensaires, les médecins paraissent surchargés :

(1) Rapp. sur le traitement des malades à domicile pendant les années 1893, 1894, 1895.

Le personnel médical en 1895 comprenait 66 médecins consultants. Or voici quel a été le nombre de malades traités aux consultations, et le nombre moyen de consultations données par chaque médecin :

Nombre de malades :	Nombre de consultations :
En 1893 : 1253.	En 1893 : 4987 (1).
En 1894 : 1269.	En 1894 : 4639.
En 1895 : 1276.	En 1895 : 3623.

Mais dans certains arrondissements, ces chiffres sont bien plus élevés : ainsi en 1895 dans le XV⁰ arrondissement chaque médecin a en moyenne traité 2745 personnes, plus de 1900 dans les XVIII⁰ et III⁰ arrondissements. Si l'on veut faire de la consultation quelque chose de sérieux, il faut que le médecin puisse examiner soigneusement chaque malade : il serait donc nécessaire, dans quelques dispensaires, d'augmenter le nombre des médecins consultants.

La création de pharmacies dans les dispensaires a produit une notable économie : de 522.193 francs, en 1890, la dépense de médicaments en 1897 s'est abaissée à 450.000 francs.

Le service pharmaceutique donne lieu cependant à des réclamations assez vives de la part des indigents (2). Les employés, paraît-il, n'apporteraient pas à leur service toute l'attention désirable, et commettraient des erreurs graves dans la délivrance des médicaments et puis l'attente est trop longue et enfin le soir la pharmacie ferme trop tôt (3). Ce ne sont là que des critiques de détail, mais

(1) Rapp. sur le fonct. des 20 bur. de bienf. en 1897, *op. cit.*
(2) Rapp. de M. Faillet, *op. cit.*, p. 143.
(3) En 1897, les dépenses des dispensaires se sont élevées à 312.000 fr. ; les dépenses du personnel pharmaceutique à 65.000 francs.

elles sont pratiquement importantes. Il conviendrait d'exercer une surveillance plus active sur les employés et d'autre part il serait facile de laisser ouvertes les pharmacies des dispensaires un peu plus tard. Mais dès maintenant il faut signaler la notable économie produite par la création de pharmacies spéciales, et c'est là un résultat très satisfaisant (1).

§ 2. — Traitement à domicile proprement dit.

Nous arrivons au second mode de l'assistance médicale : le traitement à domicile proprement dit. Nous ne reviendrons pas sur ce que nous avons dit, dans la partie théorique sur la valeur du traitement à domicile, nous nous bornerons seulement ici, à exposer le fonctionnement du service.

Le traitement à domicile consiste, à assurer l'assistance aux malades, qui ne peuvent sortir de chez eux sans inconvénients. Inauguré par l'arrêté du Directeur de l'Assistance publique du 20 avril 1853, il a été de nouveau réglementé par l'arrêté du Directeur du 20 octobre 1893, qui en a fait un service distinct de celui de la consultation et enfin par le décret de 1895. « L'assistance médicale, dit l'article 31, assure aux malades la visite et le traitement à domicile... »

Le traitement à domicile s'applique à deux catégories

(1) Voici le tableau des dépenses occasionnées par la fourniture de médicaments dans ces dernières années :

522.193,54 francs en 1890.
542.935,14   »   en 1892.
404.011,26   »   en 1893.
449.064,79   »   en 1894.
450 000,00   »   en 1897.

de personnes : 1° *aux malades*, qui reçoivent chez eux les secours de maladie et les soins médicaux ;

2° *Aux femmes enceintes*, à qui l'on donne gratuitement les soins de la sage-femme.

A. — *Malades.*

Examinons comment fonctionne pratiquement le service pour les malades.

D'abord comment l'obtient-on ? (1).

Toute personne inscrite ou non inscrite sur les listes des bureaux de bienfaisance qui désire obtenir son admission au traitement à domicile, fait demander le médecin au secrétariat du bureau de bienfaisance de son arrondissement. Il est remis aussitôt à la personne qui se présente une lettre qu'elle doit adresser ou faire porter au médecin. L'assistance provisoire est immédiatement accordée. Mais aussitôt on commence une enquête sur la personne qui a demandé le bénéfice de la gratuité. Un visiteur du bureau se présente chez le malade et fait un rapport soumis à *la délégation permanente*. Sur le rapport du visiteur cette dernière décide si l'assistance médicale doit être maintenue ou refusée.

C'est encore, nous l'avons déjà dit, *la délégation permanente* qui décide si un secours de maladie doit être accordé au malade. A ce propos il faut remarquer que sauf exception (2) ces secours de maladie ne sont généralement accordés que dans le cas où la maladie frappe le chef de famille, soit l'un des membres qui contribuent à faire vivre le ménage. Dans les autres cas, on estime qu'il

---

(1) Rapp. Fleury-Ravarin, *op. cit.*, p. 102.
(2) Rapport sur le fonctionnement des 20 bureaux de bienfaisance pendant l'année 1897.

n'y a pas un préjudice suffisant puisque les soins médicaux et les remèdes sont donnés gratuitement (1).

Quelle est maintenant l'organisation du traitement à domicile ? Jusqu'à ces derniers temps chaque arrondissement de Paris était divisé, au point de vue médical, en circonscriptions territoriales, desservies chacune par un seul médecin. L'un des inconvénients de ce système était que le malade ne pouvait choisir son médecin. Cette situation était nécessairement fort pénible pour les indigents : « c'est une vraie cruauté, disait M. Rochard au Conseil de surveillance (2), d'obliger une mère à aller chercher pour son enfant un médecin qu'elle croit responsable de la mort d'un autre de ses enfants. Il faut, si possible, que le riche comme le pauvre ait au moins la consolation d'appeler un médecin en qui il ait fois. » Or cette faculté de choisir son médecin pourtant si légitime était refusée à l'indigent. Vainement objectait-il qu'il avait eu à se plaindre des services du médecin de sa circonscription, il était malgré tout obligé d'accepter ses soins.

A la suite d'une expérience tentée par M. Risler (3) dans le VII° arrondissement, expérience qui permettait aux malades de choisir parmi plusieurs médecins, on résolut d'appliquer la même mesure à tout le territoire de Paris. En conséquence, l'arrêté du Directeur de l'Assistance publique du 20 octobre 1892, décida que chaque arrondissement serait divisé en grandes circonscriptions médicales, 4 au maximum : à chacune d'elles seraient attachés plusieurs médecins entre lesquels le malade pourrait choisir. Cette

____

(1) Voir plus haut p. 47. Rappelons qu'en 1897 les secours de maladie distribués se sont élevés à la somme de 333.765 fr. 81.

(2) Conseil de surveillance : séance du 20 décembre 1888.

(3) Voir plus haut p. 268.

réforme fut confirmée par l'article 35 du décret de 1895 :
« Les malades auront la faculté de choisir leur médecin,
parmi les médecins chargés du traitement à domicile dans
leur quartier. »

Cette mesure était d'ailleurs adoptée à l'étranger. A
Bruxelles, l'indigent malade a le choix entre tous les médecins de la division, qui sont au nombre de 3 généralement ; à *Haselt* entre tous les médecins de la ville. A
Anvers le pauvre s'adresse à celui qui a ses préférences par
mi les vingt médecins du bureau de bienfaisance. Bien
plus il peut choisir la méthode médicale à sa convenance :
deux médecins homéopathes sont agréés par l'Administration et sont à la disposition des malheureux. En Allemagne
par contre, le malade a assez rarement le choix d'un médecin.

Actuellement à Paris 169 (1) médecins sont chargés du
traitement à domicile. Afin d'établir entre eux une égale
répartition, l'arrêté de 1892 décide qu'un roulement sera
établi entre les médecins de chaque circonscription, afin
que chacun d'eux ait autant que possible le même nombre de malades à soigner.

On a encore adopté une mesure déjà employée à l'étranger (2). On remet à chaque malade qui demande le traitement à domicile un carnet nominatif à souches, contenant
un certain nombre d'ordonnances que le médecin formule
en double, la souche restant adhérente au carnet. L'emploi
de ce carnet a un double avantage : en premier lieu il
permet au médecin de s'assurer si les ordonnances présen-

(1) Rapport sur le fonctionnement des 20 bureaux de bienfaisance en
1897.

(2) Circulaire du 21 novembre 1892, adressée par le Directeur de l'Assistance publique aux maires des 20 arrondissements. — Cette méthode
est usitée dans quelques villes belges : à Anvers notamment.

tées sont conformes à ses prescriptions ; et ensuite à la fin du traitement il est classé au secrétariat du bureau, de telle sorte que, si postérieurement le traitement à domicile est réclamé, on peut donner des renseignements sur les malades soignés (1).

Nous avons déjà exprimé notre avis sur la valeur du traitement à domicile (2) et fourni les chiffres à l'appui, aussi nous bornerons-nous à donner quelques détails de statistique, sans aucune appréciation (3).

Le nombre d'inscriptions au traitement à domicile a été

En 1893 de 103.964
En 1894 de 97.362
En 1895 de 105.640

Pendant les trois années précédentes le nombre des inscriptions avait été de :

En 1890 de 104.749
En 1891 de 102.117
En 1892 de 112.608

Ajoutons qu'après une première visite un certain nombre de demandes n'ont pas paru justifiées. Elles se sont élevées :

____

(1) Depuis 1877 la préfecture de police a organisé un *Service médical de nuit*, pour les cas urgents. Elle paie pour chaque visite les médecins attachés à ce service, sauf à se faire rembourser par les malades indigents.

En 1876, le nombre des visites de nuit a été de 3616 en 1880, de 12616 en 1894.

Un *service pharmaceutique de nuit* fonctionne également dans les mêmes conditions que le précédent. Un bon de 1 fr. 50 est alloué aux pharmaciens pour chaque dérangement. En 1887 : 4004 bons ont été présentés à la préfecture de police. 9630 en 1894.

(2) Voir plus haut pages 97 et suiv.

(3) Rapport sur le traitement des malades à domicile pendant les années 1893, 1894, 1895.

En 1893 à 1.471
En 1891 à 1.285
En 1892 à 1.580

L'institution d'un carnet individuel a permis d'établir le nombre de personnes qui ont obtenu le traitement à domicile. Ce nombre s'est élevé :

En 1890 à. 76.391
En 1894 à. 73.848
En 1895 à. 80.933

Par rapport au chiffre du dénombrement général de la population le nombre des personnes secourues s'est élevé (1) :

En 1893 à. 3,15 0/0
En 1894 à. 3,04 0/0
En 1895 à. 3,03 0/0

Les extrêmes sont de 7,26 0/0 dans le XX⁰ arrondissement et de 0,60 0/0 dans le VIII⁰ (1895).

B. — *Femmes enceintes.*

Le décret de 1895 ne parle pas en termes exprès des femmes enceintes, mais il a été entendu qu'elles étaient, lors de l'accouchement, assimilées aux malades.

Il existe à Paris aujourd'hui trois organisations destinées à venir en aide aux femmes enceintes : *les maternités hospitalières, le service des sages-femmes agréées* et enfin *le service des accouchements à domicile des bureaux de bienfaisance.* Nous ne parlerons pas des maternités hospitalières, ni du service des sages-femmes agréées, rat-

(1) A cette époque la population de Paris était de 2.424.705 habitants. Dénombrement de 1891.)

taché depuis 1882 aux établissements hospitaliers, nous ne nous occuperons ici que de ce qui concerne les secours à domicile, nous n'étudierons donc que *l'organisation du service des accouchements à domicile des bureaux de bienfaisance* (1).

Le bénéfice de la gratuité est obtenu pour les femmes enceintes à peu près de la même façon que pour les malades. La demande est faite au moins un mois à l'avance au secrétariat du bureau de bienfaisance de l'arrondissement où réside la postulante. L'administrateur divisionnaire fait aussitôt une enquête sur la situation de l'intéressée et c'est la *délégation permanente* qui décide si la gratuité doit être maintenue oui ou non. C'est encore elle, qui pendant la durée du traitement accorde les différents secours réservés aux femmes enceintes (2).

Les accouchements à domicile sont confiés à 517 sages-femmes dont nous étudierons plus loin le recrutement.

Depuis 1895, les femmes enceintes ont la faculté de choisir leur sage-femme (3). Les mêmes motifs, qui ont été invoqués en faveur de la liberté pour les malades de choisir leur médecin, se retrouvent ici pour les sages-femmes.

Dans le service des accouchements à domicile, la chirurgie n'est pas comprise, et cependant les opérations obstétricales exigent fréquemment l'aide d'un médecin.

---

(1) Le service des sages-femmes agréées organisé en 1813, fut comme nous l'avons dit rattaché aux hôpitaux en 1882. L'Assistance publique y consacre annuellement 500.000 francs. Il y a 95 sages-femmes agréées qui mettent 271 lits à la disposition des femmes enceintes. Elles reçoivent 6 francs par jour, plus 10 francs par accouchement. Aujourd'hui les sages-femmes agréées sont surveillées par un médecin accoucheur.

(2) V. plus haut pages 49 et suiv.

(3) D. de 1895, art. 37.

Or, il est très difficile d'en trouver lorsque le cas se présente, d'où il résulte que la sage-femme est réduite à se contenter du premier médecin, qui veut bien se déranger. On a vu des sages-femmes ne pouvant trouver des médecins, faire transporter à l'hôpital leurs clientes qui succombaient en y arrivant (1). Ne pourrait-on désigner des médecins accoucheurs spécialement chargés du service des secours à domicile ? A Haselt les sages-femmes peuvent toujours demander l'aide d'un médecin agréé, dont le choix est laissé à la femme accouchée ou à sa famille ; il en est de même à Anvers. Pourquoi n'adopterait-on pas une pareille mesure à Paris ?

La question de la gratuité soulève aussi une observation assez grave. Le nombre des accouchements opérés à Paris est très considérable. En 1895 (2), sur près de 80.000 accouchements faits à Paris, 31.438 l'étaient aux frais de l'Assistance publique, soit près de 40 0/0 ; en 1897 cette proportion s'est élevée à 60 0/0 (3). N'y a-t-il pas là un abus ?

Sans doute, nous concevons qu'en pareille matière on fasse preuve de la plus large tolérance, mais enfin il ne faut pas oublier que les fonds de l'Assistance publique composent le patrimoine des pauvres et qu'on ne saurait en disposer à la légère. Nous croyons donc qu'il serait nécessaire de restreindre la gratuité aux femmes indigentes et nécessiteuses. Des enquêtes plus sévères permettraient de constater que des femmes aisées profitent de la tolérance de l'Administration pour se faire accoucher gratuitement.

(1) Dr Balland, *Réorganisation des secours à domicile*, *op. cit.*, p. 27.
(2) Rapp. sur le traitement des malades à domicile en 1893, 1894, 1895.
(3) *Paris et l'Assistance publique*, par A. Lefèvre, *Revue de Paris* du 1er juillet 1899.

Terminons en donnant quelques renseignements sur les accouchements opérés à Paris.

Les demandes d'inscriptions au service des accouchements à domicile ont été (1) :

En 1893 de 14.976
En 1894 de 15.248
En 1895 de 15.207 (2)

Voici quel a été le nombre total des accouchements opérés à Paris pendant la période triennale 1893-1895 :

ANNÉES	Dans les hôpitaux	Chez les sages-femmes agréées	A domicile
1893.	11.206	5.879	12.181
1894.	12.944	6.561	12.094
1895.	14.061	5.817	11.500
Total.	38.211	18.257	35.775

Les dépenses occasionnées par le service des accouchements se sont élevées :

En 1893 à . . . . 302.232 fr. 24
En 1894 à . . . . 287.444 fr. 16
En 1895 à . . . . 279.274 fr. 89

Voici quelle a été la nature de ces dépenses :

	1893	1894	1895
Prime aux sages-femmes . . .	184.140	183.470	175.695
Secours en nature	44.683,24	34.873,16	39.173 89
Secours en argent.	73.409	69.101	64.206

La dépense moyenne des accouchements par femme accouchée s'élevait :

(1) Rapp. sur le traitement des malades à domicile en 1893-1895, *op. cit.*

(2) Sur ce nombre il y avait 12.141 femmes mariées et 2.527 filles mères.

En 1893 à . . . . 24 fr. 61
En 1894 à . . . . 23 fr. 76
En 1895 à . . . . 24 fr. 15

Il nous reste à indiquer le nombre total des inscriptions des malades et des accouchées au traitement à domicile ainsi que la dépense totale de chacun de ces services :

Le chiffre total d'inscriptions a été :

En 1893 de. 118.940
En 1894 de. 112.928
En 1895 de. 120.308

Pendant la même période triennale :

231.172 personnes ont été traitées à domicile ;

250.755 personnes ont été soignées à la consultation ;

35.835 femmes ont été accouchées à domicile ;

Soit un total de 517.762 personnes qui ont eu recours aux services de l'assistance médicale des bureaux de bien-faisance.

Pendant la même période :

Le traitement à domicile a donné lieu à une dépense de 2.945.049 fr. 32, et le traitement des accouchées à une dépense de 868.951 fr. 29.

En réunissant ces chiffres on obtient les résultats ci-après :

Pour 1893. . . . . . . 1.282.052 fr. 89
Pour 1894. . . . . . . 1.231.075 fr. 63
Pour 1895. . . . . . . 1.291.872 fr. 09
Soit un total de . . 3.805.000 fr. 61

C. — *Personnel du traitement à domicile.*

Examinons par quel personnel est assuré le service du traitement à domicile. C'est d'abord par le personnel des bureaux de bienfaisance, et par un personnel technique de médecins et de sages-femmes.

1° *Personnel des bureaux de bienfaisance.* — Nous ne reviendrons pas sur ce que nous avons dit sur le personnel des bureaux de bienfaisance. Rappelons seulement qu'en vertu de l'article 30 du décret de 1895 : « Les bureaux de bienfaisance concourent sous l'autorité du directeur au fonctionnement et à la surveillance des services de l'*Assistance médicale* et demeurent chargés d'assister et de visiter les pauvres malades. » En conséquence, les enquêteurs des bureaux font toutes les enquêtes et visites nécessitées par le service de l'Assistance médicale. Cependant dans la plupart des bureaux, il y a un ou plusieurs visiteurs chargés spécialement des malades. C'est sur les rapports de ces agents que les malades sont admis au bénéfice de l'assistance gratuite, par la *délégation permanente* (1). Ce sont ces agents qui visitent les malades pendant leur traitement, et cela concurremment avec les administrateurs et commissaires (2).

Les bureaux distribuent des secours de maladie. Ils sont, nous l'avons vu, accordés par la délégation permanente, dans la même forme que les autres secours temporaires (3).

---

(1) A moins qu'ils ne soient inscrits sur la liste des indigents ou secourus déjà comme nécessiteux.

(2) Rapp. sur le fonctionnement des 20 bureaux de bienfaisance. *Op. cit.*

(3) Voir plus haut p. 260.

2° *Médecins*. — Nous nous occuperons plus longuement des médecins qui constituent l'élément le plus important de l'assistance aux malades. C'est peut-être ce service qui semble le plus difficile à assurer et qui en tous cas soulève le plus d'objections et de plaintes. Aussi est-il nécessaire, pour se rendre compte des critiques auxquelles il donne prise, d'étudier successivement tout ce qui y a trait : recrutement, résidence, rémunération, car toutes ces questions ont un lien étroit avec la marche satisfaisante du service.

Le premier point qui s'impose logiquement à notre étude est le recrutement des médecins (1).

La loi de 1849, qui encore aujourd'hui est la base de l'organisation de l'Assistance publique à Paris traite de la nomination des médecins : son article 7 décide « qu'ils seront nommés au concours, ou par l'élection de leurs confrères. Cette disposition n'avait pas encore reçu d'application quand parut l'arrêté du Directeur de l'Assistance publique du 20 avril 1853 organisant l'assistance médicale à Paris ; il donnait au préfet de la Seine le droit de nommer directement pour six ans les médecins de l'Assistance médicale, sur des listes triples de candidats présentés par les bureaux de bienfaisance. Ces dispositions étaient illégales, un arrêté perfectoral ne pouvant abroger la loi de 1849. Quoi qu'il en soit, l'état de choses créé en 1853 subsista jusqu'en 1879. A cette époque, M. Hérold, préfet de la Seine, voulut faire appliquer la loi de 1849. En conséquence, un arrêté du 15 février 1879 décida que les médecins seraient soumis à l'élection de leurs con-

___

(1) Voir Nielly, *L'assistance publique à domicile dans Paris, op. cit.*, p. 46 et suiv. — Dr Balland. *Réorganisation de l'assistance à domicile à Paris, op. cit.*, p. 22 et 23.

frères de l'arrondissement. A peine mis en vigueur, ce
nouveau règlement souleva les plus vives critiques. On
avait espéré que la plupart des médecins exerceraient leurs
prérogatives d'électeurs, en fait très peu se présentèrent
au scrutin. Dans les arrondissements du centre, où cependant les médecins étaient nombreux (1), c'était à peine
si quelques-uns se dérangeaient pour aller voter ; dans
les quartiers excentriques, il y avait si peu d'électeurs que
fréquemment on était obligé de convoquer en même temps
ceux d'un arrondissement limitrophe. D'où ce résultat
qu'en fait le corps électoral se trouvait exclusivement
composé de candidats ou de médecins des bureaux de bienfaisance. Les auteurs du décret de 1886 (2), voyant le système de l'élection condamné par l'expérience adoptèrent
le second mode de nomination de la loi de 1849 : le concours. Le Ministre de l'Intérieur était chargé de statuer
sur la nature des épreuves. Vint la discussion du décret
de 1895 : Fallait-il conserver le concours ? Devait-on au
contraire même en violant la loi de 1849, chercher un
autre mode de nomination ?

De graves objections s'élevaient contre le concours.
Depuis qu'il était appliqué, il ne semblait pas avoir donné
des résultats absolument satisfaisants. Sans doute le concours laisse moins de place à la faveur et à l'arbitraire
que tout autre mode de nomination, sans doute il révèle
chez le médecin qui l'a subi des connaissances scientifi-
ques plus complètes, mais ces qualités techniques dont
nous nous gardons de nier l'importance sont-elles exclusivement nécessaires pour l'exercice d'un art qui demande

(1) Rapp. Fleury-Ravarin, *op. cit.*, p. 137 et 138.
(2) Procès-verbaux de la commission d'organisation : Séance du 9 janvier 1882.

surtout les garanties d'une pratique un peu longue. « Les concurrents, disait M. Fleury-Ravarin (1), ne sont pas les praticiens exercés habitant les quartiers pour lesquels ces concours sont ouverts, les médecins établis connaissant les habitants de ces circonscriptions habitués au milieu ; ce sont pour la plupart des jeunes gens encore familiarisés avec les luttes académiques dont on ne peut mettre en doute le savoir, mais dont on peut contester la pratique. » Et puis autre reproche ? La valeur des concours varie suivant les arrondissements. Fort recherchés dans les quartiers du centre, les places sont délaissées dans les arrondissements de la périphérie. N'a-t-on pas vu dans certains quartiers excentriques un seul candidat se présenter pour subir les épreuves du concours ! (2) Enfin, à notre avis, le concours présente un autre vice encore plus grave : il donne au médecin qui l'a subi une indépendance beaucoup trop grande vis-à-vis de l'Administration. Un praticien, arrivé de la sorte, sera forcément très indépendant à l'égard d'une autorité dont il ne tient pas son pouvoir. Or il est absolument nécessaire qu'en cette matière l'Administration ait en dernier ressort la haute main sur le service. Le concours ne va-t-il pas à l'encontre de ce but ?

Mais si l'on écarte le concours par quoi le remplacer ? On a vu les mauvais résultats de l'élection. Reste la nomination directe par l'Administration (3), en renfermant celle-ci dans certaines limites, de titre et de résidence, en exigeant des garanties d'honorabilité. Mais ce système

(1) Rapport Fleury-Ravarin, *op. cit.*, p. 138.
(2) D'r Balland, *Réorganisation des secours à domicile, op. cit.*, p. 23.
(3) Nielly, *L'assistance publique dans Paris, op. cit.*, p. 49 ; Gory, *Les secours à domicile dans Paris, op. cit.*, p. 59.

violait, nous l'avons vu, la loi de 1849, et puis surtout il avait le grave défaut d'ouvrir le champ à des influences, tout à fait étrangères à la compétence professionnelle, influences qui se produiraient nécessairement. Aussi ce mode de nomination, proposé plusieurs fois pendant la discussion du décret de 1895, fut-il finalement repoussé par le Conseil d'Etat (1).

En présence de toutes ces difficultés, les rédacteurs du décret de 1895 estimèrent que malgré tout le système du concours était celui qui offrait le moins d'inconvénients et l'adoptèrent dans l'article 34 ainsi conçu : « Les médecins préposés au service de l'assistance médicale sont nommés au concours pour trois années. Ils reçoivent leur investiture du ministre de l'Intérieur. Ils peuvent être réinvestis après avis du Directeur de l'Assistance publique et des bureaux de bienfaisance. Tout médecin non réinvesti ne peut plus se présenter au concours (2). »

Nous savons que depuis 1892 (3) le service de la consultation a été séparé de celui du traitement à domicile, il en résulte qu'il y a deux catégories de médecins : les uns chargés de la consultation, les autres, qui visitent exclusivement les malades à domicile. Ils sont en principe soumis aux mêmes règles. On exige pour les nommer certaines conditions : d'abord *la nationalité française*, ensuite *le diplôme de docteur en médecine*. Il avait été question d'exiger des candidats quatre années d'internat, mais cette disposition n'a pas été maintenue par le Conseil d'Etat. Enfin ajoutons-y pour les médecins du traitement

(1) Rapport Fleury-Ravarin, *op, cit.*, p. 138.
(2) Décret de 1895, art. 34, § 1 et 2.
(3) Voir plus haut page 268.

à domicile l'engagement de résider dans le quartier où ils postulent (1).

La question de la réinvestiture fut une déception pour les médecins des bureaux. Ils auraient voulu, comme leurs confrères des hôpitaux, être maintenus dans leurs fonctions jusqu'à 65 ans et être en quelque sorte propriétaires de leurs titres (2). Au premier abord, en effet, on conçoit mal qu'une différence de traitement existe entre les médecins des bureaux et ceux des hôpitaux, mais à la réflexion, on voit que cette solution s'impose. La mission du médecin des hôpitaux est avant tout d'ordre scientifique, pour lui le malade est un sujet qu'il doit chercher à guérir et pour réaliser ce but, il n'a pas à recevoir les ordres de l'Administration, en un mot il n'y a dans sa fonction place pour aucune formalité administrative. Dans le service des secours à domicile le rôle du médecin, au contraire, est bien moins élevé au point de vue scientifique, mais il nécessite des rapports fort nombreux avec les malades, et à cet égard rien n'est plus nécessaire qu'une parfaite communauté de vues avec l'Administration. En effet il est nécessaire qu'il tienne compte des prescriptions administratives dans une part bien plus grande que le médecin des hôpitaux. Il ne convenait donc pas de laisser l'Administration désarmée à leur égard pendant une trop longue période, alors que du fait du concours, ils sont déjà presque trop indépendants (3). Actuellement si un médecin s'est mal acquitté de ses fonctions, il ne sera pas réinvesti, et cela sans qu'il soit nécessaire d'invoquer aucune

____

(1) Décret de 1895, art. 34.
(2) Procès-verbaux des séances de la commission de révision du décret du 12 août 1886, p. 109 et suiv.
(3) Dr Balland, *Réorganisation des secours à domicile, op. cit.*

raison. A cette obligation de la réinvestiture, on a joint
une sanction : l'impossibilité pour un médecin non réinvesti de subir à nouveau les épreuves du concours (1).
Enfin tout médecin jusqu'à 65 ans, peut être indéfiniment
réinvesti.

L'Administration est armée vis-à-vis des médecins de
certaines peines disciplinaires :

Ce sont la *réprimande*, la *suspension* et la *destitution*.
Ces trois peines ne peuvent être prononcées qu'après l'avis
du Conseil de surveillance, ce qui constitue une garantie
sérieuse pour les médecins (2). La réprimande est prononcée par le Directeur de l'Assistance publique (3), la suspension provisoire par le Préfet de la Seine, la destitution
par le Ministre de l'Intérieur.

Revenons sur un point que nous avons laissé de côté
tout à l'heure : l'obligation de résidence, des médecins du
traitement à domicile. Cette obligation est ainsi formulée
par l'article 34 (par. 3) : « S'ils postulent pour le service
du traitement à domicile (ils doivent) s'engager à résider
dans l'arrondissement où ils sont appelés à exercer leurs
fonctions ou dans un quartier limitrophe. » Il est, en effet,
de toute importance que les médecins du traitement à
domicile soient à portée de leurs malades. Cette condition
est surtout indispensable pour les médecins des quartiers
excentriques, où l'on trouve une population pauvre, et où
en conséquence, leurs honoraires sont modiques, aussi
ces médecins sont-ils obligés de faire de nombreuses visites pour gagner leur vie. Or, très occupés par leur clientèle

(1) Décret de 1895, art. 34.
(2) Décret de 1895, art. 34.
(3) Notons que l'avis du Conseil de surveillance n'engage en rien l'Administration. En fait, on suit toujours l'avis du Conseil.

payante, ils ne peuvent soigner sérieusement les pauvres qu'à la condition de vivre au milieu d'eux. De là, la nécessité pour les médecins du traitement à domicile de s'engager à résider dans le quartier où ils veulent exercer leurs fonctions. Nous ajoutons que nous trouvons peut-être cette condition un peu trop lâche, il vaudrait mieux (1) que la résidence du médecin dans le quartier où il postule fût antérieure au concours lui-même. Il paraîtrait (2) que les médecins ne se hâtent pas toujours après le concours de venir résider dans l'arrondissement où ils exercent, et qu'il en résulte de nombreux inconvénients pour la population indigente.

Nous arrivons à un autre point non moins important. Quelle rémunération va être attribuée aux médecins ? Nous voyons de suite que cette question se subdivise en deux parties distinctes : en premier lieu, quel mode de rémunération semble préférable, ensuite quelle sera l'importance de cette rémunération ?

Deux solutions se présentent d'abord, en ce qui concerne le mode de rémunération : les médecins peuvent recevoir soit *une indemnité fixe*, soit *une indemnité proportionnelle* au nombre de malades visités. L'indemnité fixe n'est forcément pas équitable : le nombre des malades varie beaucoup suivant les arrondissements de telle sorte que ce sont les médecins qui ont le moins de malades qui sont le mieux rémunérés. De plus ce système a le très grave défaut (3) de ne pas stimuler le zèle des praticiens. Il aboutit à ce résultat déplorable que les malades ne se-

---

(1) Rapp. Fleury-Ravarin, *op. cit.*, p. 139.

(2) Rapport sur le fonctionnement des 20 bureaux de bienfaisance pendant l'année 1897, *op. cit.*, p. 98.

(3) Rapp. Fleury-Ravarin, *op. cit.*, p. 141.

ront presque jamais visités, le médecin étant naturellement incité à faire le moins de visites possible.

Le système de l'indemnité proportionnelle semble plus séduisant, mais il est très onéreux pour les finances de l'Assistance publique. Le médecin poussé à multiplier les visites, se rendra dix fois chez un malade alors qu'une seule consultation suffirait, et en définitive ce sera le budget de l'Assistance qui supportera tout le poids de ce zèle intéressé.

Mais si ces systèmes sont pleins l'un et l'autre d'inconvénients, ne pourrait-on concevoir une solution qui fût une combinaison des deux ? Chaque médecin recevrait une indemnité fixe et ensuite une indemnité proportionnelle au nombre de visites accomplies.

Historiquement jusqu'en 1895, le décret de 1886 étant muet sur la question on donna aux médecins une indemnité fixe variant suivant les arrondissements, mais cela avait abouti à ce que les médecins faisaient le moins de visites possible. Vint la discussion du décret de 1895, dès l'origine on y inséra le principe du système mixte, que nous venons d'indiquer. Le croirait-on ? Cette disposition fut de suite en butte aux critiques des médecins. « Ce système de rémunération, disaient-ils, en faisant ressortir le taux de la visite à un chiffre infini, portait atteinte à leur dignité professionnelle. » Etrange susceptibilité ! on l'avouera, mais malheureusement plus généralisée qu'on ne le croit parmi le corps médical parisien qui estime que c'est rabaisser la science que de la mettre à la portée de toutes les bourses. Le décret de 1895 ne tint d'ailleurs pas compte de ces réclamations. « Les médecins de l'Assistance médicale (article 34, fin) reçoivent une indemnité fixe ; ceux d'entre eux chargés du traitement à domicile reçoivent en outre une indemnité variable d'après le nombre de visites qu'ils ont faites pendant l'année. » Pour les médecins chargés du service de la consultation, il n'est pas nécessaire qu'ils reçoivent une indemnité proportionnelle puisqu'ils doivent donner des consultations à heure et jour déterminés, sans qu'il y ait à s'inquiéter du nombre de personnes qui se présentent.

Quelle sera maintenant l'importance de la rémunération que l'on va accorder aux médecins ? C'est peut-être de cette question fort importante que dépend le bon fonctionnement du service. En effet, les fonctions de médecins des bureaux de bienfaisance sont fort ingrates, ils ont à subir les exigences de malades aigris par la misère, et de plus sont exposés à être dérangés à chaque instant, souvent sans motifs sérieux. Il est incontestable que, s'ils ne touchent pas un traitement convenable ils ne s'occuperont que médiocrement d'un service, qui ne leur donne que des désagréments sans leur procurer des avantages pécuniaires suffisants (1). Ils en arriveront alors à se consacrer uniquement à leur clientèle payante, car il est indiscutable qu'ils auront toujours plus de tendance à prendre les intérêts de ceux qui les paient. Ajoutons à cela, les conditions de l'existence si onéreuses à Paris et la concurrence énorme causée par le nombre toujours croissant des médecins : or il faut vivre, et le médecin s'il n'est pas suffisamment rémunéré en arrivera à négliger complètement les malades pauvres. Actuellement les médecins chargés du service de la consultation reçoivent un traitement fixe de 600 francs par an pour faire trois consultations par semaine dans les dispensaires. Les médecins du

(1) Dr Balland, *Réorganisation des secours à domicile, op. cit.*, p. 10 et 11.

traitement à domicile reçoivent un traitement fixe, variant suivant les arrondissements de 1.200 à 2.000 francs plus une indemnité proportionnelle variable d'après le nombre de visites faites pendant l'année. Ces chiffres paraissent suffisants, sauf pour les médecins de la consultation, dont le traitement pourrait être relevé.

Voici quels sont les traitements des médecins dans quelques villes étrangères :

A Berlin, il y a 2 classes de médecins : Les médecins de la première reçoivent 1.200 marks, ceux de la seconde 1.500. A Elberfeld, les médecins ont 600 marks, 1.000 à Hambourg.

A Bruxelles, ils ont 1.200 francs par an, 1.500 francs à Anvers. A Haselt, les honoraires sont fixés au maximum à 2.500 francs. Cette somme est payable, et partagée par trimestre entre les médecins agréés, au prorata des visites faites, d'après un tarif. Ce tarif se chiffre *par points*, dont le nombre varie de 1 à 20 d'après la nature de la visite. Ainsi une visite de jour compte pour un point, une visite de nuit pour deux, ainsi de suite. D'une façon générale le point vaut à peu près 0 fr. 50. Expérimentée depuis peu cette organisation a donné d'excellents résultats. Tous ces traitements sont moins élevés qu'à Paris, mais dans les villes que nous venons de citer, la vie est beaucoup moins chère et les fonctions des médecins moins pénibles.

En résumé ce que l'Administration est en droit d'exiger des médecins du traitement à domicile c'est une grande assiduité, et ceci sera beaucoup facilité en tenant la main à ce qu'ils habitent, comme nous l'avons déjà dit, le plus près possible de leurs malades. Mais il ne faut pas se dissimuler que, de la part des indigents, il y aura toujours des réclamations contre les médecins des bureaux. Le médecin ne tarde pas en effet à redouter le contact d'une population qui le reçoit souvent en suspicion et qui le croit grassement payé pour faire son métier. Peu à peu il devient exigent à son tour et ne montre plus le même zèle qu'en premier lieu. De là des froissements qui ne peuvent manquer de se produire et qu'on ne pourra jamais qu'atténuer (1).

3° *Sages-femmes*. — A côté des médecins viennent les sages-femmes, dont nous parlerons moins longuement, une partie de ce que nous avons dit précédemment sur les médecins pouvant leur être appliquée.

La nomination et le recrutement des sages-femmes sont réglés par l'article 31 du décret : « Les sages-femmes préposées au service de l'Assistance doivent être de 1re classe.

Elles sont nommées par le Directeur de l'Assistance publique. »

(1) Au 31 décembre 1897 le personnel médical comptait 66 médecins chargés de la consultation, 169 du traitement à domicile.

Les médecins du traitement à domicile avaient fait :

En 1893 . . . . 191.079 visites
En 1894 . . . . 180.749   —
En 1895 . . . . 191.158   —

Soit :

1.137 visites par médecin en 1893
1 096   —   —   1894
1.190   —   —   1895

Ce qui donne :

3,11 visites par jour en 1893
2,93   —   —   1894
3,30   —   —   1895

(Rap. sur le traitement des malades à domicile pendant les années 1893, 94, 95.)

Les dépenses pour indemnités aux médecins s'élevaient à :

En 1893 . . . . 302.200 francs
En 1894 . . . . 302.200   —
En 1895 . . . . 302.425   —
En 1897 . . . . 311.000   —

Le décret de 1895, en exigeant que les sages-femmes
soient de 1re classe, innove sur l'ancienne législation. Cette
nouvelle mesure se justifie aisément par cette raison que
les sages-femmes des hôpitaux étant de 1re classe, il importait de réclamer de celles qui sont chargées des accouchements à domicile, les mêmes preuves de savoir-faire
professionnel, puisqu'elles opèrent sans l'assistance des
médecins.

Comme les médecins, les sages-femmes sont tenues à
la résidence dans l'arrondissement où elles exercent leurs
fonctions (1).

Nous avons déjà dit, quand nous nous sommes occupés
du traitement à domicile, que les femmes enceintes avaient
la faculté de choisir leur sage-femme (2) parmi celles qui
sont préposées au service médical de l'arrondissement.
Depuis cette nouvelle mesure l'Administration centrale,
afin de laisser aux accouchées une plus grande latitude
dans leur choix, s'est efforcée d'admettre dans les 20 arrondissements toutes les sages-femmes de 1re classe qui
ont offert leur concours (3).

Il paraîtrait que cette mesure présenterait certains inconvénients. Quelques sages-femmes, dit-on, se livreraient
entre elles à une concurrence effrénée, et iraient parfois
jusqu'à abandonner leurs clientes à une partie de la prime
que l'Assistance leur alloue. Il serait désirable que l'Administration fît une enquête sur ces faits, et qu'elle n'hé-
sitât pas à rayer de sa liste les sages-femmes convaincues
de se livrer à de pareilles fraudes (4).

(1) Décret de 1895, art 36.
(2) Décret de 1895, art. 35.
(3) Rapp. sur le fonctionnement des 20 bureaux de bienfaisance pendant l'année 1897, *op. cit.*
(4) Chaque sage-femme reçoit 15 francs par accouchement ; la dépense

Ajoutons cependant qu'à part cette restriction, il nous semble très équitable d'assurer aux accouchées le plus large choix sur ce point.

§ 3. — Admission à l'hôpital.

Au début du siècle l'admission à l'hôpital avait lieu au *Bureau central*. Créé en l'an X, le *Bureau central* avait été institué pour empêcher que l'on ne reçut à l'hôpital les individus qui n'étaient pas assez malades. On avait remarqué auparavant que de nombreuses personnes se faisaient admettre à l'hôpital, non pour s'y faire soigner, mais pour y vivre sans rien faire (1). Le nouveau régime donna d'excellents résultats jusqu'en 1860, mais à partir de cette époque l'annexion des communes suburbaines (2) vint compliquer la situation. Comment en effet demander à un malade habitant l'extrémité de Paris, de se transporter

totale pour primes aux sages-femmes s'élevait à :

184.140 fr. en 1893 ;
183.470 fr. en 1894 ;
175.695 fr. en 1895 ;
200.000 fr. en 1897.

En 1893, chaque sage-femme faisait 4.774 accouchements ;
En 1894,   —   4.512   —
En 1895,   —   4.419   —

Le nombre des sages-femmes, ainsi que nous l'avons dit, a été sans cesse en augmentant :

En 1890, 223 sages-femmes ;
En 1892, 233   —
En 1895, 265   —
En 1897, 517   —

(Rapport sur le traitement des malades à domicile pendant les années 1893, 94, 95.)

(1) Compte administratif de l'an XI.

(2) La ville se trouvait avoir une superficie de 7 802 hectares au lieu de 3.437.

au Parvis Notre-Dame (1), pour venir solliciter son admission au *Bureau central*? On fut donc obligé de décider
que, dans chaque hôpital, on admettrait les malades après
la consultation du matin faite par les chefs de service,
ou à toute heure du jour en cas d'urgence. La moitié des
lits disponibles fut mise à la disposition des chefs de service, les autres restèrent réservés au *Bureau central*. On
crut que ces divers modes d'admission contribuaient par
leur multiplicité à amener l'encombrement des hôpitaux :
beaucoup de malades, disait-on, pouvant être soignés à
domicile ; d'autre part on signalait dans les salles la présence de phtisiques, de chroniques et d'infirmes, dont
la place aurait été dans des hospices spéciaux. Or ces
derniers ne présentant aucun intérêt au point de vue
scientifique, les chefs de service faisant la consultation
recevaient, paraît-il, des individus peu malades, qu'ils
gardaient autant qu'ils voulaient, de telle sorte que s'il se
présentait un malade plus intéressant au point de vue
clinique, on pouvait facilement le recevoir, en renvoyant
les premiers.

Sans examiner si les reproches adressés aux modes
d'admission étaient exacts, il était certain que l'encombrement des salles était devenu excessif. « Partout, dit un
rapport officiel (2), on a été obligé d'installer des lits supplémentaires, contrairement aux règles de l'hygiène, qui
voudraient que les salles des malades dont le cube d'air est
généralement calculé d'après le nombre de lits réglemen-
taires ne reçussent point de lits en supplément. » La ré-

____

(1) Gory, *Les secours à domicile dans Paris. Op. cit.*, p. 64 et 65. — C'é-
tait là que se trouvait *le Bureau central*, dans les locaux de l'Hôtel-Dieu.
(2) Rapp. Fleury-Ravarin, *op. cit.*, p. 128.

forme des modes d'admission (1) paraissait donc s'imposer, mais comment l'opérer ? Ce fut l'objet de vives discussions pendant la préparation du décret de 1893.

Fallait-il prononcer l'admission au dispensaire, nouvel
établissement créé par le décret, et supprimer le *Bureau
central* et la consultation des hôpitaux ? Mais ce projet
soulevait une grave objection. Devenant bureau d'admission le dispensaire n'allait-il pas perdre son caractère ?
N'était-il pas à craindre qu'il ne fût promptement encom-
bré par une foule de solliciteurs, venant demander leur
admission à l'hôpital, et que dans ce cas, il ne fût plus le
centre actif de la consultation ?

Un second projet, ne laissant subsister aucun des modes d'admission alors en vigueur, plaçait l'admission à
l'hôpital au domicile même du malade. Il fut adopté par
le Conseil supérieur de l'Assistance publique, et voici en
quels termes, le rapporteur devant cette assemblée formu-
lait les raisons qui militaient en sa faveur. « Avec le système d'admission proposé, cet encombrement ne se pro-
duira plus et les médecins des hôpitaux qui font de la
science plutôt que de l'assistance ne pourront plus user de
la faculté d'admettre les malades au gré de leur volonté, au
lieu de s'intéresser aux véritables misères. »

De sérieuses critiques étaient cependant soulevées par
cette mesure projetée : n'allait-on pas imposer, disait-on,
aux médecins du dispensaire un nombre de visites prodigieux ? Dans le seul hôpital Lariboisière, il y a près de
18.000 admissions par an (2). Et que de temps perdu ! Le

---

(1) Quand nous nous sommes occupé de la valeur du traitement à domicile nous avons indiqué quel était notre avis sur ce point (p. 97 et suiv.).

(2) Rapport de M. Bonthoux sur le projet de révision du décret de 1886,
op. cit., p. 49.

malade qui voudrait entrer à l'hôpital devrait s'adresser
d'abord au bureau de bienfaisance, puis au dispensaire,
où enfin l'on désignerait un médecin pour se rendre à son
domicile. De plus, une pareille mesure ne serait-elle pas
blessante pour les médecins des hôpitaux, subordonnés
de la sorte à leurs confrères du bureau de bienfaisance ?
Le jour où l'on priverait les chefs de service du droit de
faire la consultation, le jour où on les dépouillerait de la
faculté de choisir leurs sujets de prédilection, ce jour-là,
ils défendraient avec âpreté un droit dont ils ne paraissent
pas se soucier. N'y aurait-il pas là une source de conflits,
dont en définitive les malades seraient les premières victimes ?

Si le lieu où l'admission devait être prononcée soulevait
de vives controverses, il en était de même quand il s'agis-
sait de savoir qui la prononcerait ? Plusieurs solutions
étaient mises en avant.

On pouvait en charger un médecin répartiteur, simple
agent administratif, chargé de décider dans chaque cas
quel mode de traitement serait le meilleur ? Ce système
avait l'avantage de confier à un tiers désintéressé la mission de renvoyer le malade au mode de traitement qui lui
convenait le mieux et cela sans autre préoccupation que le
bien du service ; mais n'était-il pas bien grave de faire
d'un fonctionnaire le maître absolu de la population indigente d'un quartier ?

Devait-on au contraire charger de ce soin le médecin
du dispensaire ? Cela eût été logique, si l'on avait fait du
dispensaire le lieu où l'on prononcerait l'admission à
l'hôpital, mais tout dépendait de la solution à admettre
sur ce premier point.

Quoi qu'il en soit, la section de l'Intérieur du Conseil

d'État finit par adopter un projet sur l'admission à l'hôpital, projet devant être inséré dans le décret de 1895. L'admission devait être prononcée au domicile du malade par un médecin du dispensaire (1). Ce projet fut repoussé par l'assemblée générale du Conseil d'État. On estima qu'il était illégal d'insérer dans un décret sur les secours à domicile des dispositions concernant les établissements hospitaliers. Une pareille mesure aurait excédé le pouvoir donné au Gouvernement par l'article 8 de la loi du 10 janvier 1849, puisqu'il n'est pas fait mention des établissements hospitaliers dans cet article ainsi conçu : « Un règlement d'administration publique déterminera la composition du Conseil de surveillance de l'administration générale, et de l'organisation de l'assistance à domicile. » Aussi, aucune disposition concernant l'admission à l'hôpital ne fut maintenue dans le décret de 1895. Cependant, comme une réforme s'imposait, l'administration de l'Assistance publique soumit au Conseil de surveillance un projet de réglementation de l'admission à l'hôpital. Ce projet devint l'arrêté du Directeur de l'Assistance publique approuvé par le préfet de la Seine en date du 2 mars 1895 (2). *Désormais l'admission a lieu à l'hôpital même, à la suite de la consultation du matin.* A cet effet, chaque quartier de Paris est rattaché à un hôpital déterminé. Il y a de la sorte douze circonscriptions hospitalières dont l'étendue a été basée sur les ressources de chaque établissement et sur le chiffre moyen des malades qui avaient été reçus dans la période précédente. Aucun malade ne peut, sauf le cas d'urgence, être admis gratuite-

---

(1) Rapport de M. H. de Villeneuve devant le Conseil d'Etat.
(2) Procès-verbaux des séances du Conseil de surveillance pendant l'année 1893-94.

ment, s'il ne prouve qu'il est domicilié dans la circonscription de l'hôpital (1). On a essayé de mettre ainsi un terme à l'admission de ces prétendus malades qui précédemment faisaient le tour de Paris, jusqu'à ce qu'ils eussent trouvé un hôpital leur ouvrant ses portes. Une conséquence de la nouvelle réforme est la suppression du *Bureau central* : aucune admission aujourd'hui n'a plus lieu que dans la forme que nous venons d'indiquer.

Comment se fait l'admission ?

« Elle est (art. 3) prononcée par le Directeur de l'hôpital, d'après l'examen et sur le vu du bulletin du chef de service de la consultation (2) et en dehors des consultations sur l'avis de l'interne de garde. » Notons que le rôle du Directeur est purement administratif, il se borne à constater si les formalités requises pour l'admission du malade ont été accomplies. Il n'en est autrement que dans le cas où l'interne de garde est dans l'impossibilité de procéder à un examen immédiat, dans ce cas le Directeur de l'hôpital prononce d'office l'admission. Il peut arriver qu'il n'y ait pas de lits disponibles dans un hôpital : dans ce cas l'Administration dirige les malades sur d'autres établissements. Actuellement, il y a un hôpital désigné à cet effet (3), où un certain nombre de lits sont toujours tenus en réserve.

Quels ont été les résultats produits par le nouveau système ? Tout d'abord, il faut faire remarquer qu'il n'a nul-

(1) La description des circonscriptions hospitalières était annexée à l'arrêté. Certaines communes de la banlieue sont rattachées aux hôpitaux parisiens en vertu d'un accord avec l'Assistance publique.

(2) Ces consultations, ainsi que nous l'avons vu plus haut (p. 278), ont lieu chaque matin dans les hôpitaux et sont faites par des médecins des hôpitaux, exclusivement chargés de ce service.

(3) Actuellement c'est l'hôpital Tenon.

lement diminué le nombre des admissions à l'hôpital.
Nous ne reviendrons pas sur ce fait, que nous avons déjà
signalé et sur les raisons qui en sont la cause. Mais il
semble qu'il ait d'autres inconvénients. On a constaté, en
effet, qu'entre l'hôpital et le bureau de bienfaisance, il y
avait fréquemment des divergences : l'un considère que
le malade peut être soigné à domicile, alors que l'autre
juge son traitement à l'hôpital indispensable. Le malade, qu'un médecin du bureau de bienfaisance juge devoir être admis, est refusé à la consultation de l'hôpital.
Ne pourrait-on lier plus intimement ces deux services
et si l'on ne veut pas rattacher le service de l'assistance
médicale aux hôpitaux, comme nous l'avons demandé, ne
serait-il pas possible d'étudier un système *d'admission à
l'hôpital par le dispensaire*? Nous avons déjà signalé les
inconvénients que présente cette solution, cependant actuellement elle semble désirable. Avec le système que
nous proposons, à défaut de l'autre, système préconisé déjà
au Conseil municipal (1), on mettrait dans les hôpitaux
un certain nombre de lits à la disposition des dispensaires.
Ce mode d'admission aurait de plus l'avantage de permettre à l'Administration d'avoir des renseignements plus
exacts sur la situation des malades : actuellement, ce
sont des visiteurs de l'Administration centrale qui font
les enquêtes sur la condition des personnes, venant se
faire soigner dans les hôpitaux, désormais les administrateurs et commissaires les remplaceraient et connaî-
traient mieux la situation des malades. L'Assistance publique aurait de la sorte une base plus certaine pour se

(1) Rapport de M. Félicien Pâris, conseiller municipal, sur la réorganisation des services de l'Assistance publique (1898), p. 15.

faire rembourser des frais de séjour (1), soit par les personnes non nécessiteuses, soit par les communes ou les
départements, quand les personnes traitées n'auraient pas
leur domicile de secours à Paris (2). Nous ne faisons là
que poser des règles générales, mais nous croyons que ce
principe serait susceptible d'être appliqué avec succès.

(1) Nous avons déjà signalé plus haut (p. 98) l'encombrement des hôpitaux, rappelons que le nombre des admissions qui était de 160.000 environ pendant l'année 1892 s'est élevé à 173.000 en 1897 (Compte moral
de l'Administration de l'Assistance publique pendant l'exercice 1897).

(2) On sait que l'admission dans les hôpitaux ne donne droit au bénéfice de la gratuité que si l'indigence du malade est constatée. A Paris, on
se montre très large, trop large peut-être sur ce point.

CONCLUSION

Nous pouvons reprendre, à la fin de cette étude, les idées que nous avons dégagées, en essayant dans notre Introduction de faire l'histoire de l'Assistance, et des Secours à domicile, dont nous avons constaté l'évolution et dont nous venons de voir l'application dans l'état actuel des textes.

Dans quelle mesure l'Assistance doit-elle dépendre du pouvoir central ? Faut-il en faire un service purement communal ? Faut-il en faire un service d'État ? Faut-il au contraire, adoptant un système mixte, donner la direction au Gouvernement, et laisser seulement à la municipalité un pouvoir plus ou moins étendu ?

Le pauvre a-t-il droit au secours ? Le secours n'est-il qu'une obligation en quelque sorte naturelle de la société ? ou bien, n'est-il que l'exercice très volontaire de la charité ?

Nous avons dans le cours de ce travail, à propos de chacune de ces questions, montré quelle était en législation la solution à laquelle nous donnons la préférence, nous voulons simplement résumer comme conclusion de cette étude, les solutions qui nous ont paru les meilleures et indiquer quelle est, selon nous, la meilleure organisation des secours à domicile, celle qui assure le mieux l'assistance aux malheureux, et celle qui, d'autre part, est l'application la plus exacte des droits et des devoirs de la société envers les pauvres.

Sur le premier point, nous avons très nettement indiqué à quelle solution nous donnions la préférence : nous estimons que c'est au système actuellement en vigueur qu'il faut s'en tenir. Sans doute il présente des inconvénients, nous ne les avons pas dissimulés, mais d'autres défauts sont la conséquence des autres systèmes, quand les inconvénients actuels ne sont pas augmentés par eux. Certes, nous savons parfaitement que des tendances tout autres se sont manifestées récemment : on a écrit (1) que donner la haute main sur l'Assistance au Conseil municipal, c'était consacrer aujourd'hui la solution traditionnelle qui date de François Ier. Mais suffit-il qu'une solution soit conforme à l'histoire pour devoir être appliquée ? Évidemment non. Les données de l'histoire ne sont vraiment utiles que si l'état des mœurs permet aujourd'hui de les appliquer, et les mœurs d'aujourd'hui sont très différentes de celles d'autrefois. Nous avons suffisamment discuté les systèmes proposés : nous résumons simplement ici notre opinion en disant qu'il faut maintenir énergiquement le système actuel, qui, sans éviter toutes critiques, est au moins celui qui permet aux diverses influences en jeu, de se limiter et de se balancer l'une l'autre.

Quant au second point, il semble impossible d'admettre pour tous les pauvres en général, *un droit à l'assistance*. Cette théorie socialiste du droit à l'existence, cette application du principe « chacun a droit à toutes choses suivant ses besoins » implique par là même l'assurance obligatoire, assurée par une contrainte légale. L'assistance alors n'a

____

(1) A. Lefèvre, *Paris et l'Assistance publique. Revue de Paris* du 1er juillet 1899.

plus qu'un rôle subsidiaire, elle soulage les misères auxquelles l'assurance ne peut porter remède à raison des lacunes toujours existantes, en tous cas toujours possible de la loi, ou des impossibilités de son application intégrale.

Mais pour qu'il y ait une assistance pure, il faudrait que l'État fournît au moyen d'une Caisse d'assurances dotée par lui et par les communes, la totalité des fonds d'assurances. En réalité, dans les pays où l'assurance obligatoire a été établie, l'élément charitable se joint à l'élément contractuel, car les primes d'assurances ne sont pas intégralement fournies par l'assuré, mais en dehors de l'assurance obligatoire, du droit à l'assistance, on comprend le système de l'assistance, devoir social. L'État a une obligation naturelle d'assistance, mais vis-à-vis de quelle catégorie de pauvres ? Sur ce point, nous adoptons la formule admise en 1889 par le Congrès international d'assistance : « l'assistance publique à défaut d'autre assistance est due à l'indigent qui se trouve temporairement ou définitivement dans l'impossibilité physique de pourvoir à ses besoins ». En conséquence, nous pensons que le devoir d'assistance ne doit exister qu'en faveur des vieillards, des infirmes, des malades incapables de pourvoir à leurs besoins. A ceux-là, comme nous l'avons dit, on doit donner des secours adéquats à leur misère : secours en argent, secours en nature, secours représentatifs de séjour à l'hospice pour les vieillards et infirmes indigents et subsidiairement hospitalisation ; traitement à l'hôpital pour les malades. C'est d'ailleurs la tendance qui se manifeste depuis quelques années dans notre législation charitable, la voie ouverte par la loi du 15 juillet 1893, *accordant l'assistance médicale gratuite* aux malades indigents, sera sui-

vie, puisqu'un projet de loi dont nous avons parlé (1),
prévoit la création de pensions de retraite pour les vieillards indigents. Mais si nous admettons le principe de
l'assistance obligatoire pour les indigents non valides,
nous ne croyons pas que l'assistance aux valides puisse
faire l'objet d'une obligation légale, sous peine d'encourager l'imprévoyance et la paresse. Aussi pensons-nous que
les secours qu'on distribue aux valides doivent avoir un
caractère spécial et être strictement temporaires. Cependant on a souvent prétendu, que même donnés dans ces
conditions, la distribution des secours à domicile aux valides avait une influence désastreuse sur les assistés et
qu'elle contribuait puissamment à développer le paupérisme. C'est là une objection qui s'adresse non seulement à
la distribution des secours à domicile aux valides, mais au
principe même des secours à domicile, objection trop importante pour que nous puissions la passer sous silence,
sans essayer de la réfuter, tout au moins en ce qui concerne
Paris.

Le principal reproche fait aux secours à domicile est
d'exercer sur la population pauvre une action démorali-
sante. En effet, a-t-on dit, avec la multiplicité des secours appliqués à toutes les circonstances de la vie, le tra-
vailleur certain qu'un secours l'attend pour chaque cas
déterminé deviendra fatalement imprévoyant, il comptera
toujours sur les dons de l'Assistance publique. La honte
de demander assez forte à l'origine, disparaît après quelques secours reçus et avec elle, tout effort sérieux pour
sortir d'une situation critique. On se résigne à la misère,
en comptant que les secours publics l'empêcheront d'aller

____

(1) Voir plus haut, p. 94.

à l'extrême. Non seulement les parents s'habituent à ne plus pouvoir se passer de secours, mais les enfants tout jeunes contractent la même habitude. « Depuis 60 ans, disait M. de Wateville en 1854 (1), que l'Administration de l'Assistance publique à domicile exerce son initiative, on n'a jamais vu un seul indigent retiré de la misère et pouvant subvenir à ses besoins par les moyens et à l'aide de ce mode de secours. Au contraire, elle constitue souvent le paupérisme, à l'état héréditaire : aussi voyons-nous aujourd'hui inscrits sur les contrôles de cette Administration les petits-fils des indigents admis en 1802, alors que les fils avaient été en 1830 portés également sur les tables fatales. » Est-ce que ces secours à domicile, si incontestablement supérieurs au point de vue théorique, n'ont pas pratiquement cet effet regrettable de perpétuer en quelque sorte la misère ? Est-ce qu'ils ne sont pas loin de la véritable assistance, c'est-à-dire non pas seulement celle qui donne du pain aux malheureux, mais celle qui l'aide à se passer de secours, celle qui d'un parasite fait un producteur ?

A Paris au premier abord, il semble que les faits confirment ces appréciations. On constate en effet une augmentation continue de la population indigente, dans une proportion supérieure à celle de la population totale. Le nombre (2) des indigents qui en 1896 était de 47.884, est actuellement de 49.055 (1897), soit une augmentation de près de 2.617 individus (4,69 0/0) en une année. N'est-ce pas là le résultat des secours à domicile ?

En Angleterre où, il est vrai, le droit au secours existe (3)

____

(1) De Wateville, *Rapport sur la situation du paupérisme en France.*
(2) Nous n'insistons pas sur ce point et renvoyons aux chiffres donnés dans le cours de cette étude.
(3) Depuis le Statut d'Elisabeth (1601).

on a fait la même constatation. Pendant longtemps les secours à domicile constituèrent le mode usuel d'assistance, et l'on en arriva à ce résultat déplorable que sur 10 habitants il y eut un assisté. Les populations pauvres étaient complètement démoralisées, la plupart des assistés jouissant d'un bien-être supérieur à celui des travailleurs indépendants. Devant cette augmentation du paupérisme et surtout en présence de l'accroissement démesuré de la taxe des pauvres, une réaction se produisit. A partir de 1834 le secours à domicile, qui était la règle, devint l'exception (1), il fut remplacé par l'hospitalisation au *Workhouse*, dont nous avons déjà parlé. Les résultats ne se firent pas attendre, depuis cette époque le nombre des pauvres a diminué de 35 0/0 (2). Le chiffre des personnes secourues à domicile qui s'élevait à 202.265 en 1849 s'était abaissé à 77.592 en 1892, tandis que le chiffre des hospitalisés au *Workhouse* avait baissé pendant la même période de près de 4.000 (2). Dans la ville de Londres il y avait en 1857 46,8 individus secourus pour 1.000 habitants et seulement 25,4 pour mille en 1887 (3). Fait significatif : la diminution du paupérisme a été insignifiante dans les *Unions* qui ont conservé le secours à domicile (4).

(1) Les *Board of Guardians* de chaque Union peuvent choisir entre l'*out door relief* (secours à domicile), ou l'*in door relief* (hospitalisation), mais tandis qu'ils peuvent accorder l'*in door* dans tous les cas, ils ne peuvent appliquer l'*out door* que dans certains cas déterminés.

(2) Chevallier, *La loi des pauvres en Angleterre, op. cit.*

(3) A Londres, pour près de 5 millions d'habitants, il n'y a que 100.000 habitants secourus, alors qu'à Paris il y en a 125.000 pour 2 millions 500.000.

(4) A Whitechappel, une *Union* pauvre de l'Est de Londres, le chiffre des hospitalisés (*Workhouse*) s'élevait à 1.419, celui des personnes secourues à domicile à 5.339 ; en 1879 après la suppression des secours à domicile le chiffre des personnes secourues à domicile tombe à 63, celui des hospitalisés à 1431.

Il semble donc indéniable que la réduction des secours à domicile en Angleterre et à Londres en particulier ait eu d'heureux résultats : « Il n'y a pas de meilleure méthode, disait M. Loch, délégué anglais au Congrès d'Assistance de Paris de 1889, pour encourager la prévoyance et l'épargne, que la restriction de l'assistance à domicile. L'adoption de cette méthode a fait verser bien de l'argent dans les caisses d'épargne comme provision pour les vieux jours, et il n'existe pas d'agent plus puissant pour amener les individus à s'affilier aux sociétés de secours mutuels que la crainte du *Workhouse* (1). »

En présence de ces faits conviendrait-il de réagir contre le mouvement qui va sans cesse s'accentuant chez nous en faveur de l'extension des secours à domicile ? nous ne le pensons pas.

Tout d'abord nous ne croyons pas qu'on puisse tirer parti en France et particulièrement à Paris de ce qui se passe à ce sujet en Angleterre, la situation économique et sociale des deux pays diffère trop profondément. En premier lieu le droit au secours existe en Angleterre, il n'en est pas de même en France, où l'admission aux secours peut toujours être refusée : l'extension du paupérisme ne présente donc pas chez nous les mêmes inconvénients. De plus la diminution du nombre des personnes secourues en Angleterre implique-t-elle une diminution de la misère ? Nous ne le croyons pas, la misère est restée la même, et c'est uniquement la crainte du *Workhouse*, qui empêche les pauvres de réclamer des secours (2) : les

---

(1) On peut dire de Londres et de Paris ce qu'on a dit des deux pays : le paupérisme est stationnaire à Paris, il est en très notable décroissance à Londres, où le chiffre des indigents, comme nous l'avons vu, s'est abaissé de 35 0/0 depuis 1869.

(2) Chevallier, *La loi des pauvres en Angleterre, op. cit.*

malheureux préfèrent supporter toutes les privations plutôt que de s'exposer à l'internement dans ces établissements où le régime est extrêmement rigoureux. De tout
cela, il résulte que des pauvres dignes d'intérêt peuvent
rester sans secours, et c'est là, il faut l'avouer, un état de
choses regrettable. Dans ces conditions on ne saurait dire
que la suppression des secours à domicile en Angleterre
ait amené une diminution véritable de la misère. Il ne
saurait être question d'ailleurs, d'appliquer un pareil régime à Paris. Sans doute nous ne verrions aucun inconvénient à ce que l'on traitât de la sorte les mendiants professionnels qui refusent de travailler, mais l'application du
système de l'internement aux valides serait en contradic-
tion avec nos mœurs et ce système ne pourrait du reste
être mis en pratique que si le principe du droit à l'assistance était reconnu pour ces derniers ; or ce serait là, nous
l'avons dit, une mesure qui nous paraîtrait dangereuse.

Prenons donc ce qui se passe à Paris. Est-ce l'emploi
des secours à domicile aux valides qui a amené l'augmentation du nombre des pauvres ? Évidemment non. Sans
doute, ce dernier fait est réel, mais n'est-il pas surtout
causé par l'attraction qu'exerce Paris sur toute la France.
En effet, la population de Paris a quintuplé depuis près
d'un siècle. En 1789, il y avait 524.000 habitants, et en
1896, 2.511.629 habitants (1). Cette augmentation rapide a
de nombreuses causes sur lesquelles il est inutile d'insister : ce sont les mêmes dans toutes les villes où se déve-
loppent des industries nouvelles, où se créent des usines,
des ateliers, des manufactures. Or, on peut observer que
toute industrie nouvelle source de richesses pour le pays

(1) De 1872 à 1896, l'augmentation de la population à Paris a été de 23.000
personnes par an.

tout entier, peut être, au point où elle s'exerce, une cause de misères : l'augmentation de la population, provoquée de la sorte, est donc l'origine de misères considérables. Ces faits, qui sont identiques dans tous les grands centres, sont forcément plus saillants dans la capitale d'un grand pays, centralisé comme le nôtre. Telle est la première cause de l'augmentation du paupérisme à Paris : le développement excessif de la population et de l'industrie.

A cela, il faut ajouter un fait que nous avons déjà signalé : l'émigration des provinciaux pauvres et sans ouvrage. On calcule, en effet, que sur cent personnes, habitant Paris, près des deux tiers n'y sont pas nées (1), et, parmi ceux qui viennent ainsi s'y établir, combien sont sans ressources. Attirés par la perspective de trouver plus facilement du travail, ils viennent en foule et sont souvent incapables de subvenir à leurs besoins. En outre, la faiblesse des secours (2) donnés par les bureaux de bienfaisance de Province amène un grand nombre d'indigents, qui accourent de tous les points de la France, en espérant être plus largement secourus à Paris. Voilà les véritables raisons de l'augmentation continue du nombre des personnes secourues à Paris : les modes de secours employés n'ont sur ce point aucune influence, et il n'est contre cette invasion de miséreux d'autres remèdes que ceux que nous avons signalés : augmentation de la durée du domicile de

---

(1) Voir plus haut, p. 31 et suiv.

(2) L'enquête de 1874 a révélé que sur 14.000 bureaux de bienfaisance, 12.300 avaient moins de 1.000 francs par an à leur disposition. En 1886, la moyenne générale des revenus des bureaux est de 1.060 francs. 111 villes seulement avaient subventionné leurs bureaux.

Voir aussi le rapport de M. Monod au Conseil supérieur de l'Assistance publique.

secours, rapatriement des nécessiteux, employés d'une façon plus fréquente.

Mais, ajoute-t-on, les secours à domicile empêchent la prévoyance et l'épargne, c'est une forme d'assistance agréable qui habitue vite l'ouvrier à ne plus compter que sur la société. C'est là, on le voit, une objection qui s'applique encore au principe même des secours à domicile, en ce qui concerne toutes les classes de malheureux auxquelles ils peuvent être donnés.

Remarquons tout d'abord sur ce point que le développement de l'*épargne* (1) et de la *mutualité* (2) à Paris, dans ces derniers temps vient donner un éclatant démenti à ces affirmations. Cependant nous ne nions pas la portée de cet argument, nous croyons en effet que la distribution des secours à domicile faite sans méthode présente de nombreux dangers, mais nous estimons aussi qu'une application rationnelle de ce mode de secours aux différentes infortunes, fait disparaître les inconvénients signalés dans une large proportion. D'ailleurs si désirables qu'elles soient, la prévoyance et l'épargne sont-elles toujours possibles à Paris? Or, les faits prouvent que trop souvent il est loin d'en être ainsi. Sans doute depuis 50 ans le salaire

---

(1) A sa fondation la *Caisse d'épargne de Paris* (1818) comptait 351 déposants ayant déposé 54.831 francs. En 1896 elle comprenait 652.000 déposants et 157.873 francs y avaient été placés.

Mentionnons aussi à Paris le développement des *Caisses d'épargne scolaires,* qui ont pour but d'habituer les enfants à l'épargne. En 1895 : les *Caisses scolaires* fonctionnaient dans 156 écoles et avaient reçu 127.000 fr., représentant 38.266 versements.

(2) En 1896 il y avait à Paris : 374 sociétés de secours mutuels *approuvées* avec 165.156 membres participants, 32.003 membres honoraires, possédant un avoir de 63 millions. En outre, il existait 447 sociétés *autorisées* avec 73.923 membres participants, 4.625 membres honoraires et possédant un avoir de près de 17 millions de francs. En 1814, il y avait à Paris 50 sociétés de secours mutuel.

de l'ouvrier parisien a augmenté de près de 50 0/0 tandis
que la cherté de la vie n'augmentait que de 25 0/0, il semblerait donc en résulter qu'il reste 25 0/0 pour le superflu
et la prévoyance, ce qui serait certainement une forte proportion si le chiffre total du salaire était élevé. Mais quel
est ce salaire ? D'après les publications de l'*Office du travail* auxquelles nous empruntons tous ces chiffres, le salaire moyen est à Paris de 6 fr. 15 pour les hommes, et de
3 francs pour les femmes : un homme gagnerait en 300
jours de travail 1.845 francs, une femme 900 francs, soit
pour un ménage 2.745 francs. D'autre part la dépense approximative pour la nourriture, le chauffage, l'éclairage,
d'un ouvrier parisien étant évaluée à 1.353 francs par an,
il faudrait donc compter pour la femme une somme égale
diminuée du loyer, soit 1.033 francs et constater que la
dépense du ménage est de 2.386 francs, somme inférieure
de 359 francs au gain présumé du ménage. Ce serait là un
résultat satisfaisant, mais n'oublions pas que dans l'esti-
mation du prix de la vie d'un ouvrier, établie telle que nous
venons de le montrer, on ne tient pas compte du vêtement, dont la valeur n'a pu être suffisamment appréciée,
et vraisemblablement les 359 francs qui restent suffiront
à peine.

Enfin, le salaire de l'homme et de la femme est compté
par nous comme payé 300 jours par an, sans autre chômage que le repos du dimanche et des jours de fête, mais
n'est-ce pas là une hypothèse fréquemment trop optimiste ?
En effet, d'après les réponses des syndicats ouvriers colla-
tionnés par l'*Office du travail* le nombre des journées qu'un
ouvrier trouve à faire s'élève en moyenne à 250 : certains
ouvriers stables arrivent à 295 journées, mais la moyenne,
pour les instables est de 170 journées par an. Dans ces

conditions (1) le chômage normal étant considérable, le salaire véritable d'un ménage travaillant 250 jours par an, est de 2.287 francs, c'est-à-dire d'après le calcul donné ci-dessus en déficit assuré de 99 francs sur la somme nécessaire à son entretien. Et nous ne parlons pas des enfants ? où est dans ce budget la place occasionnée par leur dépense ? Sans insister davantage sur ces résultats, on voit que ces chiffres laissent peu d'espoir à la prévoyance et donnent tout juste le moyen de vivre. Heureusement ce calcul ne tient pas compte de l'ingéniosité et du dévouement de la ménagère parisienne de telle sorte que, si le mari est sobre, en fin de compte le budget du ménage peut s'équilibrer, et qu'il est même possible de faire une petite part à l'épargne. Mais malgré tout, la prévoyance, qui est quelquefois impossible étant souvent malaisée, on voit qu'il importe d'accorder à tous les malheureux le secours à domicile, si ce mode d'assistance est adéquat à leur misère et non pas de leur appliquer un mode de secours comme l'internement, qui semble constituer une peine.

Nous croyons donc qu'en principe les secours à domicile doivent être accordés aux vieillards, — le droit à l'assistance étant reconnu pour eux seulement, — mais nous estimons aussi que dans une certaine mesure ils doivent être donnés aux valides. Pour ces derniers, cependant, le secours à domicile doit être accordé, dans les limites que nous avons indiquées plus haut, c'est-à-dire d'une façon exceptionnelle. Ainsi appliquée rationnellement, l'assistance à domicile donnera des résultats satisfaisants et n'empêchera jamais la prévoyance lorsqu'elle est possible. Les objections adressées au principe même du se-

(1) D'après l'*Office du travail* il y aurait 115 ouvriers pour 100 places, ce qui fait que le chômage normal est considérable.

cours à domicile, visent, donc à notre avis, moins ce mode
d'assistance en lui-même que son application irrationnelle.
Nous ajoutons qu'en ce qui concerne les valides nous ap-
prouverions entièrement une répression plus rigoureuse
de la mendicité allant même jusqu'à permettre l'internement de tous les individus valides se refusant à tout travail.

Telles sont les idées que nous avons essayé de soutenir
dans le cours de ce travail ; tel est, suivant nous, la mise
en œuvre qu'il faut adopter, de ce principe essentiel en
matière de secours à domicile : Les secours adéquats aux
misères qu'ils doivent soulager. Mais l'Assistance publique peut-elle réellement, peut-elle seule appliquer ces
solutions ? N'est-ce pas là une charge au-dessus de ses ressources pécuniaires ? Peut-elle d'autre part, enfermée
dans des règlements étroits, avoir la liberté d'allures suffisante pour accomplir l'œuvre de relèvement moral, principal objet de toute institution visant les valides ?

Nous avons déjà montré qu'au point de vue financier,
les charges de l'Assistance publique étaient trop lourdes
pour secourir d'une façon sérieuse les nécessiteux valides
et qu'actuellement on les assistait d'une façon dérisoire.
Au point de vue moral, les inconvénients sont encore plus
grands : le secours aux valides, nous le répétons, doit s'a-
dapter à des situations très complexes, or, l'Assistance
publique avec ses procédés administratifs, ses formules
simplistes et rigoureuses, ne possède pas la faculté de
varier ses moyens d'action pour arriver au but. Pour ne
citer qu'un fait, le secours en travail, qui, à notre avis, est
le seul mode d'assistance efficace pour les valides, ne
saurait être exercé sans dangers par l'assistance officielle.
Pour lutter contre la misère, l'Assistance publique a donc

grand besoin du concours de la charité privée. Non seulement, dans bien des cas l'Assistance publique ne devrait être que le complément de la Bienfaisance privée, mais pour les valides cette dernière devrait la remplacer. Aux indigents invalides il faut des secours réguliers, méthodiques, la distribution de ces secours n'est pas subordonnée aux dispositions morales de celui qui les reçoit, il suffit qu'ils arrivent à heures et à jours fixes. Pour le valide, il faut tenir compte des dispositions morales qui ont produit l'indigence et de celles qui peuvent la faire disparaître. L'indigent invalide est donc le vrai tributaire de la bienfaisance publique. De la bienfaisance privée au contraire, relèvent les valides. L'expérience prouve d'ailleurs que l'Assistance publique peut difficilement résoudre le problème de l'assistance aux valides et qu'à Paris il serait désirable qu'elle fût laissée entièrement à la charité privée, les sommes actuellement dispersées en secours inefficaces pouvant alors être reportées sur les vieillards et les malades. Mais à Paris, la charité privée pourrait-elle prendre efficacement les valides sous sa protection ? A-t-elle des ressources suffisantes ? Une organisation méthodique ? Quels résultats a-t-elle obtenus jusqu'ici ?

L'assistance privée peut revêtir deux formes : *l'assistance individuelle* et *l'assistance collective*. La première constitue *l'aumône* : cette forme de secours est vicieuse, parce qu'elle ne présente aucune garantie, quant à la réalité et aux causes de l'indigence. Fréquemment elle contribue à former des mendiants professionnels et en un mot elle donne le plus souvent de mauvais résultats. Tout autre est *l'assistance par voie d'association*, qui combine les avantages de l'action individuelle et ceux d'une organisation collective. D'abord elle ne secourt les indigents qu'après une enquête sérieuse, puis elle s'informe de leurs besoins et proportionne les secours, de façon à les rendre efficaces, enfin, elle groupe les bonnes volontés de personnes, qui réduites à leurs seules forces s'entendraient mal à faire un judicieux emploi des sommes qu'elles veulent consacrer à la bienfaisance.

A Paris, les œuvres privées d'assistance sont extrêmement nombreuses, et nous n'entreprendrons certes pas d'en donner la nomenclature. Les Parisiens, les documents officiels nous l'apprennent (1), contribuent en moyenne pour plus de 13 francs aux dépenses de l'Assistance publique, les autres citoyens français pour 1 fr. 70 seulement. Loin d'invoquer cette charge exceptionnelle pour restreindre leurs contributions volontaires aux œuvres privées, ils y participent en général dans une mesure beaucoup plus large que partout ailleurs en France. A quelle somme peuvent s'élever annuellement les chiffres des libéralités parisiennes, faites aux œuvres privées ? Les éléments d'information sérieux font défaut, mais si l'on ne peut songer à reconstituer intégralement le budget de la bienfaisance privée à Paris, on peut au moins résumer quelques-uns de ses chapitres par des chiffres certains qui suffisent pour en faire apprécier l'importance totale.

En 1895 (2) Paris a consacré à l'entretien de ses *crèches* 475.000 francs ; 1.088.000 fr. aux douze principales *sociétés distribuant des secours en espèces ou en nature aux indigents*. Les trois principales œuvres de *fourneaux économiques* ont dépensé la même année plus de 600.000 fr. ; *les deux asiles réservés aux enfants incurables* : 385.000 fr. ; *les hôpitaux privés d'adultes* plus d'un million ; *les asiles*

(1) Rapp. de M. Monod au Conseil supérieur de l'Assistance publique.
(2) *Paris charitable et prévoyant*, 1897.

privés de nuit : 300.000 fr., etc. Tels sont les services rendus par une cinquantaine d'œuvres et l'on en compte plus de 3.000 fondées pour soulager la misère, sous toutes ses formes. Le fonds commun de la bienfaisance est moins limité qu'on ne le croit et les fondations nouvelles répondant à des besoins réels ont pu venir y puiser sans faire aucun tort aux anciennes. Dans un livre publié (1) en 1862, M. Lecomte établissait que le total des dons et legs faits aux sociétés reconnues d'utilité publique s'élevait pour toute la France à un million par an en 1814 et à 4 millions en 1855. Or, en 1894, les institutions d'assistance reconnues d'utilité publique de la seule ville de Paris avaient reçu près de (2) 4.623.000 francs, c'est-à-dire plus à elles seules que ne recevaient celles de toute la France au milieu du siècle. La générosité du public s'est donc progressivement manifestée au fur et à mesure qu'on lui offrait plus d'occasions de s'exercer (3).

En présence de cet immense effort réalisé par la charité privée, il reste à se demander comment les résultats obtenus ne répondent pas aux efforts tentés, comment tant d'infortunes restent encore sans secours, enfin pourquoi cette importante question de l'assistance aux valides n'est pas résolue d'une façon satisfaisante ? Cela tient à deux causes, que nous allons énumérer : La première, *c'est le manque de rapport entre la Bienfaisance privée et l'Assistance publique*, la seconde, *le défaut d'union et d'unité de vues entre les différentes œuvres privées*.

(1) *La Charité* à *Paris*.

(2) En 1894 elles avaient reçu seulement 4 millions.

(3) Jusqu'en 1848 la *Société Philanthropique* entretenait seule des fourneaux économiques à Paris dans lesquelles elle distribuait 648.000 portions. Quoique beaucoup d'autres fourneaux se soient ouverts depuis, et que la société ait établi des soupes populaires dans chaque arrondissement, la *Société Philanthropique* a distribué près de 4 millions de portions dans son dernier exercice.

En effet, si l'assistance privée veut conserver toute son
efficacité, elle doit se maintenir en communication avec
l'assistance officielle, plus disciplinée et pouvant mieux
contrôler la nécessité des secours que des sociétés isolées,
et cela grâce aux moyens informations dont elle dispose.
C'est dans l'alliance de l'assistance publique et de la charité
individuelle que consiste le célèbre *système d'Elberfeld* dont
nous avons montré tous les avantages. Mais pour que ces
deux assistances puissent se combiner avec succès, il faut
que tout en gardant leur indépendance respective, elles
augmentent leur force de rayonnement, et s'unissent
étroitement entre elles. Elles évitent de cette façon la
mauvaise répartition. procédant d'actions isolées qui se
portent à la fois vers certaines catégories d'infortunes,
laissant les autres sans soulagement.

A Paris malheureusement, d'une part, les œuvres privées
et les bureaux de bienfaisance ne cherchent pas à se rapprocher, de l'autre, malgré de nombreux et louables efforts
tentés dans ces dernières années, les œuvres privées montrent une regrettable tendance à rester isolées.

Sur le premier point, nous avons déjà montré par
exemple que l'accord entre les œuvres d'assistance par le
travail et les bureaux de bienfaisance ne se produisait pas
dans la mesure où il pourrait exister. Et cependant, nous
le répétons, c'est de la coopération complète des bureaux
et des œuvres d'assistance par le travail que peut résulter
la solution définitive de la question de l'assistance aux nécessiteux valides, si difficile à réaliser pour l'Assistance publique. Un article (1) du décret de 1895 décide que la liste des

____

(1) Article 22 : « La liste des indigents peut être communiquée, avec autorisation du maire, aux représentants des œuvres qui prennent l'engagement de communiquer aux bureaux de bienfaisance la liste des personnes
qu'elles secourent » (§ 3).

personnes secourues par les bureaux pourra être communiquée aux représentants des œuvres privées qui prendraient l'engagement de donner aux bureaux le nom des malheureux qu'elles assistent. C'est là, en effet le seul moyen d'empêcher le double emploi des fonds charitables et de lutter efficacement contre la mendicité professionnelle. En fait, cette invitation du décret est restée lettre morte : les bureaux prétendent qu'ils communiqueraient volontiers leurs listes, mais que les œuvres privées refusent de donner les leurs, tout en acceptant les renseignements fournis par ceux-ci (1). Beaucoup des représentants des œuvres privées, surtout de celles qui ont un caractère confessionnel, refusent d'entrer en rapport avec les administrateurs des bureaux, auxquels à tort ou à raison ils supposent des sentiments antireligieux ou des tendances politiques différentes des leurs. Sans examiner si ces griefs sont fondés, il est profondément regrettable que l'accord ne puisse se faire sur ce point. Il résulte de ce défaut d'entente que des individus peu scrupuleux reçoivent des secours des deux côtés à la fois (2) : il paraît même qu'il n'est pas impossible avec un peu d'habileté de se faire, de cette façon, une petite rente. Nous n'avons pas besoin d'ajouter que les personnes agissant de la sorte sont pour la plupart peu dignes d'intérêt et

(1) Rapport sur le fonctionnement des 20 bureaux de bienfaisance pendant les années 1896 et 1897, *op. cit.*

(2) Le décret de 1895 a prévu ce cas, mais il est actuellement assez difficile d'exercer un contrôle sérieux.

C'est ce que décident les paragraphes 1 et 2 de l'article 22 :

« Les indigents sont tenus de faire connaître au secrétariat du bureau de bienfaisance la quotité des secours permanents qu'ils reçoivent d'institutions charitables étrangères à l'administration de l'Assistance publique.

En cas de fausse déclaration, les secours annuels sont supprimés. »

sont, presque toujours, des mendiants professionnels.

Si à Paris d'ailleurs, il n'existe pas d'entente sérieuse entre l'assistance officielle et les œuvres de bienfaisance privée, ces dernières ne sont guère plus unies. Il arrive même parfois, qu'une compétition qui n'est pas toujours exempte d'étroitesse s'établit entre elles et qu'elles se font maladroitement la concurrence les unes aux autres. De plus, elles n'agissent pas d'après les mêmes principes : quelques-unes même, accordent des secours sans enquêtes sérieuses, de telle sorte que ce sont surtout les faux pauvres qui bénéficient de leur assistance. « On fait la charité très largement à Paris, disait M. de Vogué (1), mais comment la fait-on ? Le résultat répond-il à l'immensité de l'effort ? Ne peut-on se demander si entre la réglementation inflexible de l'Assistance publique et les élans confus, le particularisme extrême de l'assistance privée, il n'y aurait pas de place pour une organisation rationnelle de la charité libre. » En résumé, le défaut principal de l'assistance privée à Paris, celui qui l'empêche de remplir son rôle véritable, l'assistance aux valides, est le manque de vue d'ensemble et l'absence d'organisation générale. Est-ce là un vice irrémédiable ? L'exemple de l'étranger est là pour nous prouver le contraire (2).

Il existe en Amérique et en Angleterre des associations, qui se sont données pour mission d'organiser une *assistance méthodique* par l'union de toutes les œuvres charitables et par l'application des mêmes principes. Ce sont les *Charity Organization Societies* dont nous nous proposons de parler brièvement.

Elles partent de ce principe que pour constituer un sys-

____

(1) Discours prononcé le 11 mai 1889 à la *Société d'Économie sociale*.
(2) Congrès international d'assistance de 1889.

tème de bienfaisance méthodique il faut : 1° que les diverses classes de donateurs s'entendent et coordonnent leurs efforts afin d'empêcher qu'il y ait superposition de secours, que tous considèrent comme leur mission première d'en hâter le plus possible la distribution et enfin d'approprier les secours de façon à obtenir le relèvement physique et moral des malheureux.

2° Que les unités charitables aient la facilité de recevoir promptement des renseignements précis sur le compte de chaque malheureux et que les établissements spéciaux accordent leur protection à la seule catégorie de misérables pour laquelle ils sont aménagés.

Elles réalisent ces conditions : 1° *par la coopération commune de toutes les sociétés charitables officielles ou privées* ; 2° *par la création de bureaux d'enquête* tenus par un personnel salarié ; 3° *par la création d'un comité central* exerçant un contrôle incessant sur toutes les sociétés faisant partie de la fédération.

La première *Charity Organization Society* s'est formée à Londres en 1860 et elle a depuis servi de type à beaucoup d'autres en Angleterre et aux États-Unis. Son but était de déjouer les fraudes des faux mendiants, dont le développement est favorisé dans les grandes villes par la multiplicité des sociétés charitables. Elle voulut tenter également de réagir contre la division extrême de l'assistance privée et de mettre fin aux luttes entre les sociétés de même nature. Sous ces auspices, un grand nombre de sociétés se sont réunies et ont formé une véritable fédération afin d'échanger des renseignements sur les individus sollicitant des secours et de se communiquer les demandes, qui rentrent dans la spécialité charitable de chaque société.

A Londres, la société est formée par *40 comités de dis-*

tricts, dont le ressort est le même que celui des *Unions de paroisse*. Toutes les sociétés qui veulent entrer dans la fédération doivent se conformer à ses principes généraux. A la tête de la fédération, se trouve un *Conseil général*, composé des délégués de tous les *comités*, dirigeant toutes les affaires de la société. Les comités, à leur tour, renferment des membres de toutes les œuvres privées de la circonscription qui leur est dévolue. Ces membres appartiennent à toutes les sectes religieuses et à toutes les opinions politiques ; le respect des croyances religieuses et l'exclusion de toute idée politique étant le premier principes des *Charity Organization Societies*. De plus, pour établir un lien entre l'assistance privée et la bienfaisance officielle, *les comités de district* contiennent presque toujours quelques *Guardians* des *Unions* de l'assistance officielle. Une *Commission exécutive*, élue par le *Conseil général* s'occupe de tous les détails d'exécution, nécessités par le travail charitable.

En principe, aucun secours n'est accordé sans une enquête, faite par un personnel de *visiteurs salariés*. Dans quelques *comités* on emploie des « *cross visitors* » (visiteurs à l'improviste) qui font des visites à époques indéterminées de façon à découvrir les fraudes. La distribution des secours est également confiée à des visiteurs salariés : cependant dans ces derniers temps on les a remplacés en partie par des visiteurs bénévoles (1), chargés uniquement de s'occuper des malheureux au point de vue moral.

(1) « *Friendly Visitors* ». Ce sont surtout des femmes qui ont pour mission de donner des conseils aux pauvres, sans jamais pouvoir distribuer aucun secours par elles-mêmes. De cette façon elles peuvent se rendre un compte plus exact de la situation morale des pauvres. Cette tâche est fort délicate et on a coutume de choisir avec le plus grand soin ceux qui en sont chargés (Congrès International d'Assistance de Paris, 1889).

Ajoutons que jamais les visiteurs soit bénévoles soit salariés ne peuvent accorder eux-mêmes un secours ; sur ce point la décision est réservée aux comités, réunis en assemblée générale.

Cette organisation a donné de si bons résultats à Londres qu'elle s'est répandue dans toute l'Angleterre (1), où, à l'heure actuelle, on compte plus de 102 sociétés du même genre, ayant toutes des rapports entre elles (2).

En Amérique, les *Charity Organization Societies* ont pris aussi un grand développement dans les grandes villes (3). L'institution est même peut-être plus perfectionnée qu'en Angleterre, parce que la bienfaisance officielle y est moins solidement établie (4), mais en fait les sociétés américaines sont constituées d'après les mêmes principes que les sociétés anglaises. Pour montrer quels résultats a donnés, en Amérique, l'établissement de la *Charité méthodique*, il suffit de citer l'exemple de la ville de Buffalo. En 1877, il y avait dans cette ville 15.000 indigents pour une population de 140.000 habitants. L'assistance coûtait 112.034 dollars, les secours étaient insignifiants et la mendicité considérable (5). A cette époque fut fon-

____

(1) Il y en a de nombreuses aussi en Australie.

(2) Dans son dernier exercice, la *Charity Organization Society* de Londres a accueilli 10.526 demandes de secours sur 23.600 reçues et fourni 11.268 renseignements. Ses frais d'administration se sont élevées à 114.112 francs (Congrès international de Genève en 1896. Rapp. de M. de Pulligny.)

(3) Actuellement il y a aux Etats-Unis plus de 100 sociétés d'assistance méthodique.

(4) Chaque fédération a son chantier *vood yard* où l'on donne du travail aux ouvriers, victimes du chômage, une crèche, des dispensaires. Ce sont quelquefois des sociétés différentes, affiliées à la Fédération et subissant l'action de son conseil général.

(5) Un relevé de 1881 nous apprend qu'à New-York, sous l'effort de ces Sociétés : 2,56 0/0 des Indigents ont été rendus à l'indépendance, 120 à

dée la *Charity Organization Society* qui agit concurremment avec l'assistance officielle. Trois ans après cette création malgré l'augmentation de la population générale le nombre des assistés était inférieur à 8.000 et l'assistance ne coûtait plus que 30.000 dollars, près de 4.000 faux pauvres avaient été rayés.Les mêmes résultats ont été constatés à peu près partout, aussi en 1889, les villes des États-Unis dans lesquelles fonctionnaient les sociétés d'assistance méthodique comptaient-elles 9 millions d'habitants (1).

Ces exemples montrent que la bienfaisance privée, agissant avec méthode et en s'alliant à l'assistance officielle, peut arriver non pas à supprimer la misère, — elle ne le sera jamais, — mais à la réduire considérablement. Elle devient alors le complément de l'assistance officielle, en s'occupant de la catégorie de misérables que cette dernière est impuissante à assister d'une façon efficace. Pour éviter le gaspillage des fonds de la charité privée, il serait donc à désirer qu'à Paris on parvînt à les canaliser par une organisation qui, à l'instar de ce qui se passe en Angleterre et en Amérique, assurât une meilleure répartition des secours donnés par les œuvres privées, tout en respectant leur autonomie. Dans ces dernières années de nom-

Philadelphie. Dans cette dernière ville le nombre des mendiants s'est abaissé de 25 0/0 en deux ans (1884-86).

(1) Dans une Réunion générale des *Charity Organization Societies* américaines, tenue en 1888, on résuma ainsi leurs travaux :

Elles avaient obtenu le concours : pour 69 0/0 de Sociétés de secours volontaires, 80 0/0 de l'Assistance officielle, 45 0/0 des églises, 50 0/0 de personnes charitables. Parmi les 29.970 familles qu'elles avaient assistées : 10 0/0 étaient dignes d'assistance continue, 26 0/0 d'assistance provisoire, 40 0/0 avaient besoin surtout de travail, 22 0/0 étaient indignes d'assistance. Enfin 3.342 familles avaient été mises à même de se passer de secours.

breux efforts ont été tentés dans ce but à Paris et ont déjà abouti à des résultats satisfaisants.

En 1890 on a fondé un *Office central des œuvres de bienfaisance* (1) ayant pour but de rapprocher sans distinction de culte ni d'opinion les bienfaiteurs et les indigents qui se cherchent sans se connaître, de servir de lien entre toutes les œuvres privées et de provoquer la fondation de sociétés de bienfaisance. Le succès est venu couronner les efforts des promoteurs de l'œuvre et en 1896 (2) l'Office central avait déjà dépensé 498.488 francs et était intervenu au profit de 49.052 malheureux, il avait contribué en outre à la fondation d'œuvres nouvelles auxquelles il avait procuré plus d'un million (3).

Il ne reste qu'à persévérer dans cette voie, mais pour arriver à un résultat sérieux à Paris l'accord de toutes les bonnes volontés est nécessaire : l'Assistance publique et

(1) Fondé en 1890 par M. Léon Lefébure, dirigé par un Conseil d'administration avec l'assistance d'un comité de dames patronnesses.

(2) Voici les résultats obtenus en 1895-96 par l'Office central.

Recettes de l'œuvre . . . . 225.458 francs.
Dépenses . . . . 218.068 francs.

Nombre de bienfaiteurs ayant eu recours à lui	30540
Indigents en faveur desquels il est intervenu	16504
Indigents auxquels il a procuré des secours	4824
Indigents recommandés par lui à d'autres œuvres	5776
Orphelins placés par ses soins	403
Vieillards placés dans divers asiles	234
Indigents rapatriés	1034

(3) Il existe encore à Paris quelques offices locaux ayant le même caractère : Citons : l'*Union d'assistance du XVIe arr.* qui a pour but de faire disparaître la mendicité de l'arrondissement.

L'*Indicateur de la Bienfaisance*, qui a pour but d'indiquer aux malheureux tombés dans la misère les établissements auxquels ils peuvent s'adresser et aux personnes bienfaisantes le meilleur emploi à faire de leurs libéralités. Il a été fondé en 1890 par M. Marinoni, directeur du *Petit Journal* dans l'immeuble duquel il est installé.

la Bienfaisance privée doivent marcher de concert, la première en se tenant strictement éloignée de toute caste politique, la seconde en abandonnant ses préjugés vis-à-vis
de l'Assistance officielle. Une fois cette entente réalisée,
chacune d'elles aura son rôle nettement défini. A l'Assistance publique appartiendront les infirmes, les vieillards,
et les malades, tous ceux qui ont besoin de secours permanents, à la Bienfaisance privée, les indigents valides, que
seule elle peut assister d'une façon efficace. On aura de la
sorte une union générale de la charité, acceptant tous les
concours et la misère se trouvera enserrée dans un vaste
réseau dont les mailles seront tellement étroites qu'aucune
infortune sérieuse ne pourra les traverser.

Vu :
Le Président de la thèse,
ALGLAVE.

Vu :
Le Doyen,
GLASSON.

Vu et permis d'imprimer :
Le Vice-Recteur de l'Académie de Paris,
GRÉARD.

APPENDICE

BUDGET DE L'ADMINISTRATION DE L'ASSISTANCE PUBLIQUE (1).

I. — Recettes.

A. — RECETTES ORDINAIRRS.

1° *Revenus immobiliers.*

Loyers des maisons et des terrains dans Paris. .	1.480.000	francs
Loyers d'écoles primaires et maternelles dus par la ville de Paris	598.000	—
Fermages.	428.000	—
Coupes ordinaires de bois	13.630	—

2° *Revenus mobiliers.*

Rentes sur l'État.	3.492.127	—
Actions, créances sur particuliers.	181.000	—
Intérêts du prix de vente d'immeubles	31.000	—
Intérêts de fonds placés au Trésor.	5.000	—

3° *Droits attribués.*

Droit des pauvres	3.106.608	—
Bonis d'exploitation du Mont-de-Piété.	97.000	—
Concessions dans les cimetières.	350.000	—

4° *Produits intérieurs.*

Recettes diverses	350.000	—
Successions hospitalières.	105.000	—
Remboursement des frais de séjour dans divers établissements.	351.000	—
Produit des exploitations.	413.000	—

5° *Recettes des services généraux.*

Administration centrale	662.200	—
Pharmacie	358.516	—

(1) Budget des recettes et dépenses de l'exercice 1898, approuvé par décret du 4 mars 1898.

Boulangerie. . . . .   476.986 francs
Boucherie. . . . .   870.625   —
Cave . . . .   495.667   —
Approvisionnement général. . . . .   427.220   —
Magasin central. . . . .   2.539.970   —

6° *Subventions.*

Municipale ordinaire. . . . .   15.947.837   —
Départementale. . . . .   1.570.000   —
Municipale spéciale , ...   1.306.275 fr. 50

7° *Recettes des bureaux de bienfaisance.* . . . .   6.936.515 francs

8° *Recettes des services ayant des revenus distincts.*

Total des recettes ordinaires. . . . .   41.683.910 fr. 50

B. — RECETTES EXTRAORDINAIRES.

Recettes diverses. . . . .   4.412.439 francs
    (dont 3.105.000 provenant des dons et legs).
Total général des recettes . . . .   51.096.349 fr. 50

II. — Dépenses.

A. — DÉPENSES ORDINAIRES.

1° *Dépenses générales d'administration.*

Personnel administratif . . . .   2.235.587 francs
Frais de bureau. . . . .   209.200   —
Frais de concours et d'école . . . .   140.685   —
Pensions de retraite. . . . .   677.200   —

2° *Charges spéciales des revenus.*

Frais de perception des recettes domaniales. .   460.400   —
Rentes, fondations. . . . .   252.027   —
Frais de diverses exploitations. . . . . . .   270.000   —

3° *Service de santé.*

Personnel médical. . . . .   1.151.488   —
Personnel secondaire . . . .   2.892.818   —
Réparations des bâtiments. . . . .   1.300.750   —
Service de la pharmacie. . . . .   1.313.814   —
    —   boulangerie. . . . .   1.839.047   —
    —   boucherie . . . .   4.093.516   —
    —   cave. . . . .   1.859.407   —
Comestibles. . . . .   3.873.940   —

Chauffage.   2.378.750 francs
Blanchissage . . . .   1.063.550   —
Linge, mobilier. . . . .   3.821.670   —
Appareils, instruments de chirurgie. . . . . .   1.211.410   —
Frais de transport . . . .   305.532   —
Frais de loyer et dépenses diverses . . . . . .   133.515   —

4º Service des secours.

Dépenses spéciales. . . . .   33.246.039 fr. 50
Assistance médicale . . . .   1.295.030   —

5º Fonds commun de réserve.

Fonds de dépenses imprevues . . . .   1.800.000   —
6º Bureaux de bienfaisance . . . .   6.930.515   —

7º Fondations ayant un revenu distinct.

Total des dépenses ordinaires. . . . .   46.683.910 fr. 50

B. — Dépenses extraordinaires.

Total des dépenses extraordinaires . . . . . .   4.412.439   —
Total des dépenses. . . . .   51.096.349 fr. 50

Balance du budget.

Recettes. . . . .   51.096.349 fr. 50
Dépenses . . . .   51.096.349 fr. 50

TABLE DES MATIÈRES

DEUXIÈME PARTIE

ORGANISATION DE L'ASSISTANCE A DOMICILE

TITRE PREMIER

Organes administratifs chargés de la distribution des secours.

TITRE II.

Distribution des secours.

Imprimerie J. Thevenot, Saint-Dizier (Haute-Marne)